JN302364

博物館教育の原理と活動

すべての人の学びのために

駒見 和夫 著

学文社

まえがき

　博物館の社会的役割は，すべての人に生きる権利を保障するための学びの提供，すなわち"公教育"である。現代では，学芸員をはじめとする博物館のスタッフのほとんどは，博物館が市民社会において欠くことのできない文化的な資産と考えているにちがいない。社会資産は公衆との関係を確立してこそ存在意義がみとめられるのであり，博物館という文化的社会資産もまた然りである。幅ひろい人びとが信頼して利用するとともに，その支持を得ることにより公共の機関として社会的存在になり得るのである。そのための役割は公衆の学びに視点を定めることであり，博物館はこれ以上のどんな使命をもつといえるだろうか。この認識が博物館の存在根拠としての普遍的な基盤であることを明らかにし，その活動について考究するのが本書の目的である。

　博物館の文化的価値や教育理念における捉え方は，国や地域ごとの社会と博物館発達の歴史的経緯に影響され，必ずしも均一ではない。わが国の博物館認識も国際博物館会議（ICOM）が示す博物館観とは乖離する部分がある。けれども，博物館がグローバルに進展してきたのは認識を共有する実践的な価値がみとめられたからであり，それはあらゆる人びとへの教育にほかならない。

　博物館を成立させる唯一の要件は文化資産としてのコレクションである。個々のコレクションは直観的な魅力や多様な文化的意味を保持しているが，ただ存在だけで人びとが価値を理解して認識するのは難しい。そのため博物館の直接的役割は，人びとを招き入れて，コレクションとその内在する価値に接することができるよう，感性や知覚へのアプローチの手段を用意することが求められる。博物館におけるコレクションの形成は目的に位置づく活動ではなく，博物館教育という役割を達成するための手段なのである。

　また，市民社会における展示公開は，資料や作品が有する文化的意味や，叙述的に展開されている展示での相互関係に気づいてもらわなければ成り立たない。したがって，教育プログラムがなければ博物館は公衆とのかかわりをもつ

ことはできないのであり，博物館における教育は，近代の博物館が誕生して以来継続して，より多面的に，深く掘り下げられてきたのである。現代の博物館が人びとの感情や知性に対する多様な学習機会を提供していることは，来館者の博物館体験にかかわる調査や研究の進展で明示されてきた。この博物館での学びは，人びとに来館してもらうことが前提となるため，その条件を成立させるための楽しさの要素はきわめて重要な位置づけにあり，公教育機関のなかでの博物館教育の特徴と捉えられる。

　本書ではこのような博物館教育の原理を示すために，まず，博物館発達史の検討から近代博物館での教育の位置づけを明らかにし，今日の生涯学習社会において博物館が果たすべき機能とのかかわりを検討して，公教育機関である博物館の方向性を見いだしていく。そして，公教育の役割を遂行する必須条件となるユニバーサルサービスについて，博物館における理念を論じるとともに，すべての人の学びを保障するための知覚型展示を提起してその価値と内容を示し，博物館における学びに対するシステムと環境構築，教育を担うスタッフの問題について考察をおこなうこととする。

　また，博物館教育の具体的活動として学校教育との関係を歴史的に整理し，博学連携の実践検討により，その１つのあり方と方向性の提示を試みる。さらに，博物館教育とイデオロギーの問題について，植民地社会における博物館の役割と機能の追究からアプローチし，最後に，博物館が担うべき教育の理念と活動を展望してまとめたいと思う。

目　次

まえがき

第1章　近代博物館における教育の位置づけ　1
1　公教育機関としての博物館の成立　2
（1）大英博物館の開館　（2）フランス革命による変化　（3）公教育を根幹とした近代博物館
2　日本の博物館理念　12
（1）博物館理念の導入　（2）博物館の創設　（3）教育的役割の変化
（4）希薄となる公教育理念　（5）通俗教育・郷土化教育と博物館

第2章　博物館教育の意義　31
1　現代博物館の位置づけ　31
（1）博物館の役割の国際認識　（2）わが国の博物館認識
2　現代博物館と教育　37
（1）教育を目的とする博物館　（2）博物館教育の再認識　（3）博物館教育への期待
3　生涯学習の展開　44
（1）生涯教育施策の推移　（2）生涯を通じて学ぶ意味
4　博物館における生涯学習　50
（1）既往の対応　（2）学習理念の再考

第3章　ユニバーサルな博物館に向けた整備　57
1　博物館と障害のある人たち　57
（1）障害のある人の迎え入れ　（2）博物館での出会い　（3）障害のある人たちの実態
（4）受容システムの構築
2　博物館施設の課題　69
（1）施設・設備の改善　（2）施設整備の視点　（3）利用に適った博物館の基本構造
（4）バリアフリーな博物館への展望
3　博物館理念としてのユニバーサルサービス　77
（1）ユニバーサルサービスに向けた意識の確立　（2）スミソニアンにおける理念
（3）アメリカやイギリスでの取り組みの広がり　（4）わが国の現状と方向性

第4章　展示における学びの価値と課題　89
1　展示スタイルの多様化　89
（1）触察展示のひろがり　（2）触察展示のガイドライン　（3）見る展示の改善
2　博物館展示の目的とあり方　96
（1）展示の目的　（2）視覚型展示からの脱却
3　視覚認識と知覚認識　100
（1）モノの観察に対する比較　（2）知覚観察の効果
4　知覚型展示への転換　108
（1）動線内点在タイプ　（2）独立集約タイプと全館タイプ　（3）知覚型展示の展望
（4）保存機能の再認識

第5章　学びに対するシステムと環境の構築　121
1　システム構築の基盤　121

(1) 来館者研究とプログラム評価　(2) 利用者が抱く博物館のイメージ
　　(3) 博物館に対する利用者の要望
　2　博物館環境の検討　131
　　(1) 心理的負担の解消　(2) 空間構造の整備　(3) 空間設備の適正化　(4) 空間条件の緩和

第6章　博物館教育を担うスタッフ　149
　1　教育を担うスタッフの役割　149
　　(1) 教育担当の位置づけ　(2) 教育担当の職務
　2　教育担当スタッフの実態　155
　　(1) 教育普及担当学芸員　(2) 博物館教育専門職員　(3) 展示解説員やボランティアガイド
　3　学習支援スタッフの育成　160
　　(1) 求められる能力　(2) 展示解説員の養成　(3) ボランティアガイドの育成
　4　学芸員養成における課題　165
　　(1) 学芸員養成制度の見直し　(2) 資格修得に対する学生の意識　(3) 履修学生の博物館理解
　　(4) 専門性と実践力の育成に向けて

第7章　博物館教育と学校　177
　1　明治から戦前までの動向　178
　　(1) 近代創設期の博物館と学校教育　(2) 郷土教育の思想　(3) 郷土室と郷土博物館
　　(4) 軍国主義下の変容
　2　戦後における新たな関係の構築　187
　　(1) 民主主義体制下での模索　(2) 関係構築促進への試行錯誤　(3) 博学連携論の興起と展開

第8章　博学連携の実践的検討　203
　1　博物館資料の地域学習教材化に向けて　204
　　(1) 博学連携における学習教材　(2) 身近な地域の歴史学習に関するアンケート調査
　　(3) 児童生徒の興味と取り組み　(4) 教師の取り組みと意識　(5) 学習教材作成の課題
　2　出前講座の実践と検討　219
　　(1) 出前講座の実践-1　(2) 学習効果の分析-1　(3) 出前講座の実践-2
　　(4) 学習効果の分析-2　(5) 出前講座による学習効果の比較分析　(6) アウトリーチと大学博物館

第9章　博物館教育とイデオロギー　245
　1　植民地統治の関東州における博物館の開設　246
　　(1) 商品陳列館からのスタート　(2) 戦利品陳列所の開館　(3) 物産館から博物館へ
　　(4) 関東庁博物館（旅順博物館）の活動
　2　産業系博物館の展開と植民地下の博物館の役割　256
　　(1) 産業系博物館の開設　(2) 産業系博物館の背景　(3) 満洲国立中央博物館の母体
　　(4) 関東州における博物館の役割

結　章　博物館における教育の展望　273
　1　公教育機関である認識　274
　2　生涯学習に位置づくユニバーサル・ミュージアム　277

あとがき
索　引

第 1 章　近代博物館における教育の位置づけ

　今日の博物館活動において，人びとの教育に資する活動はだれも否定するものではないであろう。わが国で主張されている博物館の機能論では，教育的な役割の位置づけについて大別して 2 通りの考え方がみられる。1 つは，博物館の機能において，資料の収集，保存管理，調査研究とともに，展示や学習支援などの普及活動を教育機能としてみとめるもので，いま 1 つは，博物館を資料の収集，保存管理，研究，展示などをとおして，教育の役割を担う機関とするものである。前者は博物館の機能の一部に教育を位置づける考え方で，後者は博物館活動の総体を教育とみなす捉え方となる。

　博物館が利用者と直接に結びつくのは主として展示であり，目的をもちストーリーのある展示にはほとんどにおいて教育的配慮がなされている。多様な博物館や類似の施設が数多く出現し，そこに多くの人びとが訪れ社会のなかに定着をみるようになったのは，博物館の活動が教育に貢献する部分において大きな比重を占めているからでもあろう。人びとに開かれた存在であることが求められる現代の博物館では，教育における役割がさらに重要度を増している。

　しかし，結論を述べると，現代博物館の社会的存在の根幹は公教育機関として機能する点にあり，博物館における教育は，活動の総体として博物館が遂行すべき目的と考える。本章では博物館発達史の検討を中心に，この点を明らかにしていきたい。

　なお，「公教育」の概念の幅は広いが，本書では，すべての人びとが利益を

享受することを基盤に置く公共性を保持した教育，という理解で用いていく。

1　公教育機関としての博物館の成立

　博物館の創始的施設としては，紀元前5世紀代にアテネのアクロポリスに建てられたピナコテーク（Pinacotheca）や，紀元前4世紀の初めにエジプト王朝の都アレクサンドリアに設置されたムゼイオン（Mouseion）などがあげられ，以後，古代から近世に至るヨーロッパでは作品や資料の収蔵・展覧施設の存在がみとめられる。1683年には，世界最初の公共的博物館と捉えられるオックスフォード大学のアッシュモレアン博物館（Ashmolean Museum of Art and Archeology）が設立されるが，18世紀に至って，機能の面で従前と大きく変貌した博物館がヨーロッパで誕生する。

（1）　大英博物館の開館

　博物館をめぐる新しい動きは18世紀後半にイギリスから起こった。大英博物館法の制定と，大英博物館（British Museum）の開館である。よく知られているように，イギリス王立協会会長や王室侍医などを務め，博物学者であり収集家としても活躍したハンス・スローン（Hans Sloane）が遺言し，自ら築いた図書類・古美術・コイン類・貝類・鉱石や動植物標本などの膨大なコレクションを2万ポンドで譲渡し，ロンドン市内での一括した保管と一般への自由な公開を求めた。これに応えて，コレクションの保管委員会が王室に譲渡の請願をし，国王ジョージ2世は買い上げ財源確保の考慮から扱いをイギリス議会に託した。その結果，1753年にイギリス議会は大英博物館法を制定してコレクションの譲渡を受け，国家が管理することを決めた。その後，スローン・コレクションをもとに，別に買い上げたハーレー家文書[1]と，すでに国有財産となっていたコットン・コレクション[2]などを加え，合わせてモンタギュー邸を購入して施設に充て，最初のナショナル・ミュージアムである大英博物館が1759年に開館に至るのであった。

この過程で注目すべきはハンス・スローンの提起した保管と自由な公開という点で，コレクション継承の社会的価値を多くの人びとへの公開，すなわち市民への貢献にみとめているのである。博物館コレクションを公共の財産とする思考は，すでにアッシュモレアン博物館の開設時において育まれていたと考えられ，博物館活動の核となる資料の収集と保管というシステムの完成をみることができる。しかし，機能を果たすべき対象は研究者と高等教育機関の学生であり，一般の市民を考慮してはいなかった。これに対してスローンが望んだ要求は，人間の未開な部分に知の光をあてる啓蒙思想の発達と，その知識を基盤に進展した近代市民社会を背景にして，新たな博物館像の骨子を提示したものと評価できよう。

　スローン・コレクションの収得により1753年に制定された大英博物館法では，そのコレクションの役割について，

> 「全ての技芸と科学はお互いに関係を持っている。進歩や改良に寄与する自然科学の諸発見や他の科学の思索的な知識もまたしかりである。MuseumやCollectionとか呼んだものの意義は，最も有効な試みや発明の手助けとなる。あるいは成功に導くことを豊富な例で示すことにあるだろう。…（中略）…MuseumやCollectionは保存され維持されるべきものだが，それは研究のためや学者や好奇心の強いもの達の楽しみのためであるばかりでなく，もっと広く一般の公衆のための利益として行なわれるべきものである」[3]

と定義されており，一般の人びとが自由に観覧し，研究できるようにすることが定められていた。4年後に決定された大英博物館の利用規定にも，

> 「博物館は研究，勉学に志す者にとって，知識のいくつかの分野で役立つように構成されるが，国の内外を問わず一般の人たちに利用できること……」[4]

が示され，入館料の徴収もおこなわれていない。ただし当初の入館規則では，入館希望者は申し込みのうえ審査されて入館証が与えられ，15人までのグループで1日最大75人までしか入場できず，身なりや態度なども定められてい

た[5]。実態は，博物館関係者の推薦を受けた者や一定の社会的地位のある人物など，限られた人びとしか入館証を得ることができなかったようで，現在のようにあらゆる市民の要望に応じた公開ではなかった。しかし，ひろく一般の利用と市民の利益に寄与しようとする理念は，従前にはほとんどみとめることができない博物館観であった。大英博物館は創設時より資金面で苦慮しており，議会に国費援助の請願をおこない，また重複コレクションの売却なども議会の承認を得て実施している。けれども，利用の対価を徴収しないという原則は開館以来現在でも変えられることがなく，コレクションを公共の財産とする強固な認識が貫かれているのである。19世紀になると利用規定の見直しにより従前の制限が緩和され，1807年の観覧者数は1万3407名，1811年には2万7479名へと大幅に増加している[6]。

　大英博物館法の制定は，公共博物館を支える法制度の確立として高く評価されるものである。しかしそれ以上に，こうした博物館理念がナショナル・ミュージアムとして結実したことは，近代における博物館の社会的位置づけに大きな影響を与えたものと捉えられる。また，市民とのかかわりに対する博物館の方向性が明確に示された点は，きわめて重要なポイントとして考えられねばならない。

　このような新たな博物館理念のもと，人びとへの利益寄与を実現させる具体的な方法として，ほどなく市民に対する教育的機能の発揮に結びついていくのである。

（2）フランス革命による変化

　大英博物館が開館して新たな博物館スタイルが胎動しつつあったころ，フランスでも同様の動きが生じることとなった。その契機は封建的諸関係を打ち破った市民革命である。

　1789年，自由と平等と友愛の市民主義の諸原理を掲げたフランス革命が起こり，人民の自由と権利の平等をうたった人権宣言が採択される。これを受けて，1792年に「公教育の全般的組織に関する報告および法案」がニコラ・ド・

1　公教育機関としての博物館の成立　5

コンドルセ (Nicolas de Condorcet) によってまとめられ, そこでは市民社会の基盤をなす公教育の一手段として博物館が位置づけられた。ちなみに, 革命前の1750～70年代に編集された『百科全書』で"musée (博物館)"の項をみると, 研究を目的とした資料収集の重要性が指摘され, 博物館を研究機関と定義しようとしている[7]。『百科全書』はフランス啓蒙思想の一到達点を示すものであるが, この後のフランス革命と, 人権宣言における市民の自由と権利の平等を追及する姿勢が, 博物館の捉え方を大きく変えることとなった。

その転換点ともいえるコンドルセの主張について, 博物館の役割とのかかわりを念頭に置き, 今少し詳しくみておきたい。コンドルセは当初数学者として注目され, 『百科全書』の監修も務め, 1781年に立法議会に選出されて公共教育委員会の議長となった。公教育委員会の名によって国民議会に提出された法案の概要は以下の内容である[8]。

まず, 前文において指導原理が示され, その最初に,

「国民教育は公権力の当然の義務である」

とし, 国民教育の第1の目的は次のごときものでなければならないとしている。

「自分の要求を充足し, 幸福を保証し, 権利を認識して, これを行使し, 義務を理解して, これを履行する手段を, 人類に属するすべての人々に供与すること, 自分の才能を完成し, 従事する権利を有する社会的職務を遂行する能力を身につけ, 生得の才能を十全に発達させるための便宜を各人に保証すること, またそれによって国民の間に平等を実際に樹立し, かつ法律によって承認されている政治的平等を実際的なものとすること」。

つまり, 各人の人権を保障してそれを実質的なものとするために, それぞれがもって生まれた能力を十分に開花させ, 社会的職務の遂行を可能にすることが国民教育の主要な目的であり, 公権力が責任を負うものとして位置づけられている。市民はフランス革命を経て, 法律において自由と平等を獲得するに至ったのだが, それは教育によってこそ価値を発揮するものとなるわけである。また, この見地に立って, 取り組まなければならない方策について,

「教育の全般的体制のうちで, ある部分は, 全体を損ずることなくしてこ

れだけを分離することができ，かつ新たな体制の実現を促すためには，これを分離することが必要であるということである。このある部分とは，公教育施設の配分とその全般的な組織とである」
と述べ，法律制定の具体的な目的を示している。

そして，このような原理をもとに公教育を実現に導く手段として，教育を小学校，中学校，アンスチチュ（すべての公職を遂行するために必要な知識，および産業の完成に役立つことの知識が教えられる），リセー（科学および技術の最も高度なるものの全部ならびに一部を教授する施設，学者やアンスチチュの教授も養成），国立学士院の5階梯に区分されており，このうちアンスチチュとリセーでの教育において，博物館施設に関する設置と機能の記載がみとめられる。

まず，普通教育を完結させるアンスチチュにおいては，

「第5条　各アンスチチュに，図書館，物理器具・機械模型および植物用の資料室が設けられる。また，同じく，植物学および農学用の植物農園が設けられる。これらの資料は，一般的有用性のある事物，および当該デパルトマンの生産物に限られる。図書館と資料室は公開される。

第6条　これらの事物の管理は，1名の管理委員に委ねられる。管理委員は，資料を保存し，充実する責任を有する。管理委員はさらに当該教育機関の建造物および諸教室の監督を行なう」

とあり，第3階梯の学校で，「すべての公職を遂行するために必要な知識，および産業の完成に役立つことのできる知識が教えられる」ところのアンスチチュの教育において，一般的有用性のある事物を収め公開する資料室の設置が，図書館・植物農園とともに示されている。この資料室は，資料の保存と収集を遂行する管理委員の役割と照らし合わせると，小規模な博物館的施設と捉えられよう。アンスチチュは全国に110の開校を意図したもので，資料室の収蔵品は当該デパルトマン（設定された地区）の生産物に限定されていることからすると，現代の地域博物館の様相と似た施設を想定していたと推測される。

さらに，リセーに関する条文において，

「第4条　各リセーには，大図書館，植物学および農業用の植物農園，お

および博物館——博物学および解剖学の標本，物理器具および機械模型の収集物，古美術品，絵画，彫刻の収集品を収納する——が附設される。図書館および博物館は公開される。

第5条　各リセーにおいて，その管理は2名の管理委員に委ねられる。管理委員の職務は，事物の分類，破壊の防止，収集品の充実，および収集品を公衆に利用させることである。管理委員はさらにリセーの諸教室および建造物の監督を行なう。

第6条　パリのリセーの図書館，植物園および博物館は，王国における最も稀有かつ完全な収集品を保管するものであるので，その監督は多数の管理委員に委ねられる。管理委員の数は別の法令で定められる。

第9条　教育の全階梯を通じて，教育は無償で行なわれる」

とされ，「教育を完全に終えたような青年に対しても，また成人に対しても共通に行なわれるであろう」リセーでの教育の手段として，図書館や植物農園とともに博物館が位置づけられ，それらは公開し無償で授けられるものとした。

また，この管理委員の職務として示されている資料の分類・破損劣化対策・収集は，まさに今日の博物館専門職である学芸員の基本的な役割と重複する。とりわけ注目すべき点は，収集品の公衆への利用に対する対応をあげていることで，博物館がリセーのみに向けた研究や教育に資するものではなく，ひろく公衆に対する教育の役割を担うものであったことがわかる。

リセーは国内に9校の設置が提示されており，附設の博物館はパリのリセーのものを中心として，フランス国内の主要な地に散在して置かれるわけである。先のアンスチチュに設けられる資料室と合わせると，パリのリセーの博物館を中心に，各地のリセーの8博物館，さらに小地域を単位に置かれたアンスチチュに設けられる110の資料室，といった博物館施設の全国的な組織体制の企図を捉えることができる。

このように，コンドルセの法案が示す教育的役割を付与された資料室と博物館は，アンスチチュやリセーに附属して高等教育の一部を受けもつとともに，ひろく公衆の教育に寄与するとの位置づけが付与されたものであった。だれも

が権利をもち，それを行使できる公教育の一機関に位置づけられたことは，博物館を公衆のなかにある社会的存在と捉えているのだといえよう。

なお，法案提出の理由や目的を記した前文には，国民教育で配慮されねばならないこととして，

> 「すべての人たちに及ぼすことのできる教育を，すべての人々にひとしく与え，しかも国民全部に分配することが不可能であるような，より高度の教育をも，国民のだれに対しても拒否してはならないということであると考えた。
>
> …（中略）…
>
> 教育は人々が学校を卒業するその瞬間に，かれらを見棄ててしまってはならないということ，教育はすべての年齢にわたって行なわれるべきであるということ，年齢によって，学習が有益でなかったり，可能でなかったりするようなことがないということ，かつまた，子どもの時代の教育がせまい範囲に限局されたものであったために，それだけますますその後の時期の教育が必要であるということ，などをわれわれは認めたのである」

と述べ，教育の機会の均等を保障し，権利の平等の実質化を図ることが説かれているのである。さらに，

> 「教育は普遍的でなければならない。すなわち全国民に広く及ぼされなければならない。教育は必要な経費の限度や，国土上の人口分布や，それが多いにせよ，少ないにせよ，とにかく子どもたちが教育に充当し得る時間などが許す範囲内で，まったく平等に分配されなければならない。教育は，その各種の階梯のうちに，人間の知識の全体系を包括しなければならず，また生涯を通じて，いつでも，これらの知識を保持するための便宜，もしくはあらたに知識を獲得するための便宜を，人々に保証しなければならない」

とあり，公教育制度の指導原理が示されている。この思考は，まさに現代の学校教育や生涯学習の軸をなすものといえよう。そして，このような公教育という機能のなかに博物館が置かれていることは，博物館が生涯をとおしての学習

にひろく貢献する場と位置づけられ，この点において，今日の生涯学習の機関として博物館が果たすべき役割と相通じるのである。

コンドルセの法案は，革命下の内外情勢の緊迫化や政党抗争などのために成立には至らず，コンドルセ自身も1793年に逮捕されて翌年獄死した。けれども，法案に込められた理念は以後のフランス教育制度の基盤になったと評価されており，やがて1833年に初等教育法が制定され，学校が市民を育成する公共機関としてみとめられるに至る。

このようなコンドルセの法案に示された教育思想のもとで，公教育の保障の歩みが始まった。法案提出翌年の1793年には，フランス国民会議がルーブル宮殿を共和国立博物館とし，収蔵美術品とともに市民に無料で開放（10日間に3日の割合）することを決めた。このとき，ジャルダン・デ・プランテ（Jardin des Plantes，宮廷附属庭園）も共和国立自然史博物館の一部門として市民に公開されている。公教育の役割を担い，社会的存在となった博物館の誕生である。

さらに，政府は文化財の保全に乗り出し，これらを収蔵保管するために1794年に国立工芸院（Conservatoire national des arts et métiers），翌1795年にはフランス文化財博物館（Musée des Monuments Francais）を創設し，1793年から翌年にかけて地方でも博物館の開設が進められた。国立工芸院や文化財博物館は文化遺産の保存と登録の機関であり，国民教育に直接的に貢献する機会はあまりなかった。けれども地方の博物館は，教育目的をもつ施設として地元の芸術家や教育者が知的財産の保管と一般公開に尽力しており[9]，公教育理念をもった博物館の波及をみとめることができるのである。

(3) 公教育を根幹とした近代博物館

上記のように，イギリスやフランスでは，啓蒙思想の浸透や市民社会の発達，さらには市民革命などによって封建的諸関係が崩壊し，天賦の人権，すなわち自由で平等な個人が保障され，その権利の実質化に向けた知識面での解放が進行した。それにより博物館には公衆のための教育的役割が与えられ，あるいは見出され，人びととともにある社会的存在になったと捉えることができる。

そして18世紀から19世紀にかけて成立した博物館は、公衆とのかかわりの点で、それ以前の博物館的施設とは決定的に異なっている。今日の博物館が、公衆のためにいかなる活動をおこなうべきかという姿勢で成り立っていることを考えるならば、その出発点は公教育機関としての博物館の成立にあるといえ、現代博物館の直接の起源がここに求められる。つまり、今日の博物館の直接的なスタートは近代博物館の誕生にあり、そのことから公教育に位置づけられた教育的役割こそが、公衆社会における博物館の最大の存在意義ということができる。同様の捉え方はすでに提示されており、伊藤寿朗は近代になって博物館が固有な機能をもって社会的に登場し成立したと論じられた[10]。また、矢島國雄は、博物館をもっとも特徴づける機能は展示であり、その公開を通じての教育活動である点から、教育的概念が意識的に打ち出された近代の博物館群が現代博物館の出発点とされている[11]。

こうして教育的役割を担うようになった博物館では、門戸をあらゆる人に開くことにより啓蒙的な役割を果たしはしたが、展示をはじめとする当初の活動内容は、研究者や一部の愛好家を満足させるものでしかなかったようである[12]。しかし、公教育の役割を掲げた近代博物館では、それを遂行するために、教育的機能の深化が次第に図られていった。陳列資料を、研究者のための研究資料と一般市民のための資料とに区別する二元的展示をはじめ、総合展示、組み合わせ展示、生態展示、ジオラマ展示、野外展示など、多様な方法による展示の改革が次々におこなわれ、同時に、キャプションや解説パネルの導入、さらに解説活動なども生み出され、公教育機関としての博物館が機能するようになる。それが今日の、公衆と近い関係をもつ博物館の姿へとつながっていくのである。

また、イギリスでは大英博物館法の制定から約1世紀を経た1845年に、博物館法（大都市に博物館を創設することを助成する法律）が国会において制定をみた。これは公立博物館の建設運営を条例にもとづいて奨励するものであり、あわせて入館料を徴収しないことなども定められていた。税金で維持され、すべての人の利用が可能な博物館を支える法制度が整ったことにより、公衆のためにあ

る博物館の位置づけが制度的にも明らかとなり，社会的存在が確立されたといえる。イギリスにおける以後の状況をみると，例えば，ロンドン万国博覧会で展示されたコレクションをもとに，1857年に創設されたサウス・ケンジントン博物館（South Kensington Museum）では，展示解説やガイドブックの頒布，さらに巡回展の実施など，市民の教育を目的とした博物館活動がおこなわれている。博物館が公衆の中に位置づくためにもっとも機能が発揮できる方法を追及したとき，導き出された答えは教育的な活動だったのである。

イギリスやフランスを中心としてヨーロッパで登場した近代博物館は，ほどなくアメリカでも設立される。アメリカの近代博物館の特色は，多くが住民主導のもとで篤志家の寄付により創設されたことにある。その結果，博物館は当初より地域社会における住民のための教育機関として存在した。背景には，伝統的に形成された重厚なコレクションが乏しかったことも指摘されるが，それ以上に，ヨーロッパで確立をみた，博物館を公教育機関とする認識が住民主導の設立や運営の原動力になり，博物館づくりが推進されたものと看取できる。

1869年にニューヨークに開館したアメリカ自然史博物館（American Museum of Natural History）や，1870年のメトロポリタン美術館（The Metropolitan Museum of Art），1876年にマサチューセッツで創設されたボストン美術館（Museum of Fine Arts, Boston）は，いずれも住民主導で設立運営され，市民が設立した基金での購入や多くのコレクターからの寄贈によって収蔵品を整え，地域社会の教育機関として機能してきたことはよく知られている。

また，イギリス人のジェイムス・スミソン（James Smithson）の寄付金により，人びとの知識の増大と普及を目的としたスミソニアン協会（Smithsonian Institution）がワシントンD.C.において1846年に発足し，ここではやがて特許庁収集品の展示場が設けられ，さらに工芸産業館（Arts and Industries Building，当初は合衆国国立博物館[United States National Museum]と称した）や国立自然史博物館（National Museum of Natural History）をはじめとする博物館群が整えられていく。スミソニアンにおいて国立博物館開設を進めたジョージ・グード（George Brown Goode）は，博物館を単なる陳列の場ではなく人びとに思想を養育する

場と捉え、図書館や研究所とともにあって啓蒙を果たし、国民への教育を目的に位置づけた。また、博物館の果たすべきサービス機能として、知識の増大、記録と保存、学校教育との連携、ひろく質問や相談に答える、市民の興味の刺激による文化の向上、の5項目を掲げていた[13]。そして、あらゆる人たちへの教育の機会提供を確かなものとするため、開館以来、入館無料で休館はクリスマスの1日だけとする方針が維持されている。

このような過程を経て成立したアメリカの博物館は、今日に至るまで、公衆に対する教育的役割において積極的な活動が展開されているのである。1950年代には博物館の教育活動に特化した専門職（Museum Educator）が世界に先駆けて登場していることも、アメリカの博物館における教育的役割の確立を示している。

こうして欧米で発達した近代博物館が、近代の新しい社会体制の構築をはじめた日本でも導入されるのである。

2 日本の博物館理念

わが国の博物館の出発点については、古代にさかのぼって、正倉院をはじめとする寺社の宝物殿や神社の絵馬堂、あるいは鎌倉時代以降の寺院の御開帳や出開帳、同じころから武家を中心に普及した書院造りの床の間、また、江戸時代に本草学の進展からはじまった物産会に求める考えなどもある。しかし、これらはいずれも今日の博物館がもつ保存や展示などの機能の一部と共通するが、その機能が発展した延長上に現在の博物館があるのではない。博物館を受け入れる下地にはなったであろうが、以下に示すように、日本の博物館は明治維新の前後に欧米から導入された近代博物館の思想をもとに、そのスタートをきったと捉えることができる。

（1）博物館理念の導入

多くの研究が示しているように、わが国に欧米の博物館を具体的に紹介し、

その役割とともに必要性を最初に説いたのは福沢諭吉である。福沢は，1860 (万延元) 年の新見豊前守正興らの遣米使節団，さらに1862 (文久2) 年に派遣された竹内下野守保徳らの遣欧使節団の随員に加わっている。

万延元年の遣米使節団は，「パテントオヒース (Patent Office, 特許局陳列場)」や「スミスヲニヲ (Smithsonian Institution, スミソニアン協会)」など, 当時の博物館施設を視察したことが，村垣淡路守範正の『遣米使日記』[14]をはじめとする使節団員の日記にある。また，文久2年の遣欧使節団はフランス，イギリス，オランダ，プロシア，ロシア，ポルトガルの欧州諸国をめぐり，パリの国立自然史博物館の植物園や動物園，ロンドン万国博覧会の展覧場，ペテルブルグの植物園や動物学博物館など，博覧会や各国の博物館園を訪れたことが福沢の『西航記』[15]に記されている。

福沢はこれらの欧米での見聞や外国の文献をもとに，欧米各国の歴史，政治経済，軍事，福祉・教育施設などの概略や西洋近代社会の原理や実情をまとめた『西洋事情』初編を，1866 (慶応2) 年に著した。この巻之一に博物館の項目があり[16]，

「一　博物館は，世界中の物産，古物，珍物を集めて人に示し，見聞を博くする為めに設るものなり。……」

とし，「ミネラロジカル・ミュヂエム」「ゾーロジカル・ミュヂエム」「動物園」「植物園」「メヂカル・ミュヂエム」に分け，具体的に紹介している。また，博物館と役割を相互に補うものとして博覧会をあげ，次の説明がある。

「一　前条 (博物館の条) の如く，各国に博物館を設けて，古来世界中の物品を集むと雖ども，諸邦の技芸工作，日に闢け，諸般の発明，随て出，随て新なり。之が為め，昔年は稀有の珍器と貴重せしものも，方今に至ては陳腐に属し，昨日の利器は今日の長物となること，間ゝ少なからず。故に西洋の大都会には，数年毎に産物の大会を設け，世界中に布告して各ゝ其国の名産，便利の器械，古物奇品を集め，万国の人に示すことあり。之を博覧会と称す。……　〇博覧会は，元と相教へ相学ぶの趣意にて，互に他の所長を取て己の利となす。之を譬へば智力工夫の交易を行ふが如し。又，

各国古今の品物を見れば，其国の沿革風俗，人物の智愚をも察知す可きが故に，愚者は自から励み，智者は自から戒め，以て世の文明を助くること少なからずと云ふ」[17]。

つまり，博物館の役割を補完し，おもに最新の器械や名産品などを教え学びあうことを目的とした定期的な披瀝の企画を博覧会だとし，そこに人びとへの知力を高める教育的な価値を捉えている。

さらに2年後，西洋文明成立の基本原理を明らかにするために出版された『西洋事情』外編では，巻之二の「政府の職分」の項で人民の教育について述べ，その役割を担う1つを次のように博物館に求めた[18]。

「又政府にて行ふ可き事件は，人民教育の大本を固くすることなり。此箇条は最も重大の事なるが故に，其条目を別にして詳かに議論す可し。其他，国内に書庫を設け，本草園を開き，博物館を建，遊園を築く等のことは，人民を開花するの一大助なるが故に，政府より其施行を助けざる可らず。其法，或は富人の私に財を散じて之を設るものあり，或は官府より之を建るものあり。何れも皆広く国人に恩を施すの趣意なり」。

このように，博物館は収集展示をもとに知識や経験を積む施設であり，常に開放すべきところと認識され，そこに人びとへの教育基盤としての重要性をみとめているのがわかる。そして設立については，国民教育のためであるから政府が主導し，アメリカのように資産家の寄付や，あるいは行政機関が担うものとしているのである。さらに続けて，

「国に是等の場所あれば，自から人心を導て放僻邪侈の風を除き，悪業に陥入る者少し。行て其場所に逍遙すれば人の健康を助け，行て其実物を観れば人の智識を博くす」

と教育的な効用を示し，また，

「其場所に行き其物を観て，人の智識を博くするのみならず，斯く巨万の財を費し珍品奇物を集めて自由に人に示すは富豪の賜にて，貧人と雖ども之を見ることを得れば，即ち其富を与にするの姿なるが故に，自から満足して他を羨むの悪念を絶つ可し」

と述べ、博物館での実物観覧が貧富の別なく知識をひろくするとともに、国家の富の共有であるとしていることから、博物館がいかなる人びとにも開かれた場であるとの認識が看取できる。なお、外編巻之三の「人民の教育」では大学校の有用性が説かれており[19]、その中で、

> 「大学校の内には、書庫あり、博物府あり、また窮理学に用ゆる器械等も備はりて、寒貧書生と雖ども、自由に此物品を用いて志す所の学業を研究す可し」

として、人民の高等教育を受け持つ学校に併設すべき博物館の意義を、図書館とともに示している。

以上のように、福沢は、欧米で発達した公教育の機能を保持したものを博物館として捉えて紹介し、人民に対する教育的役割を果たすために、政府が中心となって推し進めるよう主張しているのである。『西洋事情』は、1862（文久2）年の遣欧の際に記録した『西航記』がもとになっているとされる。1860（万延元）年の遣米を記録した『万延元年アメリカハワイ見聞報告書』には博物館の記載はないが、他の随員の日記から、福沢諭吉も Patent Office や Smithsonian Institution を訪れている可能性が大きい。したがって、ヨーロッパの博物館だけでなく、教育的機能がとりわけ重視されたアメリカの博物館から得た影響も大きかったと思われる。

『西洋事情』は幕末から維新の知識者層に普及し、明治政府の政治方針をはじめとして、各方面へ果たした啓蒙的役割は大きい。博物館という名称[20]やその存在、さらに公教育の役割を備えた概念は、これにより行政関係者などに知られることになり、民衆へもある程度波及したものと考えられる。つまり、わが国の博物館に対する考え方のスタートは、公教育機関を強く意識したものだったのである。

(2) 博物館の創設

博物館創設に至るまでと初期の博物館はかなり複雑な動向を示す（表1-1）。これについては加藤有次と椎名仙卓の詳細な考察があり[21]、両氏の研究を手

第 1 章　近代博物館における教育の位置づけ

表 1-1　日本における博物館創設期の略年表

年　代	事　項	
1866（慶応 2）	『西洋事情』初編（福沢諭吉）刊行	
1867（慶応 3）	5 月：パリ万国博覧会に幕府が参加	
1868（明治元）	3 月：神仏判然令が出され廃仏毀釈が進行 『西洋事情』外編（福沢諭吉）刊行	
1869（明治 2）	6 月：昌平学校（旧，幕府学問所）を大学校として，開成学校・医学校・兵学校を分局とする 12 月：大学校を大学，開成学校を大学南校，医学校を大学東校とそれぞれ改称	
1871（明治 4）	3 月：大学南校物産局博物局博覧会大旨の上申 4 月：古器旧物保護方策について大学が太政官へ献言（集古館建設の案） 5 月：大学南校物産会が九段招魂社で開催 　　　古器旧物保全についての布告（太政官） 7 月：大学を廃止し文部省を置く 9 月：文部省に博物局を置き，湯島聖堂大成殿を博物局の観覧場（博物館）とする 10 月：第 1 回京都博覧会が西本願寺で開催	
1872（明治 5）	1 月：文部省博覧会開催の布達 2 月：博覧会事務局を太政官正院に設置 3 月：文部省博覧会を湯島大成殿で開催 6 月：書籍館が湯島大成殿中に開館	
1873（明治 6）	3 月：博物館・書籍館・博物局・小石川薬園を文部省から太政官博覧会事務局へ移管し，博物館は内山下町へ移転 5 月：ウイーン万国博覧会に政府が公式参加 　　　博覧会事務局と博物館・書籍館・博物局・小石川薬園の合併取り止めの上申を，田中不二麿が太政官正院に提出（明治 8 年まで 5 回） 6 月：大博物館建設について博覧会事務局が太政官正院に上申	
1875（明治 8）	2 月：博物館・書籍館・博物局・小石川薬園を博覧会事務局から分離し，文部省へ移管（博物館は東京博物館，書籍館は東京書籍館，小石川薬園は小石川植物園と改称） 3 月：正院博覧会事務局を博物館と改称し，内務省の所管とする 5 月：東京大博物館建設の報告書を佐野常民が太政大臣へ提出	
1876（明治 9）	4 月：内務省の博物館分掌事務を改正し，事務担当を博物局，物品陳列場を博物館と称す	
1877（明治 10）		1 月：文部省の東京博物館を教育博物館と改称
	8 月：第 1 回内国勧業博覧会が上野公園で開催	8 月：教育博物館が上野公園内に移転して開館
1881（明治 14）	4 月：内務省の博物館の所管が新設された農商務省へ移る	
		8 月：教育博物館を東京教育博物館と改称
1882（明治 15）	3 月：農商務省の博物館が上野公園に移転して開館	
1886（明治 19）	3 月：農商務省の博物館の所管が宮内省へ移る	
1888（明治 21）	1 月：宮内省博物館を図書寮附属博物館と改称	

1886（明治19）		3月：東京教育博物館が高等師範学校付属東京教育博物館となる
	5月：図書寮附属博物館を帝国博物館と改称	
	以後	以後
		1902（明治35）…東京高等師範学校付属東京教育博物館
	1900（明治33）…東京帝室博物館	1914（大正3）…東京教育博物館
	1947（昭和22）…国立博物館	1921（大正10）…東京博物館
	1952（昭和27）…東京国立博物館	1931（昭和6）…東京科学博物館
	と変遷する	1949（昭和24）…国立科学博物館
		と変遷する

がかりに該期の変遷を博物館の性格に視点を定めて追ってみる。

　博物館創設の嚆矢は，1871（明治4）年5月に東京招魂社で開催された「大学南校物産会」で，鉱物や動植物などの自然史関係資料が中心に出品された。この博覧会（開催時の名称は物産会）大旨の上申[22]に示された開催の目的は，

　　「博覧会ノ主意ハ宇内ノ産物ヲ一場ニ蒐集シテ其名称ヲ正シ其有用ヲ弁シ或ハ以テ博識ノ資トナシ或ハ以テ証徴ノ用ニ供シ人ヲシテ其知見ヲ拡充セシメ寡聞固陋ノ弊ヲ除カントスルニアリ……」

とされ，要項の中に，

　　「一　来観ノ輩ハ男女貴賎ヲ論スルコトナシ……」

の一項があることから，『西洋事情』での福沢諭吉の主張と同様に，ひろく民衆の知識に益するもの，つまり公教育的な意識が看取できる。

　また，この博覧会の中心的推進者であった田中芳男の講演禄に，「殖産興業の精神から成立って博覧会をやり博物館を開くといふことに従事した」[23]とあり，博覧会の開催が，殖産興業の開途をめざした博物館設置の布石であったことが知られる。したがって民衆への知識啓蒙が，殖産興業に資することを意図していたと理解される。

　翌1872（明治5）年3月には，旧湯島聖堂大成殿の文部省（1871年に大学を廃して設置）の博物館を会場に文部省博覧会が開催された。その布達[24]には「永久博物館」への預け置きについての項目があり，常設博物館に備えた資料の収集

が図られている。

　一方，博覧会とは異なる方向からも博物館設置の動きがあった。1868（明治元）年の「神仏判然令」による排仏毀釈の進行にともない，仏像・仏具などの古文化財の破壊が顕著となった。このため 1871（明治4）年，大学は古器旧物を保護するための方策として集古館の建設を太政官に献言したのである[25]。ほどなく太政官は古器旧物の保全について布告しており[26]，政府によるはじめての文化財保護措置が講じられた意義は大きい。この集古館の設置は実現しなかったが，役割はやがて博物館に付託されることになる。

　ただし，集古館の建設を計画した大学の町田久成や田中芳男が，古器旧物の保存施設として"博物館"とは別の"集古館"を構想したことは興味深い。つまり，博物館には先述のように殖産興業に対する知識面での寄与が付託されていたのである。またそれ以上に，文化財の保存を目的とした集古館を博物館とわけて考えていた背景は，民衆の啓蒙教育に資する公開の施設として博物館を位置づけていたからではないかと推察される。

（3）教育的役割の変化

　その後，1872（明治5）年に太政官の正院に博覧会事務局が設置され[27]，翌年に文部省の博物館・書籍館・博物局・小石川薬園をこれに合併[28]。1875（明治8）年には合併されていた4機関を博覧会事務局から再分離して文部省所管に戻す[29]など，紆余曲折の経緯をたどっている。

　合併から分離までの間，再三の合併取止めの上申が文部省の田中不二麿から提出されている。このうち 1874（明治7）年1月30日の上申[30]には，

　　「……両館（博物館・書籍館）之儀ハ生徒実地経験之為メニ相備ヘ傍ラ人民
　　一般開知之一端ニ可具趣意ニ有之迅ニ御決裁不相成候而ハ生徒授業上殊更
　　差支候儀モ有……」

とあり，博物館について人民の一般的な教育とともに学校教育での重要性が示され，とくに後者の位置づけが強調されている。文部省とすれば，所管を取り戻すためには学校教育との結びつきを主張することが肝要であったのだろうが，

この方針が後の文部省の博物館を方向づける端緒となったように思われる。再分離後，文部省の博物館は東京博物館と改称され，また，正院の博覧会事務局は博物館と改称し内務省の所管となった。以後，わが国の博物館の中核はこの2系統で進展をみる。

　東京博物館については，所蔵の資料を博覧会事務局に引渡すことが決められたため[31]，新たに自然史関係を中心として資料収集がおこなわれた。当初は一般公開されていないが，1877（明治10）年1月に教育博物館と改称され，8月に上野公園内へ移転して開館に至っている。開設の目的については，

> 「……凡ソ教育上必需ナル内外諸般ノ物品ヲ蒐集シ教育ニ従事スル者ノ捜討ニ便シ兼テ公衆ノ来観ニ供シ以テ世益ヲ謀ランカ為メ設立スル所ナリ。……」[32]

とされ，また同年，ダビット・モルレー（David Murray）が著し文部省より刊行された『日本教育史略』[33]に，

> 「近来文部省ニ於テ東京諸学校ノ便宜ニ備ヘンカ為メ博物館一所ヲ設立セリ然モ是レ又衆人ノ縦看ヲ許可ス此博物館ハ普通博物館ノ如キニアラズ特ニ教育上須要ノ事物ヲ蒐集セルモノナリ」

と記されているように，ここは教育に関する専門的な博物館であるが，内容は学校教育のための実地経験に主眼が置かれ，ひろく民衆を対象とした公教育とは趣意を異にしていたのである。この教育博物館は月曜日と祝・祭日および12月28日から1月3日を除き開館し，日曜3銭，平日2銭の観覧料が入用とされた[34]。

　教育博物館は1881（明治14）年に東京教育博物館と改称され，理学教育の第一人者であった手島精一の館長就任を機に，理学の振興と学校教育の資質の向上がめざされるようになった。この後の一時期は組織が縮小され，高等師範学校付属東京教育博物館から東京高等師範学校付属東京教育博物館へ替わり，その後再び東京教育博物館へと変遷する。

　1921（大正10）年になると今度は東京博物館に改組され，このときに示された博物館の目的が，

> 「……自然科学及其ノ応用ニ関シ社会教育上必要ナル物品ヲ蒐集陳列シテ公衆ノ観覧ニ供スル所……」[35]

とあり，ここに至って公教育に対する役割が押し出されるようになった。以後，東京科学博物館を経て，現在の国立科学博物館に至っている。

一方，内務省の博物館においても，国立の博物館創設に向けて準備が進められていく。ウィーン博覧会事務局の副総裁であった佐野常民は，1875（明治8）年5月に東京大博物館建設の報告書[36]を太政大臣に提出している。この下地となったゴットフリード・ワグネル（Guttfried Wagner）の報告[37]では，構想博物館の教育的役割が以下のように述べられている。

> 「……夫レ諸学校ニ於テ教授スル処ハ固ヨリ諸教育ノ根原ナリ然レトモ一種ノ学派アリテ講理実学ノ両性ヲ兼有シ学校ニ於テハ教授シ克ハサル者アリ何トナレハ此派ノ学タル多少ノ年歯ト若干ノ経撿トヲ要ス其件ハ学生ノ企及スベカラサル所ニシテ又一種特派ノ教授ナレバナリ且学校ニ於テハ此教育ヲ全完スル為メ要用ノ物料ヲ有セサレバナリ而シテ只一殊別ノ建館ヲ期ス所謂博物館ナル者是ナリ抑其博物館ハ多少盛大ニ人間工業諸科ノ産出物ヲ備置シ単ニ知識ヲ博ムルノ便宜ヲ与フルノミナラス又知学上一般教育ノ為メ饒多ノ物料ヲ供セリ……」

すなわち，ここでも博物館の教育的役割が学校教育との関連で捉えられており，公教育に対する役割が乏しいのである。内務省博物局（1876年の分掌事務の改正で事務担当を博物局とした）より刊行された1879（明治12）年改正の「博物館分類一覧表」[38]をみると，博物館に設けられた教育部の役割は，

> 「此部ハ一般人民ヲ教育スル所ノ学校及ヒ工藝技術学校ニ於テ教授ニ用井ル諸物品ヲ陳列ス又学校教室ノ景況或ハ生徒ノ健康ヲ保護スル機械等モ亦此ニ収ム」

とあり，教育的機能が学校教育に対するものであることが明示されている。

内務省の博物館は1881（明治14）年に新設された農商務省に所管が移り，翌年3月に内山下町から上野公園内に新築された建物へ移転し，完全な常設博物館が完成することとなった。ここでは1月5日から12月15日の間の月曜日以

外が開館日と定められ，5歳以上を有料とし，日曜5銭，平日3銭，土曜2銭，10歳まではそれぞれ半額であった[39]。

この動向と併行して，上野公園では内国勧業博覧会が開催され，ともに殖産興業を進めるための啓蒙的な性格をみてとることができる。また，博物館の開館とともに，動物園も農商務省の所管で上野公園内に開園している。

その後，1886(明治19)年には宮内省へ移管され，1888(明治21)年に宮内省図書寮附属博物館に改組となった。翌年にはそれが廃されて宮内省所管の帝国博物館となり，1900(明治33)年に東京帝室博物館と改められている。この間，宮内省には1888(明治21)年に臨時全国宝物取調局が置かれて宝物調査が進められ，1897(明治30)年になるとそれが廃止されて帝国博物館が事務と実務を引継ぐこととなった[40]。また，同年に施行された「古寺社保護法」は帝国博物館(当時)の資料体制を整備する意図もあった。

こうしたことから，博物館の活動は歴史資料や美術工芸資料の収集と保存に重点が移されていったと捉えられる。かつて，町田久成や田中芳男らが博物館とは別に設けようとした集古館の機能を，宮内省の博物館が担うことになったと理解されよう。東京帝室博物館は戦後に国立博物館となり，現在の東京国立博物館へと至る。

(4) 希薄となる公教育理念

これまでみてきたように，ヨーロッパで誕生し欧米で発達をみた近代博物館が，幕末から明治初期にその理念とともに日本へ導入されたのである。欧米の近代博物館は，人権を保障するための公教育に対する機能が確立したことにより，成立したのであった。

日本の場合，福沢諭吉が『西洋事情』で説いた博物館は人民の教育に寄与するものであり，博物館創設の布石の意図で開催された初期の物産会や博覧会の主旨も，同様に公教育的な性格が強いものであった。ところが，博物館設置が具体化するとともに，博物館の教育的役割の対象は公衆への教育から学校教育へと力点が移されていったのである。

これは，1872（明治5）年の学制頒布にみられるように，学校教育の整備と強化策が背景にあった。後に設立される文部省の教育博物館は，教育の機能を前面に出した博物館であったが，それは教育の全般ではなく学校教育を見据えたものであった。また，内務省系の博物館も，教育機能は殖産興業に対する知識啓蒙的なものから次第に学校教育へと偏り，宮内省に所管が移ると，教育よりも収集と保存が重視されるようになったのである。ここに至って，近代博物館の根源である公教育機関の位置づけが，わが国では薄らいでいったように看取される[41]。

　また，前述のように相次いで開館に至った文部省の教育博物館と農商務省の博物館は，ともに観覧料を徴収するものであった。いずれも，一般の人びとが利用しやすい日曜が平日よりも高額となっている。教育博物館の3銭と農商務省博物館の5銭の日曜の料金は，当時のそばやうどんの1杯が5厘程度であったことからすると，庶民にとって廉価とは言い難い。双方を斟酌すると，観覧料の設定からは，一定の基準に適わない人たちを排除する思考が捉えられる。そして，教育博物館の開館年に定められた来観規則の條項には，

　　「木履草鞋ヲ穿チ若クハ杖傘其他包物類ヲ携ヘ館内ニ入ルヲ得サルヲ以テ出入口ニ於テ之ヲ看守人ヱ付托スベシ」

とあり，当時の庶民の一般的な履物である下駄などの木履や，草鞋での入館を禁じている。木履や杖の禁止は騒々しさや建物の痛みを防ぐ目的が考えられるが，草鞋は泥の汚れが若干懸念されるものの特段の危惧はみとめられない。欧化政策の影響もあったのであろうが，木履や草鞋での来観禁止は，社会階層の比較的下部にある人たちの排除の意図がよみとれよう。2年後には，

　　「木履草鞋ヲ穿チ若クハ杖傘其他包物類ヲ携ヘ館内ニ入ルヲ得ス」

と改定され，より一層厳格になっている。農商務省の博物館も同様で，来観人心得に，

　　「木履下駄及ヒ土ノ著キタル草履，草鞋ヲ穿チ又ハ杖，傘其他嵩高ノ物品ヲ携ヘ館内ニ入ルヲ禁ス　但手提小包ノ類ハ此限ニアラス」

との規定がみられ，両館とも観覧料の措置とあわせて，すべての人の学びを保

障する公教育への指向が希薄であったことがわかる。

　なお，両館の参観者数をみると，教育博物館では開館2年目には25万5400余人で1日平均700余人であり[42]，農商務省の博物館については後の宮内省帝国博物館になってからの統計であるが，1891（明治24）年から8年間の推移は7万2117人から18万6868人へと年々増加している[43]。この数は少なくないようにも考えられるが，両館の建つ上野公園では当該期に博物館も会場となって内国勧業博覧会が開催されており，入場者数は1877（明治10）年の第1回が約100日間で45万4168人，1881（明治14）年の第2回は約90日間で82万2395人，1890（明治23）年の第3回は約120日間で102万3693人の多さであった[44]。博覧会では来場者を目当てに物売りの屋台が出るなどお祭り騒ぎであり，博物館の参観とは様相が大きく異なるであろう。けれどもその数値を比較すると，博物館において一部の人びとを排除する動向が，利用に与えた影響は小さくなかったものと思われる。

　ところで，この内国勧業博覧会の嚆矢は1871（明治4）年に東京招魂社で催された大学南校物産会であるが，先に示したようにこれは男女貴賤を問わずに来観をひろく開放したものであった。同様の方針で翌年3月に旧湯島聖堂大成殿の文部省博物館を会場に開催された文部省博覧会では，東京市中を中心に大勢の人たちがつめかけ活況を呈したようである。この博覧会当事者の1人である田中芳男によれば，「中々見る人が多く押合って仕方が無いそれで人を入れない策を取つた」[45]と大変な混雑をきわめたようで，会期が2度延長されるほどであった。来観者の評判が高かったのは尾張城から運ばれた金鯱で，当時の世相を記した『開化評林』に「博覧會ノ景況幷布告書」の記事があり，

　　「皇國博覽會ノ權輿，内外ノ珍奇星羅雲集ス。中ニ丈餘ノ金鯱魚アリ，衆
　　目ヲシテ駭賞セシム。予ハ唯一覽シテ，長城ノ蛇足，銅陀荊棘ノ感ヲ催ス。
　　亦世態變遷ノ感覽ト云テ可ナラシカ」[46]

と評されている。このような陳列品を目当てにやってくる人たちの心情を推し量ると，前代の江戸時代に流行した寺院の御開帳や出開帳などに出かけるのと同じように，物見遊山的な楽しみが中心だったものと思われる。その後，1875

(明治8)年に内務省の博物館が組織され,常設博物館の実現に向けて陳列品の整備が進められていく。1876(明治9)年の連日開館の実施に際する町田久成博物館館長の各科通達をみると,

> 「来ル三月一五日ヨリ六〇日間,連日開館相成候ニ付テハ,都テ館中之物品旧キヲ存シ新シキヲ増加シ,右列品目録ヲ編成シ,列品之位置体裁ヲ始メ品名并来由有之品ハ一々無遺漏付箋ヲ以テ相示シ来館之衆庶知識開明ヲ要スル事専一ニ付,銘々心得候儀ハ無腹臓申立,此上館中之壮観盛大ニ立至リ候様,厚ク注意可致事」⁴⁷⁾

とあり,連日開館を契機に来館者の知識開明に寄与することをめざして,陳列品を増加し,目録の作成とともに,陳列や説明の方法に配慮することを要望している。つまり,見世物的なものからの脱却を図ろうとしたのである。この姿勢が,物見遊山的な気分で来る人びとを排除する方向へと進み,博物館の来観者を整理して制限する方針へとつながっていったように推察される。

このような見世物的陳列からの脱却は,博物館の社会的発達のためには必然の措置であったにちがいない。1883(明治16)年に作成された「農商務卿上奏起稿材料」の1項として記された博物館の「将来の目的」⁴⁸⁾では,次の諸点があげられている。

> 「一　全国ノ古器旧物保存ノコトヲ益以テ勉ムルコト
> 一　本邦固有ノ美術進歩ヲ益々奨励スルコト
> 一　博物館各部ノ未ダ備ハラザル物品ハ之ヲ蒐集スルコト
> 一　外国政府又ハ博物館ト盛ニ天産人工ノ諸品ヲ交換シ之ヲ博物館ニ陳列スルコト」

ここには,歴史的資料の保存と芸術の奨励,さらに各分野の資料の収集や外国博物館との資料交換など,科学的な近代博物館の礎を築くことが重点目標として掲げられているが,そのなかに,観覧者すなわち公衆に対していかにあるべきかといった視点はみあたらない。以前の,物見遊山的な娯楽要素に替わる公衆からみた博物館のあり方は,わが国の博物館の中心的存在と位置づけられていた当時農商務省所管の博物館において,検討の主たる対象にはされなかっ

たのである。博物館が公衆に対する視点を希薄にしていった一因はこの点にもあるように思われる。

　ともあれ，市民が主導し，人権を確立するための知識解放の手段として博物館を位置づけた経緯をもたない日本では，博物館の役割が欧米とはやや逸れた方向に進むのは仕方なかったのかもしれない。そして，政府が推進した博物館施策の方針が，他の公・私立の博物館にも強く影響を与えたことは，各博物館の動向をみれば明らかである。

(5)　通俗教育・郷土化教育と博物館

　明治期ではその後，いわゆる社会教育と同義の"通俗教育"が施策化してくるが，学校教育を重視した博物館ではあまり結びつくことはなかった。東京高等師範学校の付属となっていた東京教育博物館では，1911 (明治44) 年から館内に"通俗博物館"を設置することに取り組んでいる。これはひろく公衆を教育するための施設とされ，生態展示や実験展示など，それまでの日本にはみられなかった展示法を取り入れた展覧事業を活発に進めており，東京教育博物館が東京高等師範学校から独立する契機となった。しかし，通俗教育に立脚した同様の博物館活動は，ほとんど他に広がることがなかった。

　明治の末になると，通俗教育が富国強兵策のもとで"思想善導"と"社会教化"をめざすものとなり，やがてドイツを模倣した郷土化教育と結びつくこととなった。その結果，昭和初期には学校に郷土資料室が設置されるとともに，各地で郷土博物館が誕生している。この郷土博物館は民衆教育の役割が強く押し出されたものであるが，教育の目的は，海外への軍事的侵略と一体化した皇国史観にもとづく思想強要の性格が強い。

　そのような状況下で，1933 (昭和8) 年には，日本博物館協会開催の第5回全国博物館大会に対して文部大臣の諮問「時局ニ鑑ミ博物館トシテ特ニ留意スベキ施設如何」があり，これに応えて大会は，

　　「……主トシテ満蒙問題ヲ中心トスル現時ノ日本対列強ノ問題ナリト解シ答申ス尤モ思想問題等モ従属的ニ考慮スルコト、セリ当博物館大会ニ於テ

ハ目下ノ非常時局ヲ国民ニ正当ニ理解セシメ以テ民心ヲ作興シ時局ニ善処シムルコトヲ必要ナリト認ム……」

と答申している。そして具体的対応では，

「第一，文部当局ハ政府ノ事業トシテ又ハ然ルベキ機関ノ事業トシテ時局ヲ理解セシムルニ必要ナル図表（巧妙ニ統計的又ハ図解的ニ示シタルモノ）ヲ可及的多ク作成シ各種博物館ノ需メニ応ジテ配布シ又ハ各種ノ学校等ニモ頒布スルコト

第二，国体ヲ理解シ国民精神ヲ作興スルニ有益ナリト認ムル歴史的文書絵画等ヲ複製シテ各博物館及ビ学校等ニ配布スルコト」

のように，国体や時局を理解させる図表・絵画や映画などを，政府やしかるべき機関が作成することを求めたのである。そのうえで各博物館がおこなうべき方法として，

「（イ）博物館内ニ適当ナル部室ヲ設ケ，前記図表，複製ノ図書又ハ標本等ヲ陳列シ参観者ヲシテ一目時局ヲ理解セシムルコト

（ロ）講演会又ハ映写会等ヲ開キ前記ノ時局映画等ヲ利用シテ国民ノ思想ヲ善導スルコト」

などをあげている[49]。

　戦時下に向かい各博物館では運営が困難になりつつあり，活動を維持していくために国策と対応して，このように人びとに対する教育的な役割を強く位置づけるようになっていったのである。しかしながら，それは公衆の人権を保障するための公教育とは懸け離れたものであった。

　敗戦による民主国家建設を契機に，郷土を精神の拠り所とする郷土化教育に則った郷土博物館や郷土資料室は姿を消す。同時に，戦前期に博物館活動として定着が図られた博物館教育が，皇国史観にもとづく道徳的・思想的な社会教化や思想善導に機能する部分が多かったため，戦後しばらくは，博物館での教育に対する役割が否定的にみられることとなった。1951（昭和26）年に制定に至ったわが国の博物館法は，社会教育法のもとに制定されているにもかかわらず，博物館における教育の役割が明確に定義づけられていないことも，その影

響と考えられる。この点は次章で詳述する。

　本章では，公衆社会に定着してきた現代の博物館の社会的な役割を捉えるにあたり，その直接的な出発点となる18世紀のヨーロッパの近代博物館について，成立の背景と経緯の考察をおこなった。要約すると，近代博物館の先鞭を切った最初のナショナル・ミュージアムである大英博物館は，それまでの博物館的施設にはみとめられなかった市民の自由な観覧と研究を定め，公衆への利益寄与を理念に掲げるものであった。そこではコレクションを公共の財産として位置づけられることとなり，多くの人びとへの公開が，コレクションの保管と継承の社会的な価値とする認識が育まれていったのである。こうして，市民とのかかわりに意義を見出す博物館の理念と方向性が示され，具体的な方法として公衆に対する教育的機能の発揮に結びついていく。また，市民革命を経たフランスでは人権宣言において市民の自由と権利の平等がうたわれ，コンドルセの法案から看取されるように，ひろく公衆に対する教育の役割を担うものとして博物館が捉えられ，ほどなくルーブルの共和国立博物館にそれが結実をみる。
　つまり，近代において，だれもが権利を有して利益を享受できる公教育の一機関に位置づけられたことにより，博物館は幅広い市民の公共財としての地位を獲得して社会的な存在となったのである。この博物館観は各国に波及し，アメリカではあらゆる人たちへの教育の機会提供を確かなものとするため，多様な方策が実践されていくのであった。
　一方，わが国の博物館は，明治維新の前後に欧米から導入された近代博物館の思想をもとにスタートをした。以後の変遷をたどると，福沢の『西洋事情』や初期の物産会・博覧会の主旨などにみられるように，当初は人民への教育的な役割を果たすことが強く意識され，民衆の啓蒙教育に資する公開の施設として位置づけられ，公教育的な性格を有するものであった。ところが，博物館の開設が具体化するとともに，政府内での所管をめぐる紆余曲折などが影響し，教育的役割の対象は公衆への教育から学校教育へと力点が移されていく。さらに，宮内省の所管となった帝国博物館などでは，収集と保存の役割が重視され

るようになる。また,博物館や博覧会における見世物的な陳列からの脱却の過程で,一部の庶民層を排除する動向も看取され,すべての人の学びを保障する指向が失われて,近代博物館の根幹である公教育機関の位置づけが希薄となっていった。

やがて,民衆教育の役割を強く押し出した郷土博物館が誕生するが,その多くは郷土を精神の拠り所とする郷土化教育にもとづき,皇国史観による思想善導や社会教化の性格を保持するものであった。このような事の成り行きもあり,敗戦後の民主化社会で再出発した博物館では,公衆への教育に視点を据えた積極的な議論が生まれにくい状況が続いた。

以上のような経緯によって,公教育機関とする近代博物館の根幹が,わが国ではスムーズに伝わってこなかったのである。

註
1) オックスフォード伯のロバート・ハーレー(Robert Harley)とエドワード・ハーレー(Edward Harley)の親子が収集した,古文書を中心とした文庫コレクションである。
2) ロバート・コットン(Robert Bruce Cotton)に始まるコットン家の古写本を主とした収集品で,1700年に国家に寄贈されていた。
3) ジョフリー・D・ルイス(矢島國雄訳)「英国博物館史 その1:1920年までのコレクション・コレクター・博物館」『MUSEUM STUDY』1 明治大学学芸員養成課程 1989 p.36
4) 藤野幸雄『大英博物館』岩波書店 1975 p.12
5) 出口保夫『物語 大英博物館』中央公論新社 2005 pp.59-60
6) 註4)文献 p.50
7) 実証的研究推進のためのコレクション形成と併設の図書館における研究機能を背景に,『百科全書』では博物館を重要な研究機関に位置づけようとしていることが指摘されている(倉田公裕・矢島國雄『新編博物館学』東京堂出版 1997 p.15)。
8) コンドルセ(松島鈞訳)「公教育の全般的組織に関する報告および法案―1792年4月20日および21日,公教育委員会の名によって国民議会に提出された―」『公教育の原理』〈世界教育学選集〉明治図書 1962 pp.130-222
9) フィリップ・ポワリエ(松本栄寿・小浜清子訳)「図書館と博物館の共通の歴史」『フランスの博物館と図書館』玉川大学出版部 2003 pp.36-37

10) 伊藤寿朗「序章　博物館の概念」『博物館概論』学苑社　1978　pp. 13-23
11) 矢島國雄「近代博物館と古代における博物館の前史」『MUSEOLOGIST』1　明治大学学芸員養成課程　1986　p. 17。同様の見解は，久保内加菜氏なども示されている（「第3章　博物館発達論」『博物館学教程』東京堂出版　1997　pp. 44-46，および，「第2章　博物館の生成と発展」『博物館概論』樹林房　1999　pp. 19-30）。
12) 教育的役割を担うようになったイギリスの多くの博物館でも，展示の工夫などにおいて，当初の実態はだれもが十分に活用できるものになってはいなかったことが指摘されている（倉田公裕・矢島國雄『新編博物館学』東京堂出版　1997　pp. 16-17）。
13) 高橋雄造『博物館の歴史』法政大学出版局　2008　pp. 301-308
14) 『遣米使日誌』（阿部隆一編）文学社　1943。この日誌の4月2日の項には，「パテントオヒース百物館なるよしといえるところに行て見よ」とあり，4月14日の項には「スミスヲニヲといへる奇品，はた究理の館成よし」と述べている。パテントオフィスやスミソニアンの視察所見は，ともに随行した柳川当清の『航海日記』，森田岡太郎清行の『亜行日記』，佐野貞輔鼎の『訪米日記』などにも記されている。
15) 富田正文・土橋俊一編『福沢諭吉選集』第1巻　岩波書店　1980　pp. 11-68
16) 註15) 文献　pp. 126-127
17) 註15) 文献　pp. 127-128
18) 註15) 文献　pp. 225-226
19) 註15) 文献　pp. 239-240
20) 「博物館」の名称は福沢諭吉の造語ではなく，当初は万延元年の遣米使節団の人びとによって用いられ，福沢の『西洋事情』によって定着をみたことが指摘されている（椎名仙卓『日本博物館発達史』雄山閣　1988　pp. 28-32）。
21) 加藤有次「第3章　博物館の史的変遷」『博物館学総論』雄山閣　1996　pp. 49-77，椎名仙卓「第Ⅰ部　幕末・明治時代」『日本博物館発達史』雄山閣　1988　pp. 13-140
22) 太政類典，明治4年3月（『東京国立博物館百年史』資料編　第一法規　1973　再録）
23) 「7-4　田中芳男君の経歴談」『東京国立博物館百年史』資料編　第一法規　1973　p. 569
24) 文部省布達全書，明治5年2月14日（『東京国立博物館百年史』資料編　第一法規　1973　再録）
25) 太政類典，明治4年4月25日（『東京国立博物館百年史』資料編　第一法規　1973　再録）
26) 太政官日誌，明治4年5月23日（『東京国立博物館百年史』資料編　第一法規　1973　再録）
27) 博物局一覧（『東京国立博物館百年史』資料編　第一法規　1973　再録）
28) 太政官日誌，明治6年3月19日（『東京国立博物館百年史』資料編　第一法規　1973　再録）
29) 太政官日誌，明治8年2月9日（『東京国立博物館百年史』資料編　第一法規　1973　再

録）
30) 東京書籍館書類，明治7年1月13日（『東京国立博物館百年史』資料編　第一法規　1973　再録）
31) 分離した後，博物館・書籍館・博物局・小石川薬園の物品書類は，博覧会事務局に引渡すことが決められていた（太政官日誌，明治8年2月9日）。
32) 公文録文部省之部，明治10年
33) 『日本教育史略』文部省　1877（『教育史善本叢書』日本教育史1　雄松堂　1988）
34) 『日本近世教育概覧』文部省総務局　1887　p.219
35) 『創立110周年記念　国立科学博物館の教育普及活動』国立科学博物館　1988
36) 澳国博覧会報告書博物館部上（『東京国立博物館百年史』資料編　第一法規　1973　再録）
37) 澳国博覧会報告書博物館部二（『東京国立博物館百年史』資料編　第一法規　1973　再録）
38) 博物館分類一覧表，明治12年4月改正（『東京国立博物館百年史』資料編　第一法規　1973　再録）
39) 農商務省告示第一号（明治15年3月16日）
40) 例規録，明治30年（『東京国立博物館百年史』資料編　第一法規　1973　再録）
41) 加藤有次は日本の博物館の教育的機能について，「博物館教育と社会教育との統一的体系化ができなかったところに問題がある。それは，明治政府の政策が社会教育より学校教育に重点を置いたことにも起因するのであろう」とし，公教育に対する機能が発達しなかったことを，その背景とともに指摘している。また，「本来博物館は，初期においては総合的な教育機関として考えられたが，直接生産に結合する自然科学面では，そうした教育理念が挫折のうちにも継承されているのに対し，人文系博物館にあっては，その性格をきわめて異にする」と述べられ，とくに人文系博物館は「保存思想から生まれた博物館」であったため，教育機能が阻まれてきたとされている（註21）の加藤文献，pp.73-77）。
42) 註34) 文献　p.219
43) 『東京帝室博物館事務要覧』第1号　東京帝室博物館　1901　pp.89-90
44) 國雄行『博覧会の時代―明治政府の博覧会政策―』岩田書院　2005　p.114
45) 註23) 文献　p.569
46) 「第一章第一節　文部省博物館と博覧会事務局」『東京国立博物館百年史』第一法規　1973　p.58
47) 「第一章第三節　内務省時代の博物館」『東京国立博物館百年史』第一法規　1973　p.131
48) 「第一章第四節　農商務省時代の博物館」『東京国立博物館百年史』第一法規　1973　p.241
49) 「第五回全國博物館大會」『博物館研究』第6巻第5・6号　1933　pp.11-12

第2章　博物館教育の意義

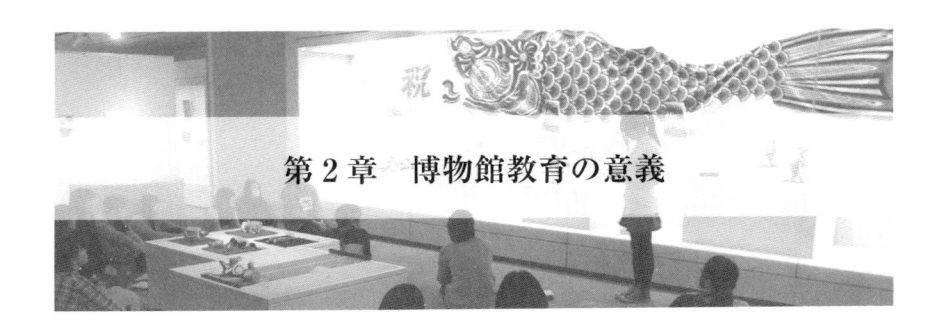

　前章でみたように，機能の面で大きく変貌し，今日の博物館の骨格が整うのは近代のヨーロッパにおいてである。イギリスやフランスでは啓蒙思想の浸透や市民革命などによって封建的諸関係が崩壊し，天賦の人権すなわち自由で平等な個人が保障され，知識面での解放が進行した。その一連として成立した博物館は，公衆の人権の確立と保障のために知識を人びとに提供する役割が求められ，あるいは見出され，学校教育や社会教育を包括した公教育機関であることを根幹とするものであった。これにより博物館は公衆とともに活動する社会的存在になったのであり，社会に定着してきた博物館の存在意義といえる。

　本章では，現代の博物館が公教育の遂行を目的とした機関であることをふまえ，その役割を見据えたうえで諸機能の充実を図らねばならないことを示していきたい。さらに，現在推進されている生涯学習について，わが国でおこなわれるようになった経緯と目的や意義を把握し，博物館が果たすべき教育とのかかわりを検討する。そのうえで，博物館教育活動における方向性の一端を探ることとしたい。

1　現代博物館の位置づけ

　19世紀末から20世紀初めにかけて，欧米では博物館の協会組織が設立されるようになった。これは博物館事業の促進や調整を図る機関で，公教育機能を

強化するためには博物館相互の組織化が必要であることを,結成動機の1つとしている。もっとも早く設立されたのはイギリスの博物館協会（1889年）で,続いてアメリカ博物館協会（1906年）,ドイツ博物館連盟（1917年）,フランス博物館協会（1921年）などが誕生した。

(1) 博物館の役割の国際認識

結成が進んだ欧米の博物館の協会組織が核となり,国際連盟の専門機関であった知的協力委員会のもとで,博物館国際事務局（International Office of Museums）が1926年に設立された。しかし,第二次世界大戦前の混乱に翻弄され,わずか10年で機能を失うこととなった。その後大戦が終結して,1946年,国際連合の国際教育文化機関（ユネスコ）の下部機構に国際博物館会議（The International Council of Museums：略称ICOM）が創立され,博物館の国際組織が復活したのである。

ICOMは博物館と博物館専門職を代表する国際非政府組織であり,その定める規約（Statute）は博物館の定義や活動のあり方をグローバルな観点から提示しており,現代博物館の位置づけに対する国際的な見解を知ることができる。1946年の創設以降,1951年に憲章が採択され,1989年までに3度の大幅な改定が重ねられている。そこで,この規約を中心に博物館の定義をみていきたい。

まず,1951年に制定された国際博物館憲章では,第2章の博物館の定義において,その目的を次のように示している。

> 「博物館とは,芸術,美術,科学及び技術関係の収集品,ならびに植物園,動物園,水族館等,文化的価値のある資料,標本類を各種の方法で保存し,研究し,その価値を高揚し,なかんずく公衆の慰楽と教育に資するために公開することを目的として,公共の利益のために経営されるあらゆる恒常的施設をいう」[1]。

つまり,コレクションの存在を前提に,博物館に収集,保存,研究,公開の4つの機能をあげ,なかでも公衆の慰楽と教育に資するための公開に重きを置いているのである。ICOMの初代会長でこの憲章を起草したジョルジュ・アン

リ・リヴィエール（Georges Henri Riviére）は，現代博物館学の創始者ともいえるフランス人で，リヴィエールの博物館学の講義では，博物館の概念において"社会に奉仕する"という点が強く主張されていたという[2]。これは前章でみたフランス革命後のコンドルセの法案以来，博物館を公教育の機関とする考え方が根底にあると斟酌され，市民社会における博物館の存在意義が社会への奉仕であり，その具体的方法が，人びとの慰楽と教育のためにおこなわれる公開ということなのである。近代博物館の歴史的経緯にもとづく理念を，この憲章の定義にみることができる。

　この後，1960年には，「博物館をあらゆる人に開放する最も有効な方法に関する勧告」が，パリで開催された第11回ユネスコ総会において採択された。勧告の原案は，同年にユネスコと日本政府が主催した「アジア太平洋地域博物館セミナー」で作成されたもので，公共博物館のあり方に関する提言である。この勧告では博物館の定義を，

　　「本勧告の趣旨にかんがみ，博物館とは，各種方法により，文化価値を有する一群の物品ならびに標本を維持・研究かつ拡充すること，特にこれらを大衆の娯楽と教育のために展示することを目的とし，全般的利益のために管理される恒久施設，即ち，美術的，歴史的，科学的及び工芸的収集，植物園，動物園ならびに水族館を意味するものとする」[3]

とし，維持（＝保存），研究，拡充（＝収集）の機能と，さらに強調して，大衆の娯楽と教育のための展示（＝公開）機能が示されており，ICOM憲章と同様に，教育の役割が娯楽に対する役割とともに上位に位置づけられている。また，この提言で注目すべきは，"博物館をあらゆる人に開放する（Museums Accessible to Everyone）"という勧告の趣旨であり，すなわち，公共の博物館はすべての個々人（Everyone）に開放されねばならないということが前提になっている点である。勧告の前文では，ユネスコの権能の1つである教育の機会均等などの理想を推進せしめるため，博物館が効果的に貢献できることなどを考慮し，

　　「博物館がその恒久的な教育上の使命を遂行し且つ，勤労者の文化的欲求を満足せしめるために斟酌すべき新たな社会的環境とその要請とを認め」

と説明し、この点をもとに決議採択したことが述べられている。博物館の本質において、公教育の役割をもつという認識が基盤となっているのである。

そして、1962年におこなわれたICOM憲章の改正では、従前に「施設」としていた博物館を「機関」と定義し、博物館の捉え方が大きく変えられた。続いて1974年に改正採択されたICOM規約では、第3条に博物館の定義があり、内容に次のように変化がみられる。

> 「博物館とは、社会とその発展に寄与することを目的として広く市民に開放された営利を目的としない恒久施設であって、研究・教育・レクリエーションに供するために、人類とその環境に関する有形の物証を収集し、保存し、調査し、資料としての利用に供し、また展示を行うものをいう」[4]。

ここでは、研究と、市民に対する教育およびレクリエーションを博物館の主たる役割とし、それを達成するために収集、調査、利用、展示がおこなわれるとしており、役割と機能がはっきり分けて示されている。すなわち、教育が各機能を集約した博物館の役割へと位置づけが高められ、博物館を公教育機関とすることが明確にされたのである。

なお、両改正の間の1965年、ユネスコ本部の成人教育推進国際委員会において、フランスの教育学者ポール・ラングラン(Paul Lengrand)により「生涯教育」が提唱され、その主張と理念は急速に広まって各国の教育施策への導入が進んだ。次節で示すように、ラングランによる生涯教育は、現代の危機的状況に置かれた人間存在に対する挑戦的課題の克服手段として、人間の一生をとおしておこなわれる、統合・一体化して創出した教育の過程を機能させることを原理とする。そして、この推進策の1つに、利用者に身近な博物館を設けて活用することが、図書館や文化センター、職業訓練学校などの設置とともに示唆されている[5]。このように、相互に補い総合的に構築された生涯教育の役割の一部を博物館に求める見解が広まったことも強く影響し、博物館の捉え方に変化が生じていったのである。

さらに、1989年に改正採択されたICOM規約では、

> 「博物館とは、社会とその発展に貢献するため、人間とその環境に関する

物的資料を研究，教育及び楽しみの目的のために，取得，保存，研究，伝達，展示する公共の非営利的常設機関である」[6]

と定義が整理された。ここでは博物館の目的と機能がいっそう明確に示され，博物館は資料の取得（収集），保存，研究，伝達，展示の各活動によって，研究と教育と楽しみを目的とする機関と位置づけたのである。以後，もっとも新しい2007年の改定では本質に変化はないが若干の修正が加えられて，

「博物館とは，社会とその発展に貢献するため，有形，無形の人類の遺産とその環境を，研究，教育，楽しみを目的として収集，保存，調査研究，普及，展示をおこなう公衆に開かれた非営利の常設機関である」[7]

とされ，この定義がICOMにおける現在の博物館認識の基軸となっている。

このように国際的な博物館の捉え方は，社会環境や市民意識の変化に対応して修正がおこなわれてきた。そして現代では，娯楽と研究の役割が重視されるとともに，博物館活動の総体こそが教育と認識されているのである。娯楽については，欧米で進捗した来館者研究によって，多くの人の博物館利用は，休日や平日の自由時間を家族や友人たちと楽しく過ごすのを期待した，余暇活動であることが明らかとなっている[8]。そのため，教育を目的とする博物館では，楽しみの要素や工夫を排除した内容ではその遂行が困難となる。つまり，教育と楽しみは対峙するのではなく，一体となるものとして活動を構築することが求められ，展示だけではなく活動のすべてを包括した博物館体験が重視されて，博物館の目的へと位置づけられてきた。また研究についても，だれもが自主的で主体的に，博物館活動全体を通じて取り組むことができるものとして，教育と並んでその目的に位置づくことになったのである。

ただし，教育は従前より博物館の主たる役割であった。前章でみたように，今日の博物館の骨格が整う近代のイギリスやフランスでは，啓蒙思潮の浸透や市民革命などを経て自由で平等な個人の保障が進行した。そこに成立した博物館は，市民の人権の確立と保障のために知識を解放する役割が求められ，公共の教育機関であることを根幹とするものであった。これが博物館を公衆とともに活動する存在に押し上げ，社会に定着をみるようになった博物館の存在意義

ということができる。

　国際的な博物館認識は，近代博物館成立以来のすべての人が利益を享受できる公共の教育の役割が，その中核において明確化されつつ，今日に至っているものと捉えられるのである。

(2) わが国の博物館認識

　一方，日本における現代博物館の捉え方を博物館法でみておきたい。1951（昭和26）年に制定され，第2条において博物館が次のように定義された。

　　「この法律において"博物館"とは，歴史，芸術，民俗，産業，自然科学等に関する資料を収集し，保管（育成を含む。）し，展示して教育的配慮の下に一般公衆の利用に供し，その教養，調査研究，レクリエーション等に資するために必要な事業を行い，あわせてこれらの資料に関する調査研究をすることを目的とする機関」。

　これは，先立って採択されたICOM憲章の影響も強いように思われる。ところが博物館の役割において，ICOM憲章は公衆の慰楽と教育に資するための公開に重点が置かれているのに対し，博物館法にはこの視点がみとめ難い。博物館の役割には，資料の収集，保管（含育成），展示，必要な諸事業，調査研究が並列して示され，ここに教育に対する視座は入っていない。博物館に求められる教育的な役割については，"教育的配慮"と"教養"という表現で，それぞれ展示と必要な諸事業の一端に置かれているだけなのである。

　公・私立の博物館の振興を主要な意図として成立に至った博物館法は，今日までに部分的な改正がなされているものの，根本となる博物館の定義にはいっさい手が加えられていない。親法の社会教育法では博物館を社会教育機関，さらに今日では生涯学習機関として定めてはいるが，博物館法の定義ではその教育に資する役割は明確になっていないのである。

　日本での博物館の捉え方は，ICOM規約などよりも，当然ながら博物館法の定義が一般に浸透している。例えば『広辞苑』で"博物館"を引いてみると，

　　「古今東西にわたって考古資料・美術品・歴史的遺物その他の学術的資料

をひろく蒐集・保管し，これを組織的に陳列して公衆に展覧する施設。また，その蒐集品などの調査・研究を行う機関」

とあり，収集・保管，公衆への展覧，調査・研究の機能は示されているが，ICOM 規約が明示するような公教育機関という位置づけを察知することはできない。博物館の諸機能が何を目的とするものかが不明確なのである。わが国の博物館機能に対する認識の大勢であろう。

2007（平成 19）年には教育基本法が改正され，新たに生涯学習の実現をめざす理念が掲げられた。これにより，生涯学習社会に対応するための博物館の機能を見直す視点などから，博物館法改正の検討が進められた。博物館における教育的役割の重要性は近年の日本博物館協会がまとめた報告書でも強く指摘され[9]，法改正への反映が強く期待されていたが，博物館の定義を見直すには至らなかった。

また，2012（平成 24）年 7 月には，日本博物館協会がすべての博物館に共通する社会的機能のあるべき姿を示す「博物館の原則」を制定している。博物館をめぐる状況の変化に対応し，博物館が本来の目的や機能を果たして公益性を確保していくために定められたものであるが，その原則の筆頭には，

　　「博物館は学術と文化の継承・発展・創造と教育普及を通じ，人類と社会
　　に貢献する」

ことがあげられており，この文脈はやはり博物館法の定義に沿ったものでしかなく，公教育を基盤とする認識を捉えるのは難しいように思われる。

2　現代博物館と教育

　これまでみてきたように，現代の博物館の直接的起源である近代博物館は公教育機関であることを根幹とするもので，その理解は ICOM の規約にも示されているように，国際的な共通認識であるといってよい。ただし，この根幹の認識が，今日まで必ずしもスムーズに伝えられてきたわけではない。

（1） 教育を目的とする博物館

　19世紀末から20世紀初めにかけて組織されたヨーロッパ各国の博物館協会は，不明確になりがちであった博物館の公教育機能を強化するために，連携の必要性を設立の一因としていた。また，イギリスでの博物館改革をうったえたイギリスカーネギートラストによるマイヤーズレポート（1928年）やマーカムレポート（1938年）は，いずれもその教育的役割や公衆に対するサービスの再認識を強調するものであった[10]。ICOMが示した博物館の定義も，当初は目的としての教育の役割があまり明確化されてはいなかった。収集，保存，資料研究，展示などの諸機能がそれぞれ発達するにしたがい，各機能の統括的な目的が見失われる傾向にあったのではないかと思われる。

　近年に至り，アメリカ博物館協会では1992年に，博物館の役割に関する報告書である『EXCELLENCE AND EQUITY（卓抜と均等）』がまとめられ，そのなかで博物館の使命について，

　　「博物館は，最も広い意味での教育を公共的サービスの役割の中心に置くものとする。公衆に対するサービスに努めることが，各博物館の職命のなかに明示され，各博物館の活動の中心に置かれなければならない」[11]

とうたっている。博物館が公共の責任を果たすために教育施設としての役割を再確立し，さらに拡大させる方途を示して，博物館の使命において教育の目的がすべての活動の根本にあることを，明確にするようアピールされたのである。また，1995年に定められたカナダ博物館協会規則では博物館の定義を，

　　「……定期的にしかるべき時間に一般公開され，人々の学習と楽しみのために，美術，科学（生物，無生物を問わず），歴史，技術資料などの，文化的価値のある資料や標本を，収集・保存，調査研究，解釈，集積し，展示することを目的として，公共の利益のために管理運営される」[12]

としており，同様に2002年にイギリス博物館協会が示した博物館の倫理規程においても，

　　「博物館とは，人々が知的刺激や学習，楽しみを目的に，収蔵品を探求できるところである。博物館は，社会から付託された資料や標本を収集し，

保護し，アクセスできるようにする施設である」[13]

とあり，いずれも人びとに対する学習と楽しみを博物館の役割に置き，そのために各機能が果たされるべきことを示している。

日本の場合，明治維新の前後に公教育機関とする近代博物館像が伝えられ，ほどなく博物館が誕生する。

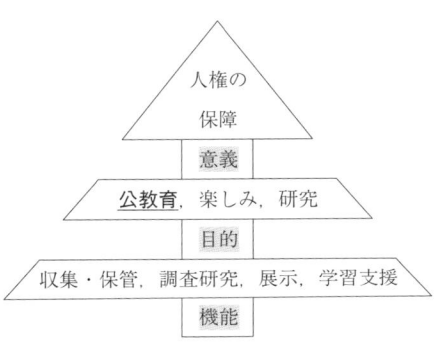

図 2-1 博物館における教育の位置づけ

にもかかわらず，わが国の博物館の歩みは公教育に対する役割が希薄なものであった。その点は，博物館法に示された博物館の定義からも看取される。

しかし，18世紀末の市民社会のなかで近代博物館が出現した所以は，繰り返して述べるがそこに公教育の機能が位置づけられたからであり，もしそれがなかったなら，今日の博物館の直接的な起源となる近代博物館は成立しなかったといえる。現代の博物館では，学校教育と社会教育を含めた公教育への役割とともに，相乗的な機能強化の意図などを背景として楽しみと研究の役割も重視され，博物館が果たすべき目的に加えられてきた。

したがって，博物館の経緯から現代博物館を捉えるならば，それは公教育と，公衆の楽しみと，公衆にも開かれた研究とを目的とした機関であり，これらの目的を達成するために，資料の収集・保存管理，調査研究，展示，学習支援などの機能を保持するものということができる。つまり博物館教育とは，活動の総体として博物館が遂行すべき目的なのである。そして，遂行すべき目的の基盤は人権の保障であり，このことが現代博物館の存在意義といえる（図2-1）。

(2) 博物館教育の再認識

わが国では一般的に，資料の収集・保管，調査・研究，展示・教育が博物館の主要な3機能，あるいは収集と保管をそれぞれ独立した機能と分けて4機能とされる場合が多い。そして博物館は，これらの活動を遂行することに本質が

ある機関とみられている。このような博物館機能の分類や考え方は，日本の博物館の歴史的変遷や博物館法の定義を受けて導き出されたものであろう。しかし，近代博物館の根幹が公教育機関への位置づけにあることから，博物館がもつ教育の役割は，展示を中心とした部分的な機能にとどまるものではない。たしかに，博物館と人びとを直接的に結びつけているのは展示であり，その公開を通じての教育的役割は，博物館活動のなかで顕著に発揮されるところであろう。けれども，資料の収集や保存管理は，収集・保管することが目的なのではなく，公教育や楽しみ，あるいは教育に資するためにおこなわれるのである。調査・研究の機能についても同様のことがいえる。

　従来の博物館の研究では，教育は博物館の1機能と捉え，それが他の機能とどのようにかかわるのかの議論が多い。しかし，教育的活動は博物館が果たさなければならない目的なのである。資料の収集，保存管理，調査研究，展示，学習支援がそれぞれ有機的に機能することにより，公教育をはじめとして，公衆のための楽しみと公衆による研究の目的を果たす，という構造をなすものと考えるべきであろう。その根幹を貫くのは公教育機関としての位置づけなのである。

　わが国での博物館の役割や機能に対する認識は，当然ながら博物館法が土台となっている。その定義に示された博物館における教育は，前述のように，1つの機能である展示と必要な諸事業の一部の位置づけでしかない。博物館法は戦後間もない制定から60年以上もの間，博物館の定義は改められていないのである。わが国でも博物館をとりまく社会環境は，この長期間に著しく変貌してきた。中央教育審議会による1981（昭和56）年の答申「生涯教育について」では，生涯教育遂行のために公民館や図書館とともに博物館を整備し，それぞれ地域の特性を生かした意欲的な取り組みが求められ，博物館が市民にとって地域社会における主要な生涯学習機関とみなされるようになり，今日では定着した捉え方となっている。

　こうした社会環境の変化に対応するため，博物館の理念や機能を見直す視点から日本博物館協会が2001（平成13）年にまとめた『「対話と連携」の博物館』

では，

> 「生涯学習社会の新しい教育システムの中では，博物館が従来の学校中心の教育活動と比較にならないほどの重要な役割を分担し，それを果たすことこそ博物館の社会的存在理由なのだという共通認識を，すべてのスタッフが持つこと」[14]

との主張がみられる。また，2003（平成15）年の『博物館の望ましい姿』のなかでも，

> 「博物館も，生涯学習を担う社会教育・文化施設として，これら社会環境の変化に対応して，その収集資料の多面的な活用を通じて，人びとの学習機会の拡充と文化的余暇活動の充実に寄与すること」[15]

が求められていると記し，いずれも生涯学習社会の博物館における教育的役割の重要性を強く指摘しているのである。

にもかかわらず，博物館法の定義が不変であることが大きく作用し，人びとの博物館観がなかなか変わっていかない。博物館における教育は，機能や活動の総体として果たすべき目的とする認識が，容易に浸透していないのである。先に示した『広辞苑』などにみるように，公衆への教育の役割をもつ機関という博物館像は少しも浮かび上がってこない。これが博物館の役割に対する人びとの一般的な理解であり，それは学芸員をはじめとした博物館を取り巻く多くのスタッフの認識を反映したものなのであろう。

今日の社会環境下における博物館の役割は，生涯学習を推進する機関に位置づき，人びとの学習資源としての期待が大きい。したがって，博物館教育に対する理解も，従来のように機能の一部と捉えるのではなく，機能を集約した目的として認識を転換すべきと考えられる。すなわち，資料の収集，保存管理，展示・学習支援，調査研究がそれぞれ有機的に機能することにより，人びとの教育や娯楽に資する目的を果たす，という構造で捉えるべきなのである（図2-2）。

教育を博物館機能の一部とする認識のもとでは，多くの場合，それは展示や関連する活動にかかわるものとしかみなされない。資料の収集や保存管理，調

42　第 2 章　博物館教育の意義

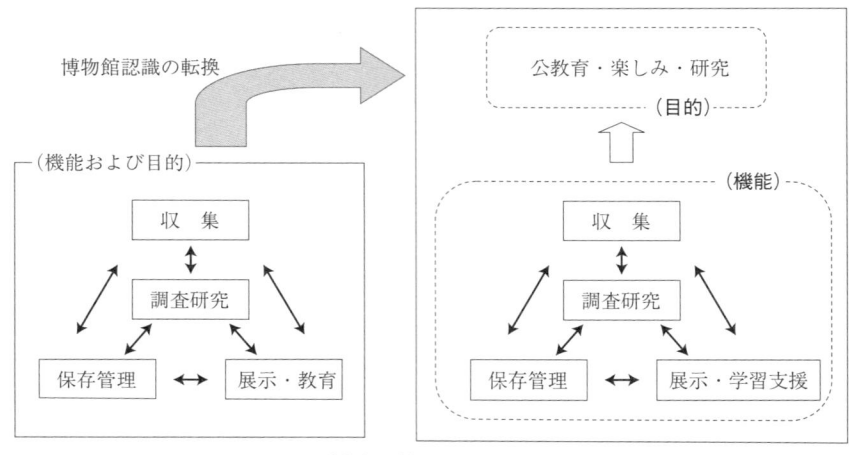

図 2-2　博物館の機能と目的に対する認識

査研究の機能は別にそれぞれ独立しており，人びとの教育に貢献するという意識は生じがたい。しかし，前述したように教育を博物館の目的に位置づけるならば，資料の収集や保存管理は，収集し保管することが目的なのではなく，人びとの学習や楽しみのためにおこなわれるのであり，調査研究の機能についても同様といえよう。博物館における教育は，展示や学習支援だけではなく，収集，保存管理，調査研究の機能も駆使して遂行するという意識を醸成し，そのうえで各種のプログラムや活動を再構成していくことが，博物館教育を発展・充実させるための根本的な課題だと思われる。

（3）　博物館教育への期待

　1970 年代には，国際的潮流であった生涯教育の考え方がわが国にも導入され，当時の文部省の施策をもとに博物館活動とのかかわりが議論されるようになった。1981（昭和 56）年に出された中央教育審議会答申の「生涯教育について」では，生涯教育の条件整備の対象に博物館があげられ，1990（平成 2）年には「博物館の整備・運営の在り方について」が社会教育審議会から答申された。この答申では生涯学習に対する関心の高まりを背景に，

「博物館における人々の学習活動を推進するためには,特に教育普及活動の充実が今後の重要な課題である。また,学習相談の実施など学習のための各種のサービスの提供等を行うよう努めることが必要である」

として,生涯学習社会に期待される博物館の役割が示された。そして対応を活発化させる整備のあり方として,人びとの学習活動を推進するための学習支援活動の多様化と充実,人びとの学習に資するための資料の充実と展示の開発,学習支援活動の基礎としての研究活動の充実,学校教育との関係の緊密化,などが求められている。ここにおいて,公教育機関としての博物館の位置づけを明確にすることができるようになったのである。

しかし,博物館は元来が公教育機関なのであり,生涯教育に対する関心が高まったために教育的役割を重視するのではない。博物館が生涯を通じての学習をあらゆる人びとに提供できる機関とする点でいえば,そのことはすでに18世紀末のフランスでコンドルセが指摘していることは第1章で示した。今日主張されている生涯教育は,次章で詳述するが,提唱者のポール・ラングランがうったえたように現代の人間存在に対する挑戦的課題であり,課題の克服には避けてとおることができない生涯を通じての教育なのである。したがって,求められている現代の生涯教育に対応する博物館とは,先にあげた諸機能をとおして,人間存在に対する挑戦的課題に取り組む博物館と考えられる。公教育機関としての博物館の現代における方向性といえる。

また,人びとの生涯学習に対する要求の高まりを背景に,近年の博物館では多くの利用者を取り込むためのさまざまな工夫が施され,新たな展示方法の導入なども積極的におこなわれている。例えば,視聴覚装置やIT機器を取り入れた展示,ハンズ・オン展示やこれに類する参加体験型の展示,あるいはエコミュージアムのように博物館の形態を一変するようなものも生まれてきた。けれども,これらが物珍しさから注目され,利用者の好奇心をくすぐるだけで終わっている例が少なくないように思われる。斬新な装置システムや展示法の多くが,全体の展示目的を構成するうえで不明瞭な位置づけになっているからであろう。つまり,公衆の教育に資するという博物館の根幹となる理念が希薄な

のである。学習環境が成立しない必要以上に暗い展示室や，読むことに困難をともなう小さな文字の解説やキャプションが珍しくないのは，博物館が公教育機関であることをほとんど認識していないあらわれと思われる。

　欧米で生まれ，いまや盛んに導入が図られているハンズ・オン展示についても，本来は利用者と展示との間の相互作用に教育的価値があり，明確な教育目標をもつことが前提なのである。イギリスでこのプランナーとして活躍するティム・コールトン（Tim Caulton）は，ハンズ・オンの意義を，「博物館のハンズ・オン系展示装置あるいはインタラクティブな展示装置には明確な教育目標がある。その目標とは，個人もしくはグループで学習する人びとが，事物の本質あるいは現象の本質を理解するために，個々の選択にもとづいて自ら探究してみようとする利用行動を助けることにある」と示している[16]。ところが，わが国の博物館ではこのような理念はあまり顧みられず，形態だけを模倣している例が多い。

　フランスを発祥とするエコミュージアムについても，その本来は成人教育の地域化の推進と軌を一にするもので，「地域の様々な遺産を調査しその価値を理解し，保存，活用することを通しての地域理解の深化といった地域住民への教育的機能をもつ」とされている[17]。けれども日本の場合，骨子となる学習の場として地域づくりを進める姿勢が曖昧であることが，なかなか根づかない理由ではないだろうか。したがって，現代の博物館の位置づけが公教育機関であることを明確にし，それにもとづいた機能やシステムの見直しがなされるべきであろう。

3　生涯学習の展開

　今日に定着している生涯学習という用語は，当初は生涯教育と呼ばれていた。生涯を通して人びとに学習のシステムや機会を提供する生涯教育という概念は，1965年，ユネスコ本部の「成人教育推進国際委員会」において，フランスの教育学者であり当時のユネスコ成人教育局成人教育部長であったポール・ラン

グラン（Paul Lengrand）によって提唱されたことは前述したとおりである。この生涯教育論が1970年代以降にわが国でも注目されるようになった。

（1） 生涯教育施策の推移

はじめに，わが国の教育施策において，これまでに提示されてきた生涯教育・生涯学習の捉え方を概観する。

1971（昭和46）年，社会教育審議会は「急激な社会構造の変化に対処する社会教育のあり方について」を答申した。この答申では，人口構造の変化と家庭生活の変化，都市化，高学歴化，工業化，情報化，国際化などの激しい社会的条件の変化現象に対して，ユネスコの成人教育会議で提唱された生涯教育の観点に立ち，生涯にわたる学習の継続を求めるとともに，家庭教育，学校教育，社会教育の三者を有機的に統合することが強調されている。わが国の教育施策にはじめて生涯教育の言葉が用いられ，生涯教育を社会的条件の変化への対応として捉えるものであった。答申のなかで社会教育行政については，

「人々の自発的な学習を基礎として行われる社会教育を促進，援助する」

ものと位置づけ，生涯の各時期にわたり学習の機会をできるだけ多く提供し，人びとの教育要求の多様化と高度化に応えることが求められている。

その後，1981（昭和56）年の中央教育審議会答申「生涯教育について」では，当面する文教課題の対応施策として生涯教育がとりあげられており，生涯教育と生涯学習の関連性を明らかにしている。生涯学習については，

「各人が自発的意思に基づいて行うことを基本とするものであり，必要に応じ，自己に適した手段・方法は，これを選んで，生涯を通じて行うもの」

としており，生涯教育の考え方を，

「生涯学習のために，自ら学習する意欲と能力を養い，社会の様々な教育機能を相互の関連性を考慮しつつ総合的に整備・充実しようとする」

ものと示し，生涯教育は教育の全体がそのうえに打ち立てられるべき基本的な理念であり，学習は各人が自発的意思にもとづいて実行することであるため，これを生涯学習と呼ぶのがふさわしいとした。つまり，生涯学習を援助・保障

するための教育制度の基本的理念として生涯教育が捉えられている。さらに，生涯教育の遂行のために公民館，図書館，博物館，文化会館などを整備し，それぞれ地域の特性を生かした意欲的な取り組みを求めるものであった。

では，こうした生涯教育の必要性がわが国でも強く主張されるようになった背景は何であろうか。1990（平成2）年に中央教育審議会から答申された「生涯学習の基盤整備について」では，生涯学習実施の社会背景として，

> 「所得水準の向上，自由時間の増大，高齢化の進行等に伴い，学習自体に生きがいを見いだすなど人々の学習意欲が高まっていることに加え，科学技術の高度化や情報化・国際化の進展により，絶えず新たな知識・技術を習得する必要が生じている」

ことがあげられている。これは，1971（昭和46）年の社会教育審議会答申で指摘された社会的条件の変化を根底にしているのであろうが，とくに人びとの生活のゆとりから生じる学習欲求の高まりを強調したものといえよう。そのうえで，当面する重要な課題として，生涯学習の条件整備や環境醸成を強調しているのである。こうして生涯学習を政策化する基盤が整い，1990（平成2）年には"生涯学習の振興のための施策の推進体制等の整備に関する法律（生涯学習振興整備法）"が成立・施行された。

一方，1996（平成8）年に答申された生涯学習審議会の「地域における生涯学習機会の充実方策について」では，博物館などの社会教育・文化・スポーツ施設について，地域住民の学習ニーズを的確に把握し，それに応えた学習機会を提供することを求めている。すなわち，

> 「変化する社会の中で充実した生活を営んでいくためには，様々な現代的課題についての理解を深めることが必要になってくる。例えば，地球環境の保全，国際理解，人権，高齢社会への対応，男女共同参画社会の形成などの課題がある。学習機会を提供する側においては，こうした現代的課題の重要性を認識し，そのための学習機会の充実を図ることが強く求められる」

とし，現代的課題に関する学習の積極的拡充が必要だとするのである。

以上の諸答申をふりかえると，生涯学習や生涯教育の性格，およびその社会背景について，次の点が看取できる。
① 生涯学習は，人びとの自発的な意思にもとづき，自ら選択する手段と方法によって，生涯をとおしておこなわれる学習である。
② 生涯学習を援助・保障するための統合された教育制度上の基本的理念として，生涯教育が位置づけられる。
③ 生涯学習が求められる社会的な背景には，
　（a）学習意欲の高まり　——　所得水準の向上，自由時間の増大，高齢化の進行，家庭生活の変化など
　（b）学習の必要性　——　科学技術の高度化，情報化・国際化の進展，地球環境の保全，国際理解，人権，高齢社会への対応，男女共同参画社会の形成など
があげられる。

これらの答申によって，生涯教育と生涯学習の概念や方向性はある程度明示されてきたといえる。ところが一方で，今なぜ生涯学習なのか，といった生涯学習のもつ意味については，時間的に変化がみとめられる。当初の生涯学習については，激しい社会的条件の変化に対応するものとして捉えられていた。しかし，1980年代以降は次第にソフト化され，生きがいのある充実した生活を享受するものとの位置づけに重点が移り，90年代末には再び現代の諸課題に対する重要性が強調されているのである。このような生涯学習の考え方の基盤の変化は，それに対する方策を曖昧なものにしてきているように思われる。

だとすれば，本来の生涯学習のもつ意味は何だったのであろうか。この点を考えるために，生涯教育論の提唱者であるラングランの主張[18]に立ち戻って検討してみる。

(2) 生涯を通じて学ぶ意味

現代社会における教育の重要性を説くにあたり，ポール・ラングランは，すべての人間にとって生きることは常に挑戦の連続を意味するものだったとし，

現代の人びとが置かれた社会状況を次のように分析した。

「人間の条件の基本的既知事項に，今世紀の初頭以来，個人や社会の運命の諸条件を大幅に変え，人間の活動をさらに複雑化し，また，世界や人間行動に関する説明の伝統的な図式を疑問に付すような，一連の新しい挑戦が，いよいよ増大する鋭さをもって加わってきた」。

そして，一連の新しい挑戦のなかでもっとも重要であろう社会的要素について，次のように9項目を示している。

①諸変化の加速（ここ十年毎に，以前の解釈ではもはやこと足りなくなるほどの大変化を呈するような，物的，知的，道徳的世界に対面させられている状況）

②人口の急速な増大（教育に対する需要増大や，利用可能な資源との均衡にかかわる問題）

③科学的知識および技術体系の進歩（技術体系の領域で生じている極度に急速な変化による人間性全体におよぼす影響）

④政治的挑戦（個々人が傍観者の立場をこえて引き受けなければならない役割や機能に，決定的な諸変化を引き起こす政治的市民社会の諸構造における変革）

⑤情報（望むと望まないとにかかわらず，他の人について責任をもつような全地球的文明の展開）

⑥余暇活動（増大する余暇活動とその時間を，全体としての社会のためと同様，自分自身の利益のために適切に利用することが求められる）

⑦生活モデルや諸人間関係の危機（これまで，ゆっくりとした沈殿作用によって作り出されてきた，人間生活の伝統的タイプの崩壊）

⑧肉体（人間の存在における肉体に帰せられる諸価値の認識や承認）

⑨イデオロギーの危機（確固とした思想の領域における疑問）

つまり，個人や社会の運命の諸条件を大幅に変え，人間の活動をさらに複雑化していくこれらの物理的次元，政治的次元の社会事象に対し，各人があるがままに理解して認識を獲得することが，生きていくために必要だとする。そして，激変する社会事象を理解する努力を怠るならば，ついには自分自身をも認識しなくなってしまうのだと強く警鐘を鳴らしているのである。

ラングランは、このように現代社会に対するきわめて強い危機意識を提示し、その危機に対して、

> 「人である権利は、人である義務の中にその補足をもつ。このことは、責任の受託を意味する。自分について責任的であることを。自己の思想、判断、情感に対する責任を。自分が受諾したものと拒否したものについて責任を持つことを意味する。ひとつの精神的、宗教的、あるいは哲学的共同体に所属する仕方が百もある場合、これ以外にどのように考えることができよう。つまり現代人は、ある意味で、自律へと追いつめられている。彼は自由を命じているのだ。これはすこぶる窮屈な、しかし人を高揚させる状況である。この状況は、その代価を払うように定められた人々にしか獲得することができない。その代価とは、教育である」

と捉え、危機的な状況に置かれた人間の存在に対する挑戦の克服として、教育の問題を受け止めている。すなわち、ラングランが提唱した生涯教育は現代の人間存在に対する挑戦的課題であり、その課題を克服する手段が生涯を通じての教育なのである。この問題意識はきわめて明快かつ実践的であり、半世紀近くも前に提起された主張であるが、今日の状況においては、より切迫した問題として捉えられよう。

ところが、わが国の教育施策に取り入れられた生涯教育および生涯学習には、挑戦という積極的な姿勢は抑えられ、社会的条件の変化への対応と表現され、さらには、生きがいのある充実した生活享受のための学習要求に応えるものへと認識が変化していた。2006（平成18）年に改正制定された教育基本法では、生涯学習の理念について、

> 「国民一人一人が、自己の人格を磨き、豊かな人生を送ることができるよう、その生涯にわたって、あらゆる機会に、あらゆる場所において学習することができ、その成果を適切に生かすことのできる社会の実現が図られなければならない」（第3条）

と掲示しているが、条文からは、人びとが生涯をとおして学ばなければ、生きていくことが難しいのだという意識を読みとることはできない。さかのぼって

1996(平成8)年の生涯学習審議会答申では，現代的課題に対する学習を積極的に拡充する必要性がうったえられているが，その本質は現代の人間存在に対する挑戦的課題にもとづくものなのである。

なお，前述したようにラングランは，生涯教育の推進策の1つに身近な博物館の設置と活用をあげていた。その後，1976年の第19回ユネスコ総会で採択された「成人教育の発展に関する勧告」では，学習者が利用し得る博物館などの公共の文化的機関で提供するさまざまなプログラムは，成人教育に関する新しい形態の専門機関とともに，体系的に開発されることが求められている。

4　博物館における生涯学習

今日の博物館は，公民館や図書館とともに，生涯学習に対応する機関として中核に位置づけられている。博物館側の自覚も強い。そこで，多様な教育プログラムを開発・提供して利用者の学習要素を引き出し，主体的な学習のできる機関に向けた努力が払われている。

(1)　既往の対応

これまでの博物館では，生涯学習機関として機能するためにどのような活動をおこなってきたのだろうか。歴史系の博物館を例にとると，多くの場合，地域研究や文化活動のための情報センター的な役割を果たすことを目的とし，その地域における生涯学習の拠点と位置づけられてきたようである。活動は地域の人びととの接触を多くし，展示だけでなく，主体的に参加して学ぶことに配慮した講座，講演会，ワークショップ，学習会，研究会，見学会などが開催されている。

また，展示の解説やインフォメーション，学習支援にかかわる事業などにおいて，施設ボランティアの導入が推進されてきた。ボランティア活動は，はじめに自然史博物館で積極的に取り組まれていたが，現在では歴史系博物館や美術館でも相当数で実践されつつある。ほかにも，生涯学習の基幹をなす学校教

育との連携を強めることや，博物館相互や博物館に類する施設との連携協力，また，博物館の積極的利用を促進するため，社会教育関係施設や事業とのネットワーク化を図ることなども進められ，今日では連携した地域教育の一翼を担う博物館も増えている。

　このような博物館の対応は，1971（昭和46）年の社会教育審議会答申以来の諸答申によって示された生涯学習の考え方に立脚しておこなわれてきた。すなわち，生きがいのある充実した生活の享受という捉え方のもと，さまざまな学習機会と方法を自ら選択し，主体的に学ぶことのできる機関であろうとしているのである。また，生涯学習を推進する他の機関や施設との連携や協力体制，情報ネットワークの構築などの基盤整備により，推進体制に占める役割が明確化してきた。その結果，以前の博物館とは異なり，教育を目的とした各種の活動によって人びととの接触は著しく増大して学習機会を広げ，基本的な活動である展示の形態は，わかりやすく楽しめるものへと変化をとげつつある。生涯学習機関としての機能を果たすべく，博物館の活動内容は変わってきている。

　しかし，現状の博物館が実施し機能している生涯学習は，多くの場合が知的な情報の発信であり，かつての博物館がおこなっていた知識伝達の機能を凌駕するものとなっていない。人びとは博物館が用意した活動に積極的にかかわることによって，博物館が発する情報を自分たちの身近に引き寄せて学習機会を拡大はしたが，博物館が発信する情報は，以前と変わらない知識や技術レベルでしかないものが多いように思われる。

（2）　学習理念の再考

　生涯学習の意義を，社会的条件の変化への対応や充実した生活の享受にあると捉えた場合，博物館教育は知識や情報の発信であることに問題はないであろう。しかし，ラングランが提唱した生涯教育は，現代の人間存在に対する挑戦的課題であった。そこでは，人びとの生存に向けて，現代社会に内在する危機的状況を克服していくことに意義が求められる。この考えに立つならば，現在の生涯学習機関として博物館が果たしている学びの内容は，再考すべき部分が

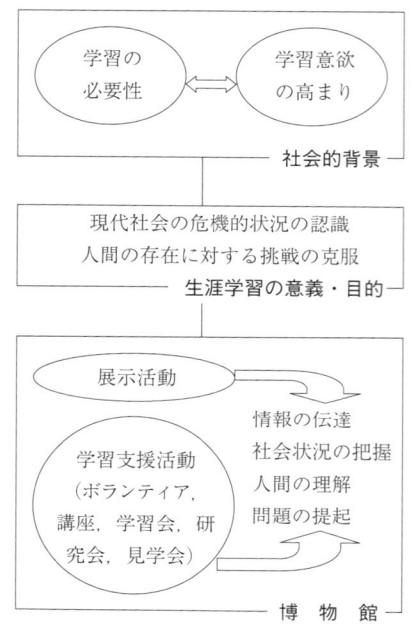

図2-3 生涯学習の社会的背景と博物館

多いように思われる。

図2-3は，生涯学習の社会的背景と博物館との関係を示したものである。生涯学習が要求される背景には，学習の必要性と学習意欲の高まりがある。学習の必要性はラングランが指摘したように，科学的知識・技術の急速な変化，情報化の進展，伝統的生活様式の崩壊などによって生じている。このような必要性が，所得水準の向上，自由時間の増大，高齢化の進行，家庭生活の変化などによって高まった学習意欲と結びつき，方法を自ら選択し主体的に学ぶ生涯学習の土壌が形成されることとなる。その学習は，新たな知識や技術の習得にとどまるものではない。

生涯学習は，人びとが現代社会の危機的な状況を正しく認識し，それを克服し生活していくことが真の目的なのであり，まさに人間存在の問題に直面している。生きていること，さらに生きることを考え学ぶことこそが，生涯学習なのである。

生涯学習の意義と目的をこのように捉えるならば，博物館では作品や資料をとおして学ぶ要素を引き出しながら学習を推進する努力だけでなく，展示や諸活動が人びとの生存あるいは生活と結びつくものでなければならない。すなわち博物館教育の内容は，多様化した情報の伝達，社会と社会状況の正確な把握，人間の理解，現代のさまざまな問題点の提起を，具体的な作品や資料などのコレクションと，これをもとにした活動で完成させることが必要になってくる。

現在の多くの博物館は，知的な情報を発信する場となっている。発信の方法や受け手のかかわり方については多様な工夫がなされているが，それは知識や

技術を要求する者に対して応えるものである。しかし，生涯学習の観点に立つならば，博物館は生存して活動することを考え，学ぶための機関でなくてはならない。つまり，生活を主体的・積極的に切り拓くことのできる人間，言い換えれば生活者を育成し，それに対応しなければならないのである。

　知識要求者に対するならば，一般的・普遍的な知識や技術を，作品や資料をもとに組織・構成して活動に置き換えることで，博物館は教育の役割を果たすことができた。しかし，生涯学習時代の学習者は知識要求者ではなく生活者なのである。生活者に対応する博物館では，人びとの生活の実態と派生する諸問題を作品や資料で具体的に組織し，それを拠り所に物事を考え，組み立て，行動する，という活動の展開が求められる。

　そこでは，現代社会に対する問題意識をもって企画され，主張の込められた展示がおこなわれ，従来において取り扱い資料の中心であった個別性，希少性などの特徴をもつ実物資料と同様に，レプリカ，視聴覚資料，写真，記録，文献などの資料や各種情報が，教育材料として重要な位置をもつことになろう。資料を土台にした活動は，自己の学習を組み立て発展させていくことを考慮した講座，学習会，見学会，ワークショップなどによって補足，強化される。さらに，学習者が助け合い学び合って，自己啓発学習や相互学習を進めるためのボランティア活動を導入し，学習を補完・連携するため，他の博物館やそれ以外の生涯学習機関・施設・事業とのネットワーク化を推進していくことも大切であろう。

　このように現代の博物館では，自らの生活に主体的に立ち向かう生活者を育成する教育プログラムが望まれているのである。生活者は，現代社会における人間存在にかかわる問題を，自らの日常生活のなかで見つけ出し，克服をめざして考え，行動して，人生を送る術を学んでいく。すなわち，生涯学習に対応するための博物館は，"生きることを学ぶ博物館"と位置づけられるべきである。同時に，生涯学習社会は学習の必要性が根底となっていることから，教育機関においては，客体としての授けられる受け身の学習ではなく，主体的に自らの力で学習を展開していく人間の育成が課題とされる。博物館教育においても自

己教育力の育成が要求されるのである。

　以上のように，本章では現代博物館の社会的位置づけについて，ICOMや欧米の博物館協会などの動向から把握できる国際的な理解は，近代博物館成立以来の公衆へ保障された教育に対する役割を明確化させながら，今に至っていることを明示した。すなわち，博物館が実践する各種の機能は，人びとへの教育とともに，娯楽と研究を目的とした社会的役割に集約されると捉える認識なのである。これに対してわが国では，前章でみた博物館発達の推移の事情も影響し，公教育機関とする理念が現在でも希薄といえる。そして，博物館法の定義では，機能として資料の収集，保管，展示，必要な諸事業，調査研究が並列して示され，これらの諸機能が何を目的とするのかが曖昧で，博物館の社会的役割が不明確であることを指摘した。

　したがって，現代社会において博物館の存在を堅固なものにするためには，実践する機能と果たすべき目的（＝役割）を整理し，明確にすることが必要とされる。歴史的・社会的変遷から捉えるならば，博物館の目的は，公教育と，公衆の楽しみと，公衆にも開かれた研究であり，これらの目的を成し遂げるために，資料の収集・保存管理，調査研究，展示，学習支援の各機能を有するものと認識すべきといえる。博物館における教育は，各機能の総体として博物館が果たさなければならない目的に位置づくものなのである。そこで，役割としての博物館教育の発展と充実を図るためには，教育活動は展示や学習支援だけではなく，収集，保存管理，調査研究の機能を集約して推し進める意識を形成したうえで，各種のプログラムと活動の再構成が求められることとなる。

　また，今日の生涯学習社会では，博物館が担うべき教育の役割に強い期待が示されている。それらは，人びとの学習支援活動の多様化と充実，学習に資する資料の充実と展示の開発，学習支援に対する研究活動の充実，学校教育との緊密化などが提示されているが，現代の博物館の位置づけが公教育機関であることを明確にし，これにもとづいてシステムと活動を構築するべきであろう。

　さらに，それぞれが人格を磨き豊かな人生を送るために提供される生涯学習

の本質は，ポール・ラングランの主張に示されているように人間存在への挑戦的課題であり，その課題を克服する手段が生涯を通じての学習なのである。つまり，生涯学習の本来的な意図は現代社会が抱える危機的な状況を人びとが正しく認識し，それを克服し生活していくことであり，生きることを考え学ぶことこそが生涯学習だと捉えられる。ゆえに生涯学習の役割を果たすべき今日の博物館では，生活を主体的・積極的に切り拓くことのできる生活者の育成を視点に置き，人びとの生活の実態と派生する諸問題を作品や資料で具体的に組織した活動を，地域の多様な学習資源とのネットワークを形成して展開させることが求められる。

そのうえで重要なのは，生涯学習は人権，すなわち人間の生存権にかかわる事がらであり，生きていくことを保障する方策だという点である。そこではすべての人に学ぶ機会を提供しなければならないわけで，学びの機会を享受できない人は，生存権が否定されることにほかならない。したがって，博物館が生涯学習の中核機関として自己の役割を果たそうとするならば，利用の障壁となるあらゆる要素を除去することが不可欠なのである。

註
1) 鶴田総一郎氏の訳文による（「国際博物館会議〈ICOM〉について」『自然科学と博物館』第35巻　国立科学博物館　1968）。
2) 西野嘉章「「美術」から「文化財」へ——フランスの学芸行政改革に関する報告書 (1)」『美学美術史研究論集』第11号　名古屋大学文学部　1993　p.4
3) 日本ユネスコ国際委員会の訳文による。
4) ICOM日本委員会の訳文による。
5) ポール・ラングラン（波多野完治訳）『生涯教育入門』全日本社会教育連合会　1971
6) ICOM日本委員会の訳文による。
7) 同上。
8) ジョン・H・フォーク，リン・D・ディアーキング（高橋順一訳）『博物館体験　学芸員のための視点』雄山閣　1996　pp.19-34　など
9) 『「対話と連携」の博物館—理解への対話・行動への連携—』日本博物館協会　2000，『博物館の望ましい姿—市民とともに創る新時代博物館—』日本博物館協会　2003

10) 矢島國雄「英国博物館史：その3―今世紀前半の博物館改革運動を中心として―」『MUSEUM STUDY』5　明治大学学芸員養成課程　1993　pp.38-41
11) 日本博物館協会訳『卓抜と均等　教育と博物館がもつ公共性の様相　1992年米国博物館協会報告書』2000　pp.13-14
12) カナダ博物館協会（日本博物館協会訳）『倫理指針』1999　pp.2-3
13) イギリス博物館協会（日本博物館協会訳）『博物館の倫理規程』2002　pp.6-7
14) 日本博物館協会『「対話と連携」の博物館―理解への対話・行動への連携―』2001　p.4
15) 日本博物館協会『博物館の望ましい姿　市民とともに創る新時代博物館』2003　p.4
16) ティム・コールトン（染川香澄ほか訳）『ハンズ・オンとこれからの博物館』東海大学出版会　2000　p.5
17) 岩崎恵子「フランスにおけるエコミュージアムの現状と課題―フランス成人教育研究の視覚から―」『九州教育学会研究紀要』第22巻　九州教育学会　1994　p.64
18) 註5) 文献

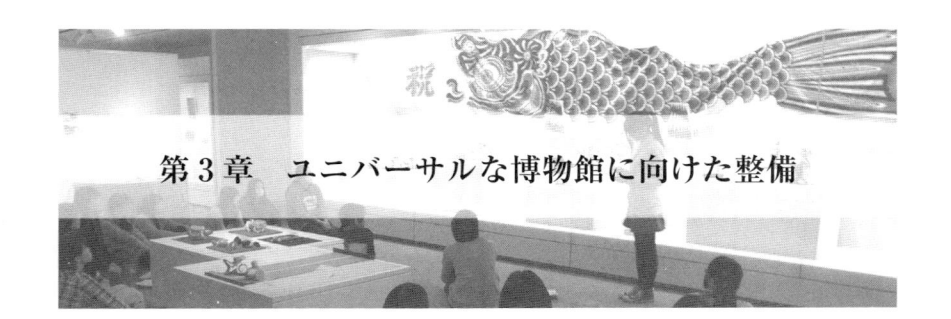

第3章　ユニバーサルな博物館に向けた整備

　これまで述べてきたように，博物館は公教育を目的とした機関である。いうまでもなく，その門戸はだれに対しても開かれたものでなければならない。また，生涯学習はすべての人びとが生きていくことを保障し支援する教育システムである。その一部を受諾すべき博物館が付託された役割を果たすためには，基本的条件として，あらゆる人の立場のもとで公平な情報と奉仕の提供を具体化して実施するユニバーサルサービス（universal service）は，必要不可欠の事がらとなる。

　現代社会における博物館は，生涯学習の推進ともあいまって，多くの市民に開放された施設へと姿を変えてきた。展示や各種の活動に，児童から高齢者までが楽しみながら学習できる工夫を凝らした例も，今日ではかなり普遍的になりつつある。けれども，それらの諸活動の実践において，すべての人びとに学習の機会を提供するという理念に立脚しているものは，きわめて少ないように看取される。

　本章では，博物館におけるユニバーサル化に向けたこれまでの動向を捉え，内包する問題点を明らかにするとともに，今後の方向性について考えたい。

1　博物館と障害のある人たち

　わが国において博物館のユニバーサル化への着目と取り組みは，障害のある

人たちへの対応が契機となってきた。今日の社会では、障害がある人たちの人権を保障し、自立してあらゆる分野の活動への参加を推進する動向にある。その根底には、障害のある人たちとそうでない人たちがともに暮らす地域社会をめざすノーマライゼーション（normalization）の思想や、生活機能を改善して障害のある人の自立能力を向上させる総合的なプログラムのリハビリテーション（rehabilitation）の理念が働いており、障害がある人の生活全体における自立と参加を促し、すべての人が共生できる地域社会の創造がめざされている。このような視点で博物館の開放、すなわちユニバーサルな博物館に向けた対応が進められてきた。

（1） 障害のある人の迎え入れ

博物館と障害のある人との関係の議論が高まりをみせるのは1970年代末で、1981（昭和56）年の国際障害者年を契機に、先駆的な博物館で内容や方法の検討と実践がおこなわれた。

両者の関係について、当初は障害があるすべての人を対象に博物館活動を考えようとする意見があった。岩崎友吉は、五感の正常な人を対象に活動を企画するのではなく、各種の障害に対し個別に配慮して、すべての企画に取り組む必要性を指摘した[1]。また、池田秀夫は、「博物館等の見学が果たしてどのような意義を持つか疑問にさえ思われる」場合でも、「それなりに喜びを感じて館を去ることのできる"心"と"人間関係"を醸成するよう努力したい」と、障害のある人たちも見据えた博物館の立場を述べている[2]。

ところが、実際の検討対象となったのは、肢体不自由と視覚障害の人たちであった。肢体不自由の障害に対しては、館内施設の整備を中心としたものである。視覚障害については、一般的に視覚にうったえる場とする博物館展示において絶対的に不利益な障害と捉えられ、対応が進められてきた。内容は、触覚的弁別による展示方法の開発や、視覚障害むけの録音テープ、点字のキャプション・解説・パンフレットの作成などである。

触察展示の実践は、おもに自然史系博物館と美術館において進捗してきた。

自然史系博物館では，劣化のおそれが少なく触察者に対して安全な実物資料の多いことが，実施を比較的容易にしていた。美術館の場合は，1970年代に欧米ではじまった"Touch Exhibition"の影響をうけ，手でみる美術展に意欲的に取り組む例が増加をみた。そのなかで先導的なギャラリーTOM（東京都渋谷区）では，さわって観察し，感じることのできる造形作品の展示を中心に，視覚に障害がある生徒の美術作品展や，目には見えない鑑賞者の内側に潜む感性に問いかけることをねらいとし，自然と環境を感じとって表現するワークショップが実施されてきたのである[3]。

一方，発達障害のある人への対応は，美術館で彼らの作品を展示することからはじまった。発達障害は，近年まで精神薄弱や精神遅滞といわれていたものである。現在では，精神薄弱は言葉の意味が不適切で，精神遅滞は別の障害と複合して生ずる場合が多いという実態から，発達障害の言葉が使われている。広義の概念では知的発達障害，脳性麻痺などの生得的な運動発達障害，自閉症，アスペルガー症候群を含む広汎生発達障害，多動性障害およびその関連障害，学習障害，発達性協調運動障害，発達性言語障害，てんかんなどを主体とし，視覚・聴覚障害や各種の健康障害の発達期に生じる問題の一部も含むとされる。

この発達障害への対応として，1976（昭和51）年に開館したねむの木子ども美術館（静岡県浜岡町）では，肢体不自由児療護施設ねむの木学園での教育を公開する場として，学園の子どもたちが制作した絵画や織物，木工作品などが展示されている。障害のある人たちの作品をとおして，彼らの能力や生き方を理解してもらうことに主眼を置くもので，かつては美術館から疎外されていた人たちと美術館の結びつきを求めようとする点で意義深い。

2001（平成13）年に開設された，もうひとつの美術館（栃木県那珂川町）では，アール・ブリュット（art brut）をテーマに掲げた活動がおこなわれている。"art brut"は「生のままの芸術」と訳され，美術の教育の流れからはみ出し，既存の芸術や流行にとらわれない作家たちの自由で伸びやかな表現をさすもので，フランスの美術家ジャン・デュビュッフェ（Jean Dubuffet）が生み出した表現である。アウトサイダー・アート（outsider art）とも呼ばれることもあり，独学者

や子ども、障害のある人たちが制作した作品を理解するためのキーワードともなっている。廃校になった里山の木造小学校を展示空間に利用するもうひとつの美術館では、「みんながアーティスト、すべてはアート」をコンセプトに発達障害のある人たちの芸術活動をサポートし、障害の有無や国籍、年齢、専門家であるなしを超えて協働していくことで、地域や場所をつないで空間をつくり出していくことがめざされており、美術館を核にしてノーマライゼーションの思想を具体化しようとするものである。

また、2004（平成16）年開館のボーダレス・アートミュージアム NO-MA（滋賀県近江八幡市）は、滋賀県社会福祉事業団が運営する伝統的建造物群保存地区内の昭和初期の町家を改築した美術館で、発達障害や精神障害のある人たちのアール・ブリュットの表現活動を紹介するとともに、一般の作品とともに展示して、人がもつ普遍的な表現の力をうったえることに取り組まれている（写真3-1）。京風数寄屋造りの空間に、日常のあるがままのように展示された彼らの作品からは、驚くような自由さや純粋さが静かに、しかしながら力強く伝わってきて、障害のある人たちの生きる力について自ずから考えさせられる。障害のある人とそうでない人などのボーダーを超えていこうとする実践で、ここでも障害のある人に対する理解と彼らの社会参加の媒介を、美術館が担おうとしているのである。この運営母体の滋賀県社会福祉事業団では、アール・ブリュットの作品を10カ所近くの県内の施設でも常設展示する試みを「ふらっと美の間」と名づけて展開しており、美術館を核にしてその実践の拡大が図られている。

発達障害のある人にかかわる企画展での取り組みについては、精神障害のため美術史から除外されたアウトサイダー・アートの作家と作品を再評価する『パラレル・ヴィジョ

写真3-1　発達障害の人たちの作品が心をゆさぶる空間となっているボーダレス・アートミュージアム NO-MA

ン』展が，1993（平成5）年に世田谷美術館（東京都世田谷区）で開催された。さらに，発達障害のある児童生徒の絵画や造形作品で構成された『ABLE ART』展が，1995（平成7）年以降定期的に開催されており，同様の企画は各地の美術館でも実践されつつある。

そして近年の動向では，『アール・ブリュット・ジャポネ（ART BRUT JAPONAIS）』展が注目される。当初は2010年にパリ市立のアル・サン・ピエール美術館（Halle Saint Pierre）で開催された企画展であり，発達障害や精神障害のある日本人の作品を集めて展示されたものが，2011（平成23）年に日本でも実施されるに至った。障害のある人たちが芸術をとおして社会的な能力を獲得し，彼らが地域で自立した生活ができる社会づくりと，「障害」が肯定的な意味として認知されることも目的に掲げ，埼玉県立近代美術館（さいたま市）で開催された。以後も日本各地の美術館で巡回展示されている。また，2011年に和洋女子大学文化資料館（千葉県市川市）で開催した『共に生きる絵画展—障害と可能性—』は，特別支援学校の高等部の生徒が美術の時間に絵封筒を描き，それを生活訓練として実際に資料館宛に郵送し，送られてきた60点の作品を展示する企画である。発達障害のある生徒たちの感性を多くの人に知ってもらい，障害のある人たちとともに生きる地域創生をテーマに実施された展示で，同様のテーマを掲げた作品展示は，小規模ながらも各地での取り組みが散見される。

上記のほかに，館内の飲食施設やミュージアムショップなどを，発達障害のある人の働く場として提供する例がみられる。多くの場合，地方自治体から委託を受けた運営形態である。1987（昭和62）年に開館した町田市立国際版画美術館（東京都）では，喫茶「けやき」で知的障害や肢体不自由の人が働く。また，神奈川県立歴史博物館（横浜市）の喫茶コーナー「ともしびショップ」は1995（平成7）年の館の改装を機に設けられ，障害のある人たちが指導者やアシスタントとともに共働し，神奈川県手をつなぐ育成会が経営にあたっている。同様の例はわずかながらも増えており，発達障害のある人にとって地域の人との出会いの機会となり，彼らの自立を支える場ともなっているのである。そして，博物館の側にとって彼らとの出会いは，自らの生き方を含め多くのことを学び，

考え直す機会になるとの博物館スタッフの声も聞かれる。しかしながら、発達障害のある人びととのつながりを求める博物館のこのような対応は、彼らと公教育を根幹とする博物館の活動を、本質的に結びつけることには必ずしもならない。博物館の直接的な役割を彼らに果たすための具体的な対応が必要なのである。

(2) 博物館での出会い

　障害のある人にとって博物館は、かつてはほとんど縁のないところであった。これは、博物館の側が彼らに対する理解を欠き、積極的な迎え入れの対応を施さなかったことが最大の原因といえる。とりわけ発達障害のある多くの人は、博物館が具体的に何を提供し、どのようなサービスを実施してくれるのかさえ知らないでいる。地域社会での彼らの生活は少しずつではあるが拡大しており、博物館活動への参加も望まれているのである。

　現在、障害のある人に対する福祉のテーマは、ノーマライゼーションの理念にもとづき、居住環境や就労機会、教育・余暇などの文化活動を、他の市民と同じレベルで享受できるように、あらゆる面での条件を整備することとされる。博物館においても障害のある人への偏見と疎外をなくし、共感と受容を築くことからはじめねばならず、偏見をなくすには障害のある人や障害について知る必要がある。博物館は資料を通しての"モノ"と"ヒト"との結びつきだけでなく、そこで"ヒト"と"ヒト"が出会い、互いに高め、影響しあいながら、新しい文化の創造と発展に寄与するための仲間づくりの"場"とも位置づけられている[4]。この仲間づくりの"場"において、障害のある人とそうでない人との出会いは大きな意味をもつ。

　両者の交流がいかに有意義であるかは、障害のある彼らを理解する人の多くが指摘するところである。その一人の上田敏は、相互の人間的成長を次のように強調している。

　　「偏見の克服にとって、障害を受容し、誇りと人間的な威厳をもって堂々と生きている障害者の姿に触れることはひじょうに重要な契機となる。こ

のように両者は現実的にあい強め合うものであり，いわば障害者は障害の受容にいたる苦闘のなかで，また健常者はそのよう障害者を理解し，援助しようとする努力のなかで，相互に人間的に成長し，互いに貴重なものを学び合い生きる力を与え合っていくのである」[5]。

博物館が幅広い学習に寄与しようとするならば，障害のある人の迎え入れに積極的な努力をしなければならないし，受容することの意義は大きい。

また，障害のある人に対する福祉行政の根幹となる障害者基本法では，自立と社会・経済・文化活動への参加の促進を目的に位置づけ，彼らの基本的権利と，あらゆる分野の活動に参加する機会の保障がうたわれている。この第25条には，

> 「国及び地方公共団体は，障害者が円滑に文化芸術活動，スポーツ又はレクリエーションを行うことができるようにするため，施設，設備その他の諸条件の整備，文化芸術，スポーツ等に関する活動の助成その他必要な施策を講じなければならない」

とあり，障害のある人たちの公共施設の利用に便宜を図り，それに際しての経済的負担を軽減するとともに，教育・文化的諸条件の整備を促している。

障害者基本法で示されているように，障害のある人の基本的権利が保障されねばならないことは，今日ではだれも否定しないであろう。地域社会の教育・学習施設を日常的に利用できることも，彼らの基本的権利として保障されるべき一部である。その意味でも，社会教育や生涯学習の施設・機関として位置づけられている博物館は，もちろん彼らにも門戸が開放されていなければならない。生涯教育の提唱者であるポール・ラングランは，前章で示したように，人間の存在に対する挑戦の克服として教育の問題を受けとめ，生涯にわたる学習の必要性を主張した。したがって博物館が，施設・設備や各種活動のあり方で障害のある人たちの学習参加を阻むことがあれば，それは彼らの生きる権利を奪うことにほかならない。

そして，障害のある人への教育では，人格発達と結合した能力発達の達成を援助するための留意点の1つに，社会教育や社会活動を重視し，家庭にも彼ら

の教育について適切な指導と援助をおこない，家族の経済的・身体的・精神的負担を軽減すべきことが以前より指摘されている。さらに，社会教育機関や職業指導機関が，各種の救護施設や更正施設，授産施設，点字図書館などの社会福祉施設と提携することも求められてきた。博物館は，障害のある人たちの社会教育（生涯教育）を遂行する場としても役割を担っており，その便を図ることは活動のなかで明確に位置づけられるべきである。また，障害のある人たちの社会的自立の支援という面からも，博物館は彼らを受け入れるための諸条件の整備を急がなくてはならない。

　現在推進されている生涯学習施策では，変化の激しい現代社会を生きぬくために，それぞれの自発的意思にもとづき生涯にわたって学習する機会を，その遂行機関において提供することを求めている。しかし，学習に取り組む大きな契機は，それに参加する意欲をもつところからはじまる。多くの学習機会が提供されていても，利用に不便であり，魅力のないものであったなら，学習意欲をおこさせるものにはならない。

　すなわち社会教育の機関や施設では，だれもが躊躇なく気軽に足を踏み入れ，スムーズに学習へ参加できる体制や雰囲気をつくり出し，そのうえで生涯学習に対応する人びとの意識の啓発が図られねばならない。いうまでもなく，障害のある人も生涯学習体系のなかでの学習者であり，彼らの学習を啓発するさまざまな場が必要である。国際的にも，1975（昭和50）年の第30回国連総会で決議された障害者の権利宣言において，

　　「障害者は，経済的及び社会的計画のすべての段階において，その特別の
　　要請への配慮を受ける権利を有する」（第8項），
　　「障害者は，その家族又は養父母とともに生活し，及びすべての社会的，
　　創造的活動又はレクリエーション活動に参加する権利を有する。……」（第
　　9項）

として，障害のある人たちの社会参加の権利がアピールされている。また，1980（昭和55）年の第34回国連総会で採択された「国際障害者年行動計画」では，

　　「社会は，一般的な物理的環境，社会保険事業，教育，労働の機会，それ

からまたスポーツを含む文化的・社会的生活全体が障害者が利用しやすいように整える義務を負っている」(第63項)
と，障害のある人たちに対応する社会的条件整備の義務がうたわれている。さらに，2006 (平成18) 年の第61回国連総会で採択された「障害者の権利条約」では，あらゆる段階ですべての人に開放された教育の権利を実現する方策の確保を求めており (第24条)，教育を包括した文化的生活条件の整備は人類が全体で取り組むべき方向性にある。

(3) 障害のある人たちの実態

障害者基本法によれば，「障害者」とは「身体障害，知的障害，精神障害 (発達障害を含む) その他の心身の機能の障害がある者であって，障害及び社会的障壁により継続的に日常生活又は社会生活に相当な制限を受ける状態にあるもの」と定義されている。このうち身体障害の内容は，肢体不自由，視覚障害，聴覚障害，言語障害，内部障害に大別される。これらは障害の程度により法制上7段階の等級に分けられている。一般的に，1・2級は重度，3級以下は軽度に区分され，前者は重度障害者，後者は一般障害者と呼ばれるものである。

内閣府共生社会政策統括官の『平成24年版　障害者白書』によると，わが国の実態は，身体障害が366万3000人，知的障害が54万7000人，精神障害が323万3000人で，総計は744万3000人となり，都道府県別で第4位の愛知県の人口をも上回っている。この数値は全国総人口の約6％を占め，国民の20人に1人強の割合となる。つまり，障害のある人にかかわる事がらは，決して特殊事情として捉える問題ではないのである。

また，厚生労働省の「平成18年　身体障害児・者実態調査」によれば，上記の身体障害の症状の内訳は，もっとも多いのが肢体不自由の50.5％，次いで内部障害が30.7％，聴覚・言語障害9.8％，視覚障害8.9％となっている。さらに近年では，障害のある人において高齢者の占める割合が急速に増大している。障害のある人のうち60歳以上の占める比率は，2006 (平成18) 年で74.8％もの高い数値である。この割合は，1951 (昭和26) 年が15.9％，1980 (昭和55) 年が

54.0％であったので，著しい変化といえる。その一方で，30歳以下の障害のある人は総数も減少している。こうした年齢の推移から，中途障害の人が増加しつつあることや，高齢化の進行とともに多くの人たちに障害の問題が生じてきていることがわかる。

このうち，在宅で身体に障害のある人の障害程度の内訳をみると，2006（平成18）年の時点で重度が167万5000人，軽度は169万3000人となっており，総数はほぼ同じである。障害別では，視覚障害と内部障害において重度の占める割合が高く，肢体不自由と聴覚・言語障害は重度と軽度が近似した割合となっている。

博物館における対応は，上記の実態をふまえ，まずは施設利用に際して障害のある人たちが他の利用者と同様に支障なく利用できるようする，バリアフリー（barrier free）の実現が求められる。バリアフリーな博物館であるためには，障害のある人たちを包括的に捉え，施設全体を総合的な視野から考えるとともに，個別的な障害特性に対する措置を充足させた幅広い対応も必要となる。バリアフリー化の推進は，すべての人に学習を提供する博物館であるための基盤にほかならない。

（4） 受容システムの構築

障害のある人たちの迎え入れを具体化するためには，それに適した運営システムを整えることが必要となる。図3-1は，博物館を起点にして，受容の運営システムをつくるための連携を示したチャートである。システムの構築にあたっては，博物館全体で取り組むのはもちろんのこと，障害のある人も含めた市民や関連機関からの参加を得ることが望ましい。障害のある人への対応の問題は社会全体にかかわる事がらであり，地域社会という大きな枠組みのなかで考えることが肝要なのである。

博物館活動における彼らへの対応は，他の市民と同様の環境や条件であることが基本的に望ましい。しかし，障害のある人たちは同時に特別な対応を必要としている。とりわけ発達障害は症状が多様で，症状に応じた配慮が施されね

1　博物館と障害のある人たち　67

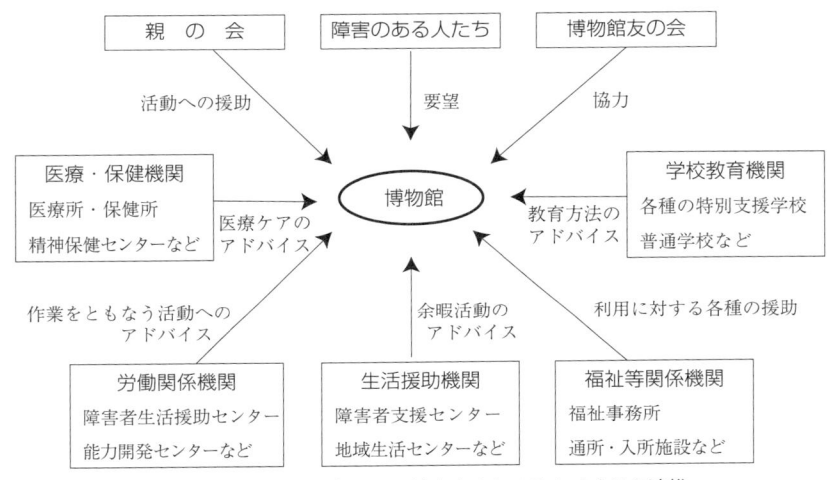

図3-1　障害のある人たちに対応するシステムづくりの連携

ばならない。ところが現状では，障害の特性がまったく異なる肢体不自由のためにつくられた設備や対処方法などが，あまり考慮されることなく準用されている場合が少なくない。また，発達障害のある人は複合障害のある場合が多く，個別の対応とともに障害全体を包括的に捉えた対策が立てられるべきで，一般性と特殊性の融合が1つの課題である。この点については，観覧や施設利用の受け入れの場合，博物館活動のなかで彼らのための特別の場や企画を設定するよりも，できる限り通常の活動のなかで柔軟に受け容れることのほうが，多くの異なった症状の障害のある人たちの受容が可能となるように思われる。

　障害のある人への対応システムにおいて，友の会活動とボランティア活動は障害のある人たちに固く門を閉ざしていたきらいがある。その理由は多くの場合，偏見によるところが大きいように感じられる。障害のある人との人間関係を育むために，友の会活動が果たす役割は大きいはずである。また，「年齢や所属をこえた社会的活動として，参加者相互のふれあいの中で，自らの知的，精神的な世界をひろげ，相互に学習することのできる」[6]とも位置づけられる博物館でのボランティア活動は，だれにも自発的に参加する権利があることは

いうまでもない。今日の博物館ボランティアは博物館や利用者のためというよりも，自分自身のための経験や学びを目的とする場合が多いことも指摘されている[7]。ところが，とりわけ発達障害のある人は，「学芸業務の補助としては専門的知識が乏しい」とか，「来館者の接待には不向き」，あるいは「肢体不自由もあり危険が多い」などの理由で除外されている[8]。しかし，いまや彼らの多くが，ケースワーカーや仲間のフォローを得て各地の作業所や理解のある職場で立派に働いている事実は，これらの理由が当たらないことを示唆しているように思われる。博物館が障害のある人たちのボランティア活動への参加を拒むのは，自館におけるボランティアシステムの発展の芽を摘み取っていることにほかならない。

　一方で，障害のある人をめぐる問題について，学芸員をはじめとする館のすべてのスタッフが理解を深めることも大切な課題である。博物館を運営する人たちの理解が乏しければ，障害のある人に対応するシステムの作成は困難であるし，仮にシステムができあがっても，そのもとで彼らの満足を得ることは不可能であろう。

　障害のある人たちへの対応の社会的なすう勢は，ハード面を基本とした箱型福祉から，ソフト面を重視したニーズ型福祉への転換が図られてきた。ニーズ型福祉で求められるのは地域における豊かな生活であり，その豊かさは数多くの選択肢を保障され，自己決定が尊重されることを基本としている。これは障害のない人が普通に享受している生活なのである。博物館から疎外された障害のある人たちは，豊かな生活，言い換えれば普通の生活の享受を阻まれている。彼らが豊かな生活を享受するためには，人的，物理的な援助が前提となる。学芸員をはじめとする館のスタッフが，障害のある人たちに視点を定めたシステムを整えて活動を推進することにより，博物館は市民に対する公教育機関としての位置づけを，一段と明確にできるはずである。

2 博物館施設の課題

　博物館の現状をみると，施設・設備のバリアフリー化はかなり進捗している。しかし，その整備が博物館の実質的機能と結びついていないことが多い。例えば，車いすが配備されていても，座った姿勢や目線では見られない展示位置や空間構造となっている場面がよくみられる。また視聴覚装置を用いた展示では，固定された座席が妨げとなって車いす利用者の使用が不可能な場合があり，通路幅が狭いうえに複雑な動線のため，車いすが入れないミュージアムショップやミュージアムカフェも少なくない。

(1) 施設・設備の改善

　博物館では，他の生涯教育機関と同様に，触知図に点字を併記した館内案内板や，エントランスまでの誘導用点字ブロック（以下，誘導ブロックと略す），段差解消のスロープ，通路や階段の手すり，障害に配慮したお手洗い・エレベーター・自動扉の設置など，施設の改善は進みつつある。

　入口やエントランスに触知図の案内板が設置された博物館は，館の姿勢に障害のある人の利用を促そうとする，心やさしい印象が感じられる。ただし，触知図はその図に関する知識の積み重ねが必要であり，見た目が単純な図であっても習熟していないと理解は困難で，習熟者でも認知するためには文章よりも相当の時間がかかることが指摘されている[9]。そのため一見親切な触知図の案内板は，意味のないものになっている場合が多い。たとえ触知図が理解できたとしても，館内の施設配置をしっかりと記憶しておかねばならないのは至難のわざである。この点からすると，触知図は固定された立派な案内板よりも，持ち運ぶことが可能なシート式のほうが実用的価値は高い。

　誘導ブロックの敷設は，最寄りの駅やバス停から，館のエントランスまで設置されている例も少なくない。館独自の視点だけではなく，地域と連携した取り組みが必要である。この誘導ブロックはおもに盲と弱視の人たちをサポートするもので，識別性の高い黄色が本来の規格となっている。しかしながら周囲

の景観との調和が重視され，歩道面と同系色になっているのが現状では多い。とくに建物に芸術性を付加する傾向が強い博物館では，黄色の誘導ブロックは建築デザイナーに好まれない。見た目の美観も大切であろうが，弱視者への配慮をないがしろにしてよいものではなく，対応のバランスが必要である。

　誘導ブロック以外に視覚に障害のある人を導く方法として，音声による歩行案内システムの開発も進められている。神奈川県立生命の星・地球博物館（小田原市）ではエントランスホールを中心に，総合案内やお手洗い，ロッカールーム，ミュージアムショップ，シンボル展示から展示室などへの案内として，トーキングサイン・ガイドシステムが1999（平成11）年から導入された。これは目的の場所に赤外線信号を発信する電子ラベルを設置し，そこから音声メッセージとなって発信される信号をレシーバーで探索して進むことにより，利用者を目標に導く仕組みである[10]。同様の方法は茨城県自然博物館（坂東市）でもおこなわれており，ここでは展示解説と一体化したものに工夫されている。2004（平成16）年にリニューアルした宮崎県立西都原考古博物館（西都市）では，両手を自由にできることを配慮して考案された音声ガイドジャケットがみられる。天井部に設置された赤外線発信機の下を通過すると，着用したジャケットの肩部に埋め込まれたスピーカーから自動的に案内や解説が流れる。これにより，ヘッドホンやイヤホンで遮音されることなく，手すりにしたがった移動や点字情報の取得，展示資料の触察など，行動制約の大幅な軽減が実現している。

　また，福祉車両駐車場の確保や車いすの配備も今や一般的である。車いすは，それに完全に頼らなければ行動がとれない人が，博物館であらためて借りる例はほとんどない。したがって，配備の車いすは障害のある人たちだけを対象にするのでなく，妊婦や体調がすぐれない人など，幅広い人が気軽に利用できることを視野に入れるべきである。博物館のエントランスに車いすがずらりと並ぶ光景をしばしば見かけるが，それらは何か特別なもので，よほどのことでなければ使用してはならない雰囲気が強く，実際に利用率は低い。

　ほかに，スロープやエレベーター，障害に配慮したお手洗いなどは，複数が同時に利用できる点を考慮して設置することが望ましい。障害のある人が博物

館を利用する際はグループや団体である場合も多く，一時に大勢への対応ができる施設の整備は，現状ではほとんど実施されていない。このような問題は，配備された車いすの扱いと同様に，ユニバーサルサービスの理念を理解して共感することが解決の糸口になると思われる。

　以上のような博物館の施設・設備面の整備は速やかに遂行すべき課題であるが，早急な解決が困難であれば，複数のスタッフが介助することにより，かなりの対応が可能なはずである。その場合，対応の基本的なマニュアルを作成しておけば迅速な措置がとれる。ただし，障害のある人たちの多くが望んでいるのは，自主的な判断で行動がとれる環境であり，全体において統一された施設や設備の整備は，彼らの自主決定権を保障するための基盤であることを忘れてはならない。

（2）　施設整備の視点

　博物館の施設は，館種によって若干の違いがあるものの，導入部門，展示部門，学習支援部門，収蔵部門，調査研究部門，管理部門の6部門から構成される。図3-2に示したように，利用者の動線が設定されるのは導入・展示・学習支援の部門であり，この3部門における各室の関係は図3-3となる。障害のある人たちへの対応は，利用者の動線を全体に見とおして，統一的に実行されねばならない。なお，彼らを博物館のスタッフとして迎え入れる状況もあるわけで，利用者動線以外での対応も必要なのは当然である。

　まず，導入部門にはエントランス，券売所，ホール，ロッカールーム，お手洗い，ミュージアムショップ，休憩室，レストランなどが展開する。エントランスは，敷地入口からのアプローチを車道と明確に区分し，それと交差しないことが望ましい。アプローチは段差を解消して車いすの通行を容易にし，さらに誘導ブロックや舗装面の変化によって視覚に障害のある人を安全に導くようにすべきである。入口の扉の前では，誘導ブロックが泥払い用のマットで覆われている場合が多い。わずかの距離であるが安心感が損なわれる。マットを分割するなど，簡単な工夫で解決できる。また，障害のある人のための駐車場は

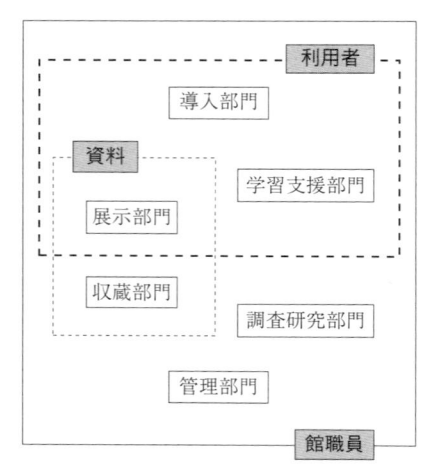

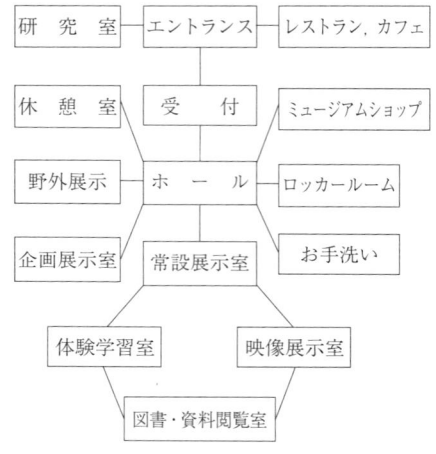

図 3-2　博物館各部門における人と資料の関係

図 3-3　利用者動線における博物館各室の関係

エントランスに近いのが適切である。彼らは傘をさしての移動が苦手だからである。そして駐車スペースは，車いすとの兼ね合いから通常で 3.5 m 以上の幅員が必要とされる。

　ホールは，券売所やロッカールーム，お手洗い，展示室，研修室などの各部屋につながり，休憩室やミュージアムショップ，喫茶室などに接する場合が多い。見学者の動きの中心となる場所であるため，車いす使用者が数人でも利用可能となるスペースの確保は大切となる。

　券売所やロッカールームでは，車いす使用者の手の到達範囲を考慮して，窓口やロッカーの高さを設定することが求められる。お手洗いは，肢体不自由に対応したものを男女別に設けるのが望ましく，休憩室のいすやソファーは，座った人が車いす利用者と並ぶことのできる配置や空間をとるべきである。

　ミュージアムショップでは，限定された空間を効率的に使おうとする傾向が強く，通路は狭くなりがちとなる。車いすの通路幅を確保し，安全に注意してショーケースや商品棚を配置しなければならない。レストランやカフェも同様である。

次に，展示部門については，一般的に常設展示室，企画展示室，映像展示室などで構成されている。常設や企画展示室では，車いすで通行できる十分な幅員の通路空間を設けるとともに，床上10～25cmの車いすのフットレス部分には，展示資料や展示ケースの保護処置が施されていると安全である。露出展示の場合，展示空間と通路部分をロープなどで仕切ると，視覚に障害のある人には識別が難しい。映像展示室では独立したブースを設ける際は敷居をなくし，車いすのために広い空間を確保すべきである。展示室内の解説シートの配置台や各種の操作盤の設計では，車いす使用者の手が届く範囲や，視覚障害に対して考慮しなければならない。また，復元建物や移築建物などには敷居や段差が多く，障害のある人の歩行や行動は困難である。場合によっては，コンパクトスロープなどを細やかに設置することが望ましいように思われる。

ただし，歴史的な建造物や施設では，スロープや昇降機などの設置はそれらの本質を損なうことになり，望ましくないとする意見がある。たしかに，歴史のある古い建築には現代的なバリアフリーの設備はそぐわず，景観に違和感が生じることも稀ではない。しかし，もしそれらの配慮がなければ，多くの人たちが得ることのできる往古をしのぶ感動や感慨を，障害のある人は求めても享受できないのである。この点を忘れないで対策を考えるべきであろう。

学習支援部門については体験学習室，研修室，図書・資料閲覧室などがあり，このうち体験学習室は触察が生かされる場で，視覚障害のある人には期待度が高いコーナーとなっている。点字案内板や補助器具を備えて部屋全体の説明をおこない，各種の体験が実施されることを考えて細部にわたる工夫が望まれる。研修室は使用方法に柔軟性をもたせた設計とし，座席を造り付ける場合，車いすの人が並べる空間も設ける配慮がほしい。図書・資料閲覧室では車いすの使用を見込んだ通路幅を確保し，棚の高さにも検討が必要となる。

(3) 利用に適った博物館の基本構造

上記の利用者動線の全体を見とおし，障害のある人たちにとって利用しやすい博物館の基本構造の要素として，次の6項目が考えられる。

第1は，シンプルで回遊する動線の設定である。バリアフリーが整った施設の基本は移動がスムーズにおこなえねばならない。障害のある人や高齢者は疲れやすいこともあり，各室間や室内の動線が複雑であれば移動の負担が重くなり，展示に対する集中や参加がおろそかになってしまう。動線の設定は展示演出や資料の搬出入ともかかわってくるが，できるだけシンプルに整理することがポイントである。

　また，動線に行き止まりがあると動きに不都合が生じるケースが多いため，回遊する一筆書きの動線が望ましい。各室の入口と出口は別々に設けることを理想とするが，さもなければ室内での動線を回遊させるような工夫が求められる。同時に，一定の順路で各室を移動するのではなく，エントランスやホールを中心に目的の場所を直接結ぶ自由な動線であるのが適切であろう。

　第2は，車いすの通行幅を充分に確保した出入口と通路を設けることである。車いすでの行動には介助者同行の場合が多く，さらに複数での利用を考慮したゆとりのある出入口や通路が必要となる[11]。JIS規格では車いすの全幅を65cm以下と定めており，一般的には60～65cmが多い。全幅65cmの自走式車いすの場合，サイドリングを手でまわすことを考えるならば，通行幅は90cmをみなければならない。しかし，発達障害をともなう人では車いすが左右に振れることがあるため，120cm程度の通行幅は確保すべきとされる。さらに車いすがすれ違うには，180～240cmの幅をみておかねばならない。ただし，出入口と通路の幅は相関的に捉えればよく，出入口の幅が狭い場合は通路幅を広くとり，逆に出入口幅が広いときには通路幅は最低限であってもさしつかえないようである。しかしその幅は，規格にあった寸法だけで考えるのではなく，人の動きを総合的に捉えた対応が大切となる。これは非常時の安全性にもつながる。

　第3は，段差がなく平坦で，柔らかすぎない床にすることである。段差のない床は，車いす利用者や，肢体不自由あるいは視覚に障害のある人，さらに高齢者に配慮するうえでの重要なポイントである。1cm程度の凹凸や段差は通行できる場合もあるが，決して容易ではない。配線モールやフロアータイルなどのわずかな凹凸や小さな段差ほど危険であるとされ，解消に努めるべきである。

また，博物館では観覧者の足音の消去と快適性の見地などからカーペットを敷くことは多いが，毛足が長く柔らかすぎるものは，車いすの通行や脚力の衰えた高齢者の歩行には支障をきたすものとなってしまう。

　第4は，通路や階段，ホール，展示室における手すりの設置である。視覚に障害のある人たちにとって誘導や身体を安定させる役割を果たし，同時に肢体が不自由な人や高齢者に対しても有益性が高い。手すりの高さは各人の身体状況により個別性が強いことから，床からの高さが60cmと80cm程度を二段平行して設置する方法がよいとされ，取り付け壁面は擦過傷を防止するために平滑な材質が適している。階段では手すりに身体をあずけることになるため，転落に対する十分な工夫が必要となる。手すりが十分に設置された展示室では，リラックスして作品や資料を鑑賞できる。

　第5は，誘導ブロックや点字パネルの適切な設置である。誘導ブロックの敷設規準は，1975（昭和50）年に建設省大臣官房官庁営繕部が作成した「身体障害者の利用を考慮した設計資料」に示されており，官公庁の設計に際しての指針となっている。博物館では最低限でも，アプローチおよび駐車場からエントランスまでの動線，階段の始点・踊り場・終点，エレベーター前，エスカレーターの始点・終点，各室の出入口前などで必要であるが，本来は館内すべての動線での設置が理想と思われる。その場合，誘導ブロックだけで導くのではなく，手すりや音声ガイドなどで補完する方法も考えられよう。屋外を展示に取り込んでいる場合は，その動線にも設置するのが望ましい。

　また，点字パネルは館全体の説明，室名の表示，フロアー階数の表示，階段での行き先や上下および段数の表示，券売機・エレベーター・展示関連機器の操作盤説明，展示資料の解説などで対応すべきである。ただし，点字文字の習得には能力と多大な努力が要求される。盲人口のうち約70％は中途失明者であり，その大多数を占める高齢者には点字文字の習得は容易ではない。高齢者のなかには手指の動作や感覚に問題をもち，習得をいっそう困難にしている場合もある。したがって点字文字を活用するにしても，明瞭で簡潔な表示であることが望ましい。

そして，誘導ブロックと点字パネルは相互に関連するよう配慮することにより，視覚に障害のある人の行動は容易になる。相関性を考慮しない設計では両者ともに効果がほとんど失われてしまう。

第6は，福祉装置の活用である。現在では各種の機器が開発されており，博物館に適するものには段差解消のためのコンパクトスロープや昇降リフト，車いすに対応できる階段リフトやお手洗い，補聴器使用者にスピーカーをとおした音だけが鮮明に聴こえる磁気誘導ループなどがあげられる。障害に対する考慮がほとんどなされていない旧建築の施設では，福祉装置の効果的活用によって構造や設備の不備をある程度補うことが可能となろう。

(4) バリアフリーな博物館への展望

バリアフリーな博物館の要素は，本来は設計時に充分な検討が加えられるべきである。一般的に博物館が設立される場合，基本構想が出され，それにもとづいて建築委員会や展示計画委員会などの専門委員会が設けられる。従来，この専門委員会に福祉関係機関の人が参集された例はほとんどみられないし，彼らからのアドバイスを受けることもあまりなかったようである。博物館建築や展示設営の専門家だけによる設計では，障害のある人たちへの視座に欠ける場合が多い。現に，これまでそうした人たちの手により発表された博物館設計や展示設計に関するマニュアルに，障害のある人たちに対応する満足な記載をみつけることは難しい。今後の建築委員会や展示設計委員会には，福祉施設設計の専門家や福祉関係機関の経験者などの参画を，積極的に考慮すべきであろう。

また，博物館開館後も，実際に運営する過程で予測しえなかった新たな問題の生じることが想定される。施設・設備や展示方法に対してなど，さまざまな点がある。そのために福祉機関の関係者を運営委員に加えることや，障害のある人たちに対応する運営上のシステムづくりも考慮すべきと思われる。

ほかにも，博物館のバリアフリー整備のために建築計画上検討すべき点は多い。ただし，バリアフリーな博物館は建築物の障壁を取り除くハードの整備だけでは実現しない。博物館のすべてのスタッフが障害のある人たちのことを正

しく理解し，彼らに対応するシステムづくりなどのソフトを充実させることが基本なのである。そのうえで，物理的な環境整備を補い，障害のある人に対する理解やシステムを具体化していく多様なサービスも必要とされる。サービスの中心は人であり，ガイドヘルパーのようなサービスを博物館が独自で設けることも1つの方法と考えられ，従来からの展示解説員やボランティアガイドがその役割を合わせもつことは十分に可能と思われる。

　ハードとソフトの対応がバランスよく整うことにより，はじめてバリアフリーの整った博物館が実現するのである。

3　博物館理念としてのユニバーサルサービス

　すでに述べてきたように，あらゆる人の立場に立ち公平な情報とサービスの提供を具体化して実施するユニバーサルサービスの確立は，公教育機関に位置づけられる博物館では，取り組むべき必須の課題である。そのためにはまず，博物館におけるユニバーサルサービスの理念を明確にして，意識を高めることが活動の基盤となる。

(1)　ユニバーサルサービスに向けた意識の確立

　ユニバーサルサービスにおける具体的対応として，バリアフリー化に向けた福祉設備に関するハード整備の充実ぶりは目を見張るほどの勢いといえる。ただし，あらゆる人を博物館へ迎え入れる設備が整う一方で，だれもが学び楽しめる展示やプログラムへの改善はそれほど進んでいないように看取され，両者のギャップは著しい。点字表示や触知案内板が完備されているにもかかわらず，見ること以外で参加できる展示の工夫がない博物館を見出すことは難しくない。その大きな理由は，博物館活動を取りまく人びとの側に，ユニバーサルサービスに対する理念の共有が希薄だからではないかと思われる。

　博物館におけるユニバーサルサービスの姿勢は，一部の館では提供している具体的内容の情報がウェブサイトや施設の入口などに提示され，そこから認知

することができる。このような措置は，障害や各種の不都合などが原因で躊躇している人たちの利用を促すとともに，運営する側にとってはユニバーサルサービスに対する共通認識を図り，その意識をある程度高めものとなってはいよう。けれども，なぜ自館が当該措置に取り組んでいるのかという根幹の部分が明らかとなっていないため，理念の真の共有が十分に進展しないように思えるのである。

　すべての人が活用できる博物館であるためには，施設・設備やシステムの構築と整備は重要といえる。しかしそれ以上に大切なのは，博物館活動を遂行する"人"の育成であろう。博物館のスタッフが利用者を積極的に迎え入れようとする意識は，だれもが支障なく学び楽しめることの基本的な条件といえる。当然のことではあるが，漠然とした感覚的な思いではなく明確な認識に高めることは，適切で質が高く心のこもった行動の裏づけとなる。それが適っている博物館では，ハードとソフトの改善が比較的バランスよく整えられているように観察される。つまり，博物館スタッフのみならず，博物館をとりまく市民をも巻き込んでユニバーサルサービスに対する理念や認識を高めることは大切なのである。その点において，アメリカやイギリスの博物館の運営スタイルに学ぶべきところが多い。

　世界最大の博物館群といわれるアメリカのスミソニアン協会では，すべての機関や施設において障害のある人を迎え入れる理念を明らかにし，それを推進するための実践方針を示した"Accessibility for People with Disabilities（障害のある人のためのアクセシビリティ）"[12]が1994年に作成されている。単なるペーパーではなく小冊子といえる文書で，英文だけではあるがウェブサイトでも公開されており，広く社会にアピールするものとなっている。きわめて意義深く示唆に富むものであるため，その内容を取り上げて検証したい。

（2）　スミソニアンにおける理念

　"Smithsonian Directive 215（スミソニアン指令215）"として位置づけられた"Accessibility for People with Disabilities"の構成は，目的，背景，理念と運

営，責任，全体的要求事項の5つの項目からなっている。以下，各条項をみていくこととする。

冒頭の"目的"の条項では，スミソニアン協会におけるすべてのプログラムや施設・会場内の各所において，障害のある人が十分で尊厳ある利用ができるためのサービスの提供を誓い，これを達成するための理念と手順をスミソニアンの実践方針として確立することがうたわれている。

次の"背景"では，アメリカ合衆国における障害のある人たちの権利を保護する法整備が，この方針を確立させる基盤であることが示されている。それらのアクセシビリティに関する主要な法律は，1968年に制定されたThe Architectural Barriers Act (建築障壁法)，1973年のThe Rehabilitation Act (リハビリテーション法)，1990年のThe Americans with Disabilities Act (障害のあるアメリカ人法)の3法である。アメリカでの障害のある人をめぐる市民運動の経緯を概説し，そこから制定されてきた主要3法のアクセシビリティにかかわる条文を簡潔にまとめ，その責務が明示されている。

そして"理念と運営"においては，まず，障害のある人に対するだけでなく，ユニバーサルサービスに関するスミソニアンの理念が，次のように述べられている。

> 「すべての人びとにスミソニアン協会の各施設へのアクセシビリティを提供することは，協会の使命に大きくかかわっている。つまり，"知識の向上と普及"というスミソニアンの使命は，当協会が所有する資源にアクセスすることができてはじめて意味をなすのである。長期にわたる研究のための調査から，設営された展示の細部に至るまで，当協会が障害のある来訪者とスタッフに便宜を図ることこそ，基本的な到達点，かつ責任である。
>
> このことは，一見ごく少数の来訪者とスタッフにしか関係がないと捉えられるようであるが，障害のある人たちへのアクセシビリティの整備は，高齢者や英語を第一言語としない人びと，さらに博物館や動物園の施設やプログラムにあまり馴染みのない人たちにも有益となる。アクセシビリティとは，最低限の基準に見合うように障壁となるものを取り除けばそれで

良いというのではない。現在，そして将来にわたり，プログラムや施設を多様化する社会に対応させるということは，哲学，そして意識の問題なのである」。

ここで示されているように，アクセシビリティの保障が自己の果たすべき使命遂行のための基本的条件と捉え，これを基点として，あらゆる人が差別されることなく利用できるプログラムや施設の実現は，その責任と認識を明確に自覚することからスタートするのである。スミソニアンの方針はこの点に対する理念と姿勢が明確に伝わってくるメッセージであり，多様性の尊重や平等の原則，各人がもつ障害を理解する価値などの理念を明らかにし，博物館が社会に表明することはきわめて意義深いといえる。

スミソニアンでは上記の理念にもとづき，協会が所有するコレクション，調査資料，展示，出版物，建物，施設に対してだけではなく，貸与や借用，共催なども含め，協会がかかわって実施されるあらゆるプログラムにおいて，身体的および知的アクセスを完全に提供することを運営方針としている。このアクセスの保障は来訪者に対してだけではなく，職員やボランティア，専門家，研究者，研究生など，協会のあらゆる業務に携わる人たちの双方に適用されるのである。

そして"責任"の条項では，プログラムと施設について，来訪者と職員に対する可能性と実用性を備えた，完全なアクセシビリティ確保のための具体的な責任事項が示されている。まず，遂行のための全体的なシステムは，各部署の管理者から任命されたアクセシビリティ連絡担当（Accessibility Liaison）が5年毎にアクセシビリティの現状を調査・報告し，この結果を受けて，アクセシビリティ・コーディネーター（Accessibility Coordinator）のモデルプランにもとづいた5か年計画を立てる。更新された計画に対しては，該当部署のアクセシビリティ連絡担当が進捗状況を記録した報告書を毎年提出する。そして，アクセシビリティ・コーディネーターはプログラムと施設の達成状況を監視し，年間目標の達成に問題が生じた際には検討がおこなわれる仕組みとなっている。

このプログラムと施設に対しては，アクセシビリティ・コーディネーターに

よる相談活動とトレーニングプログラムをとおし，各部署に技術的な援助がおこなわれる。また，アクセシビリティ・コーディネーターは，展示，一般プログラム，視聴覚資料，出版物のデザインについて，"Smithsonian Guidelines for Accessible Design（アクセス可能なデザインに関するスミソニアンガイドライン）"をはじめとした参考資料を作成する。そして各部署に向けて，聴覚に障害のある人への手話通訳や，視覚に障害のある人への音読説明などのサービスを提供し，可能な限り援助することなどが定められている。

　一方，障害のある応募者と雇用者に対しても必要な職務を実践できるように，職務もしくは職場環境を変更または調整し，適応に向け適切に配慮しなければならない規定がある。具体的には，聴覚に障害のある人が参加する会議での手話通訳の提供，視覚に障害のある人への文書の音読サービス，聞き取りが困難な人へのコンピューター補助付きのノート作成，車いす使用者が利用できる個人用ワークスペースや共同作業空間が示されている。さらに，障害を申告した雇用者に対して，管理者は適応手段を考案・検討し，あらゆる点での適切な方法を提供する責任を負わねばならないとする。ただし，適応手段の経費が予算では対応できないほど極端に多額であり，またそれによって施設の運営に支障が生じるような場合は，代替手段が検討されることとなっている。

　最後の"全体的要求事項"は，施設，一般プログラム，展示，出版物，視聴覚資料とコンピュータープログラミング，職員をはじめとするさまざまなスタッフたちの適応手段に関する具体的な対応規定である。

　各施設に対しては，"Uniform Federal Accessibility Standards（建造物のアクセスに関する連邦統一基準）"と"Americans with Disabilities Act Accessibility Guidelines（障害のあるアメリカ人法のアクセシビリティ・ガイドライン）"に準拠して内容を満たすことをうたい，5つの具体的条件が提示されている。まず，来訪者および職員用の両スペースとも，屋内外の空間に入り，全体をとおって外に出るのが可能であること。次に，展示や一般プログラムだけでなく，カフェテリアやショップのような補助的サービスも利用ができること。そしてお手洗い，水飲み場，電話，集合場所，職員用エリアといった施設面とともに，補助

付き聞き取りシステム，サイン，テキスト電話（聴覚障害対応のサービス）を用いたコミュニケーションへのアクセスが可能なこと。最後に，緊急避難口へのアクセスが満たされていることである。

一般プログラムについては，特別イベントとともに，アクセシビリティ・コーディネーターが作成した"Smithsonian Guidelines for Accessible Design（アクセス可能なデザインのためのスミソニアンのガイドライン）"の基準にしたがって，プログラムに関する会場，内容，プレゼンテーションの形式，利用可能な補助サービス，それに加えて広告，公式発表，パンフレット，カレンダー，ポスターなどの情報へのアクセスが可能となることを定めている。

展示，出版物，視聴覚資料とコンピュータープログラミングについても，やはり"Smithsonian Guidelines for Accessible Design"の要求事項に合致した対応が施される。可能でなければならないとするアクセスは，展示では位置やデザイン，内容，プレゼンテーション，資料についてである。出版物ではそのデザインや内容，視聴覚資料とコンピュータープログラミングに関しては位置，プログラム，使用デザイン，説明書き，補助資料，技術，サービスに対することがあげられている。

職員の適応手段についても，障害のある雇用者や応募者のため，職務の特性や個別の状況に応じた適切な手段を，管理者と監督者が考案しなければならないと定める。ボランティアやインターン，研究員，客員専門員に対しても同様で，障害のあることを申告した場合，該当部署ではその職務やプログラムに特有の機能や個人の障害の状態を判断し，個別状況に応じた適切な手段の提供責任が示されている。

(3) アメリカやイギリスでの取り組みの広がり

上記のように，スミソニアン協会の"Accessibility for People with Disabilities"は，すべてのプログラムや建物・施設内の全体において，障害のある人たちの利用が十分に満たされるようにすることを誓い，その目標を遂行するための具体的項目を，スミソニアンの方針として確立することを宣言したもので

ある。障害のある人に対するアメリカ国内法の整備を背景基盤とし，方針と実践，責任を果たすべく具体的事がらで構成された内容で，協会の強い意志と明確な姿勢が伝わってくる。これにもとづき，展示デザインの具体的なガイドラインとなる"Accessible Exhibition Design（アクセス可能な展示デザイン）"が提示されているのである。

アメリカでは上記のようなスミソニアンでの実践などが牽引となり，同国の博物館協会による"Everyone's Welcome（だれをも迎え入れよう）"[13]が1998年に作成されている。障害のある人を含め，すべての人びとが利用できる博物館に向けた運営と設計の指針である。これを下地にして，ユニバーサルサービスにかかわる独自の方針と対策を掲げた博物館がさらに増えてきている。

同様の状況はイギリスでもみとめられる。2001年に博物館協会が採択した博物館の倫理規程には，社会の多様性と重層性を認識してすべての人に平等な機会を提供する原則の維持と，障害のある人の要望に応えて利用ができる建物や展示，各種のサービスを提供するシステムの準備が，博物館スタッフの遵守すべき事項として明記されている[14]。この倫理規定を拠り所の1つとして，館の理念や行動計画を示す博物館が少なくない。

大英博物館を例にあげると，ここでは障害のある人の博物館利用を保障するため，18項目からなる"Disability Equality Scheme（障害者への平等計画）"が公表されている。スミソニアンの実践方針書よりも大部な内容で，多様な人びとが利用する博物館の価値観や，障害のある人に対する正しい理解，平等の義務などを冒頭にうたい，そのうえで実施するサービスや対応手段を明らかにしたものである。内容は，スタッフの訓練，雇用やマーケティングにまで視点が多岐に向けられ，2年計画で解決すべき具体的課題を明記した行動計画も提示されている。

ほかにも，ビクトリア＆アルバート美術館（Victoria and Albert Museum）では，15項目にわたる障害のある人の平等計画と行動概要の提示がみられる。また，その方針を短く簡略化して掲げる博物館は多く存在する。ホーニマン博物館（Horniman Museum）では"Horniman Museum Disability Policy（ホーニマン博

館の障害者に対する方針)"と題された，障害のある利用者と館職員への対応を宣言した規程がある。これらはいずれもウェブサイトで公開されており，各館の理念や基本方針を社会に強くアピールするものとなっている。

アメリカやイギリスなどの博物館で取り組まれ，提示されているこのような文書や声明は，具体的なサービスと対応を明示するだけではなく，その理念を明確にすることからはじまるものである。すべての人が支障なく利用できる博物館の実現は，館のスタッフだけでなく，社会全体において意識を高めることが重要であろう。同様の認識と姿勢はカナダ博物館協会の「倫理指針」[15]においてもみとめることができる。

また，だれもが博物館のプログラムに参加できるよう，スミソニアンのように博物館と利用者を結びつける役割を担うアクセシビリティ・コーディネーターと呼ばれる専門スタッフの配置が，アメリカやイギリスの比較的規模の大きい博物館で進んでいる。その職務は，施設・設備や展示デザインへの評価と改善計画の立案，達成状況の監視，アクセスを保障するネットワークの構築とともに，教育プログラムの作成にも参画する。彼らの存在はこれらの整備と充実に対する貢献も大きいが，すべての人を迎え入れる理念や意識を博物館に育み，それを理解して活動する人材の育成にも顕著な成果がみとめられる。

(4) わが国の現状と方向性

このような取り組みについてわが国の状況をみると，日本博物館協会による「誰にもやさしい博物館づくりの事業」にかかわる調査研究が，2004(平成16)年からおこなわれている。障害のある人や高齢者，外国人を包括した視点で，現状分析や取り組み事例の検討をもとに，チェックリストや対応策，さらに今後の展望も示し，博物館活動における位置づけの明確化に向けたアピールなどが推進されつつある。"外国人対応""バリアフリーのために""高齢者プログラム""欧米における博物館のアクセシビリティ"に関する内容について，11冊の報告書が2006(平成18)年度までに刊行されてきた。

こうした動向も牽引となり，多くの博物館ですべての人を迎え入れようとす

る具体的な実践が進められており，施設・設備のハードを中心に整備がおこなわれ，対応できるサービスを積極的に提示する館も増えてきている。けれども，なぜ自分たちがユニバーサルなサービスに取り組むのか，その根底を明らかにし，理念や方針を社会に向け強く主張する博物館は，今はまだほとんどみることができない。

　日本博物館協会が2012（平成24）年7月に公表した「博物館の原則」と「博物館関係者の行動規範」は，すべての博物館に共通する社会的機能のあるべき原則と，その原則をふまえて学芸員をはじめとする博物館関係者が共有すべき倫理的な基本事項を制定したもので，わが国における博物館の倫理規程にあたる内容である。ここでは博物館が公益を目的とする機関として，その使命や機能と博物館関係者の役割などがうたわれている。けれども，アメリカやイギリス，カナダなどの博物館の倫理規程とはちがって，その原則にはすべての人を迎え入れる理念はうたわれていないし，行動規範からもこの姿勢を読みとることは難しい。原則と行動規範は「ICOM職業倫理規程」も反映されているようであるが，この職業倫理規程の物的資源のアクセスの項目には，

　　「管理機関は，博物館とその収蔵品が適切な時間帯に一定の期間すべての
　　人に公開されることを保障すべきである。特殊なニーズを持った人々には
　　特別の配慮がされなければならない」（セクション1-4）

と明記されている。残念ながら日本博物館協会制定のものには，このような規範の明示も見出すことができない。

　社会の事象を変えるのは認識であり，そこから実践される行動であろう。だれもが支障なく利用できる博物館に向けた取り組みにおいてもっとも重要なのは，博物館活動をとりまく人たちが博物館の本質に考えを至らせ，認識を整え，行動することではないだろうか。ユニバーサルサービスが真に整った博物館は，そうした人たちの力によってつくられていくのである。理念に乏しく心の通っていない施設や設備は，無用の長物以外の何者でもなく，福祉向上の名を借りた費用の無駄遣いにも思えてくる。また，博物館の場に多様な人たちを迎え入れることによって彼らの幅広い知恵を取り入れることが可能となり，諸活動に

おける多角的な視野を手に入れることができよう。それにも増して，多様な人びとに対する視座での機能や活動の追究は，博物館に新しい価値観と学びの方法を導き出すはずである。

　明確にした理念を掲げ，その理解を推し進める努力をすることにより，遂行するスタッフや，さらにそれを見守る市民にも高い意識が育まれるにちがいない。博物館におけるユニバーサルサービスの原点として至極当然のことなのである。アメリカやイギリスのようにアクセシビリティ・コーディネーターの配置も必要であろうが，現状は容易ではなく，多くの博物館スタッフがアクセスコーディネートの能力を磨くことが望ましいと思われる。

　本章では，博物館が公教育を目的とした機関であり，担うべき生涯学習は人びとが生きることを保障して支援する教育システムだという認識に立脚し，すべての人に公平な情報と奉仕の提供を具体化して実施するユニバーサルサービスへの動向の把握をおこなった。博物館のユニバーサル化への着目と取り組みは，障害のある人たちへの対応が契機となっており，視覚障害に対する触察展示や発達障害に対する芸術性の評価を中心としながら進捗してきた。今日では国際的な潮流として障害のある人たちの人権を守り，教育を包括した文化的な生活条件を整備することは，社会全体で達成すべき責務ともみなされている。障害のある人にかかわる事がらは，その実態数からみると高齢化の急速な進行とも関連してきわめて身近な問題として捉えられ，博物館は彼らの迎え入れを具体化するために，それに適った条件の整備とシステムの構築が急務なのである。障害のある人たちに視点を据えた運営の推進は，人びとに対する公教育機関としての位置づけをさらに明確化させることとなる。

　現状では，博物館における施設・設備のバリアフリー化はかなり進んでいるものの，個々の整備が博物館の実質的機能と結びついていない場合がきわめて多い。その主因は，博物館のスタッフが障害のある人たちを迎え入れる意義と，彼らのことを正しく理解しようとする意識に乏しいことにある。バリアフリーが機能的な博物館は，ハードとソフトの対応がバランスよく整ってこそ実現す

るのであり，建築物の障壁を取り除くハードの改善だけではほとんど無意味なものとなってしまう。

　大切なのは，博物館におけるユニバーサルサービスの理念や認識を高めることで，スミソニアンが示す"Accessibility for People with Disabilities"のように，博物館が果たすべき役割を遂行するための基本的条件をアクセシビリティの保障と捉え，その責任と認識を自覚し，多様性の尊重と平等の原則や障害を理解する価値などの理念を明らかにして，社会に表明する対応は学ぶべき行動である。アメリカ，イギリス，カナダなどではこのような姿勢が博物館の倫理規程や指針に打ち出されており，博物館スタッフにひろく共有された認識となっている。その結果，障害のある人たちを迎え入れることを出発点として，すべての人びとが利用できるためのユニバーサルサービスへの取り組みに広がっていくのである。

　ユニバーサルな博物館を実現するためには，各人がそれぞれの意思で施設やプログラムを自由に活用できる物理的整備の推進は，基本的な責務とされよう。それとともに，だれもが利用できる博物館の理念を正しく認識し，共感の心をもってすべての人を迎える意識を強く自覚したスタッフがいてこそ，工夫された各種の施設や設備さらにはプログラムが実質的なものとして活き，博物館での楽しみや学習の扉が開かれることとなる。博物館におけるユニバーサルサービスの確立が博物館教育の出発点であり，かつ基盤なのである。

註
1) 岩崎友吉「博物館の機能上の一つの課題—身体障害者へのサービス—」『博物館学雑誌』第3・4巻合併号　1979　pp. 43-44
2) 池田秀夫「国際障害者年にあたって」『博物館研究』第16巻第7号　1981　p. 3
3) 山本ゆきみ「ギャラリー・TOMのワークショップ」『美術館教育研究』Vol. 5, No. 2　1994　p. 6
4) 田辺悟『現代博物館論』暁印書館　1985　pp. 30-32
5) 上田敏『リハビリテーションを考える—障害者の全人間的復権—』青木書店　1983　p. 220

6) 関秀夫『日本博物館学入門』雄山閣　1993　p. 16
7) 布谷知夫『博物館の理念と運営―利用者主体の博物館学』雄山閣　2005　pp. 68-72
8) ボランティアが活動している8館の博物館園（国・公・私立）の担当者に対し，発達障害のある人を登録しない理由を聞きとり調査した．
9) 加藤俊和「1.2　手で読む図の特性」『点字図書用図表の作成技法研修会―手で読む図表の作り方（初歩から実践まで）―』筑波技術大学障害者高等教育研究支援センター　2007　pp. 2-3
10) 濱田隆士・奥野花代子「ユニバーサル・ミュージアムをめざして―神奈川県生命の星・地球博物館の取り組みとトーキングサイン・ガイドシステムの開発・導入について―」『神奈川県立博物館研究報告（自然科学）』第29号　2000　pp. 127-136
11) 障害のある人たちに対応する建築設計については，ハートビル法第3条にもとづき建設省告示で定められた特定建築主の判断基準，「長寿社会対応住宅設計指針」，および以下の文献を参考にした．日本建築学会編『ハンディキャップ者配慮の設計手引』彰国社　1981，建築思潮研究所編『心身障害者福祉施設』建築設計資料第14号　建築資料研究社　1986，建築思潮研究所編『地域福祉施設―市民が支える福祉社会を求めて』建築設計資料第57号　建築資料研究社　1996
12) "Accessibility for People with Disabilities" Smithsonian Directive 215, 1994
13) edited by John P. S. Salmen "Everyone's Welcome: The Americans with Disabilities Act and Museums" American Association of Museums, 1998
14) イギリス博物館協会（日本博物館協会訳）『博物館の倫理規程』2002
15) カナダ博物館協会（日本博物館協会訳）『倫理指針』1999

第4章　展示における学びの価値と課題

　人びとが博物館利用でもっとも期待している場面は展示であり，それが博物館教育の中核に位置づけられる。これまで述べてきたように博物館は公教育と楽しみ，そして研究を目的とするもので，このうち近代以降の博物館が市民社会に定着してきた最大の存在意義は教育的役割である。そして，今日の生涯学習に対する役割を果たすべき博物館の基本的な姿は，収集した作品や資料をあらゆる市民に公開し，その情報や内在する魅力，さらに派生するさまざまな課題などをできるだけ正確に伝えることだと考えられる。展示活動はこのための主要な手段なのである。

　今日の展示スタイルは，作品や資料を単に見せるだけでなく，学習や楽しみの効果の向上を目的として多様化してきている。しかし，それらの工夫された展示の多くが，作品や資料の情報や魅力を伝える点において，十分に機能しているとは言い難いように思われる。

　本章では，今日の博物館での展示形態を概観し，そのうえで展示の目的をあらためて考え，今後の博物館展示の課題とあり方について，視覚型展示から知覚型展示へという視点から検討を加えることとする。

1　展示スタイルの多様化

　以前は，博物館展示のほとんどが見ることで成り立っていたため，見ること

のできない人，すなわち視覚に障害のある人の展示参加は閉ざされていた。そこで，一部の博物館園では彼らの参加に向けた取り組みがはじまり，その過程で見ること以外の手段による理解や学習の方法が，博物館と利用者の最大の接点となる展示において工夫されるようになってきた。

（1）　触察展示のひろがり

　障害のある人に対応した展示の改善は，1960年代後半ころからはじまっている。先駆的な実践例をあげると，大分マリーンパレス水族館（大分市）では1967（昭和42）年に「耳と手で見る魚の国」のコーナーが設置され，触察用の魚類の模型に音声解説を配する工夫がおこなわれるようになった。また，1974（昭和49）年に開館した大阪市立自然史博物館（大阪府）では「視覚障害者コーナー」が設けられ，さわって観察するための化石や岩石標本を展示して，点字のキャプションと解説が付されていた。また，歴史と自然史を合わせた総合博物館の岐阜県博物館（関市）では，1979（昭和54）年に「視覚障害者（触察）コーナー」が置かれ，動物のはく製標本と土器や石器のレプリカなどに，点字と墨字のキャプションを添えた展示が実践された。

　その後，国際連合が1981（昭和56）年に人権問題への取り組みの一環として世界的に推進した国際障害者年を契機に，わが国の博物館でも対応への改善を試みる館が増加していった。この年の12月に歴史系の名古屋市博物館（愛知県）では，約30㎡の「触れてみる学習室」が開設されている。10点程度の資料を展示し，触察による資料理解の意図のもとですべてを自由にさわることができ，ミニ企画展形式で3年に1度程度の頻度で触察の資料が替わるものであった。展示は実物とともに複製，模造，模型などで構成されており，点字と墨字を併記した解説プレートと点字の解説パンフレット，およびヘッドホンガイドで必要な情報を提供する工夫がなされていた。なお，この学習室は2004（平成16）年に常設展示フロアーのエントランス部分に「ふれてみるコーナー」として移され，仏像・巻子本・縄文土器の複製資料や，中世常滑窯産の実物の大甕などが配置されている。

1 展示スタイルの多様化

　1982（昭和57）年開館の和歌山県立自然博物館（海南市）には，水族館部門の展示に「手で見る魚の国」のコーナーが設けられた（写真4-1）。内容は〈紀州沿岸の魚の博物誌〉〈身近な貝殻〉〈海のトピックス〉で構成され，点字キャプションが添えられた約35種50点のはく製や模型をさわりながら観察し，備え付けのヘッドホンで標本の解説や，水族・海・地域の歴史などの説明を聞くことができる。館の入口からコーナーまでは誘導ブロックが敷かれ，触察展示は手すりにしたがって全体がつながっている。ここは視覚に障害のある人を対象に設置されたものであるが，"どうぞ触れて観察してください"や，"さわって！さわって！"と書かれたパネルがあり，すべての利用者の触察を積極的に促す姿勢がみられる。また，触察資料以外の水槽や展示の要所にも点字による解説を配置し，さわれなくとも情報がしっかりと提示されている。触察展示のヘッドホンガイドは現在では撤去されているが，代わって要望に応じて館のスタッフが説明するシステムがとられている。

　同じく自然史系の埼玉県立自然の博物館（長瀞町）では，1983（昭和58）年にオリエンテーションホールの一画に「視覚障害者コーナー」が設置された。アクリルケースで保護された動物標本の展示で，ケース側面にあけられた窓から標本を触察できるものである。点字と墨字のプレート説明があり，必要に応じて人的な解説や触察サポートもおこなわれていた。

写真4-1　和歌山県立自然史博物館の「手でみる魚の国」コーナー

写真4-2　触察による美術作品との対話を意図したギャラリーTOMの展示

その後，1984（昭和59）年に開館したギャラリーTOM（東京都渋谷区）はおもに彫刻を中心とした造形作品を展示する小規模な私立美術館で，視覚に障害のある人たちが自由に安心して，手でさわりながら美術作品と対話することをねらいとした（写真4-2）。遮蔽された展示ケースは一切なく，作品のすべてを視覚障害の有無にかかわらず，だれでもさわって観察することができ，趣旨を同じくしたワークショップも定期的に開催されている。

上記のように，主として自然史系からはじまり，歴史系博物館や美術館でも取り組まれるようになった触察展示は，以後，1993（平成5）年の障害者基本法や翌年のハートビル法の制定を機に，かなり増えるようになっていった。さらに，1999（平成11）年から3年間にわたって文部科学省が実施した「親しむ博物館づくり事業」では，ハンズ・オン手法を取り込んだ展示の導入が積極的に奨励され，視覚障害に対する方策という観点を超えて，ひろく触察展示の普及を促すこととなった。

(2) 触察展示のガイドライン

モノの弁別において，触覚が重要な役割を果たすことは容易に想像できる。視覚に障害のある人にとって触覚は最大の識別方法となり，障害のない人にとっても有益な弁別手段となる。ただし，各感覚器の情報量の比較でみると，一般的には触覚による情報量は視覚の1万分の1程度でしかないという。触覚的弁別はたやすいことではないのであり，触察の効果を高めるためにはその過程にいくつかの条件が必要となる。

さわる手については，1本の指よりも複数，さらに両手で同時にさわったほうが弁別に有利となり，さわったりたどったりする回数も，数が多くなればなるほど弁別を容易にする。そして，手の掌で滑るように，また指先で掃くように，あるいはつかむようにして動かし，さらにつかんだり握ったりするなどして自由にさわると弁別の認知度が高くなるが，手や指を一定にして動かさないでさわる場合の弁別認知は難しいとされる[1]。したがって展示資料の理解を深めるには，接触を限定した触察方法をとるのは効果が低く，資料は可能な限り

自由にあつかって触覚を発揮させることが望ましいのである。

　その場合，展示資料は破損しにくく，万一破損しても修復が比較的容易で，観察者にとって安全性の高いものでなければならない。だからといって，触察資料を抽出することを博物館側は躊躇すべきではなかろう。すべての資料はそれぞれ固有の価値をもっており優劣はないが，保存や将来の研究に寄与する価値にも増して，多くの人たちがさわって理解する学習への寄与に大きな価値を見いだせる資料は少なくない。資料にさわることは，視覚に障害のある人にのみ意義のあることではなく，すべての博物館利用者にとって資料の理解を深めるための効果は高いのである。先に紹介したギャラリーTOMでは，事前に手を洗い，指輪や時計などをはずして，彫刻作品にさわりながら鑑賞するスタイルが，すべての入館者に提供されている。

　触察展示では，視覚障害に対応して，点字のキャプションや解説パネルの設置が適切な措置となる。ただし，それらは視覚に障害のある人を対象とした全体動線のなかで，計画的に配置されねばならない。現状をみると，介助者がいなければ触察資料や点字解説を探すことのできない例がほとんどである。視覚に障害のある人が単独で博物館を訪れることは現実的にはきわめて少ないが，その準備を整えることを怠るべきではない。単独での利用を望んでいるが，環境が整っていないために行動できないという声も聞かれる。

　また，触察展示や点字キャプションなどを多用する場合，展示部分や周囲の危険性を取り除くことに注意を払うことも大切である。とくに視覚に重い障害のある人は，展示資料や解説パネルの配置場所を手で探ることとなるため，近くに熱を帯びた照明器具や表面がざらついた壁などがあると，火傷や擦過傷などの事故が起こってしまう。いずれの利用者に対しても安全性の配慮を欠くことがあってはならない。

　さらに，施設や展示全体の点字案内パンフレットを備えるのも必要な措置である。近年ではパソコンを使用した点字変換ソフトが開発されており，点訳した文書は，障害者交流センターなどに配備された点字プリンターを利用して印刷することが可能となっている。点字文章の作成は容易な作業ではないが，点

訳のボランティア組織が各地で活動しており，連携の協力関係を築いて作成することは有効な手段である。同時に，弱視者用の大きい墨字のパンフレットも配備が望まれる。

　音声によるガイド機器を用いる場合は，任意な操作が可能で，本人だけの耳に届くヘッドホンやイヤホンによる方法が適切であろう。これらは利用者が周囲への気兼ねなく使用できる。しかし，ヘッドホンは耳をふさいでしまうため周囲の声や音が聴きにくくなり，不都合が生じることもある。第3章で示した宮崎県立西都原考古博物館のジャケット形のガイドは，両肩に配されスピーカーから音声が流れ，会話や周囲の音を遮断する不便さに配慮した機器となっている。なお，音声ガイドでは展示資料の解説だけでなく，館内の移動を容易にするための動線についての説明にも配慮が必要である。

　このように，触察展示の解説には点字や音声ガイドなどがあるが，より親切なのは人による対応で，障害を正しく理解するとともに障害のある人に共感でき，適切な接し方を心得たスタッフの配置が最良と思われる。

(3)　見る展示の改善

　障害のある人たちに対応する展示は主として触察の方法から始まったが，近年では多様な方向からの取り組みがおこなわれつつある。

　例えば，山梨県立科学館（甲府市）ではプラネタリウムの番組に視覚障害に対応した副音声を導入し，合わせて点字解説シートや星の点図で星空の理解を促すプログラムが，2007（平成19）年から実施されている。ドームに投影された視覚情報を補う副音声は，利用希望者に貸与された音声プレーヤーで流され，点字シートと触知図とで一式を構成する。さらには，FMトランスミッターを利用したライブの副音声も試みられている。宇宙はどんな人間からもほとんど見えない世界であり，目で見えるか否かにかかわらず，想像する土台は同じとの発想から制作された番組は，視覚に障害のある人やそうでない人も等しく学んで楽しめる内容となっており，高く評価されるものである。番組の音訳や点訳はライトハウス盲人福祉センターのボランティアの協力を得て，これに視覚

障害のある人の意見を取り込みながら制作されている。

　この実践のように，障害のある人に共感する意欲的なスタッフが中心となって，各種の団体や機関などと協力・連携することにより，有意義な改善が進んでいくのである。

　また，聴覚障害への対応として，映像解説展示への字幕の付記が進められている。とくに音声と映像が主となるプラネタリウムでの導入が顕著である。字幕投影の実践は聴覚に障害のある人に限らず，番組の内容をより鮮明に印象づける効果を多くの観賞者に生み出している。プラネタリウム以外の例をみると，三鷹の森ジブリ美術館（東京都三鷹市）では映像展示室でオリジナル短編映画が毎時3回上映されており，そのうち1回は字幕つきの作品である。ここでは音声補助イヤホン（赤外線ループ）の貸し出しがあり，難聴の来館者にも配慮されている。

　ほかに，仙台市天文台（宮城県）のプラネタリウムでは字幕とともに手話を加えた投影が試みられていた。光の演出が内容に大きく影響するプラネタリウムに，鮮明な手話の映像を組み込むことは相反する作用をともなってしまうため，両者のバランスを図りながらの実践であったが，現在では見直しに取り組まれている。

　映像への手話の取り込みは，神奈川県立生命の星・地球博物館のエントランスホールでの導入解説にもみられる。館の入口で流される手話と字幕が付された映像からは，聴覚障害のある人たちも積極的に受け入れようとする博物館のメッセージがとても強く伝わってくる。また，大阪人権博物館（大阪市）では，展示動線の要所に配置された映像装置の視聴方法に，日本語，英語，中国語，朝鮮語とともに手話の選択肢があり，字幕を併合した手話解説の映像をみることができる。

　ところで聴覚障害の場合，音声機器による解説は墨字の解説のパネルやシートの配備で補うことは可能となるが，解説員が配備された展示ではその応答に困難が生じる。こうした場合は手話による対話の方法が望まれるが，成人期以降に聴覚障害を負った人を中心に，手話を使えないことが少なくない。時間は

かかってしまうが，筆記対話による対応も効果を生むようである。
　一方，新潟県立歴史博物館（長岡市）では，従来まったく配慮されていなかった色覚障害（色盲・色弱）への対応に着目し，常設展示室をはじめとした館内のグラフィックパネルやサインの総点検が2004（平成16）年に実施され，使用の色の見直しや明度差の工夫などによる改善が進められている[2]。カラーのグラフィック情報を多用する博物館にとって，今後の指針となる意欲的な挑戦と評価される。
　しかし，以上のような見る展示に対する改善への行動は，今日でもわずかでしかない。今後の取り組みの拡大とともに，展示の目的や意義をあらためて考えたうえで，新たな手法の開発が急務である。

2　博物館展示の目的とあり方

　博物館の主要な機能には，収集・保管，調査研究，展示，学習支援がある。繰り返し述べてきたように，生涯学習の拠点としての博物館では，これら諸機能をとおしての教育的役割の明確化が必須となっており，中核をなす展示の重要性は一段と増している。

（1）展示の目的

　博物館における作品や資料の展示は，現在，視覚に対してだけ働きかけるスタイルが中心である。音響装置などを用いて，別の感覚へも補足的に情報を提供する例が少なくはないものの，資料自体の情報は視覚によらなければ得られない場合が圧倒的に多い。
　わが国では博物館が保持する教育機能について，その模索期に示された棚橋源太郎の考え方に代表されるように，"視覚教育の場"として永く位置づけられてきた[3]。これによって博物館展示の重要性がみとめられるところとなり，見て学ぶためのいろいろな工夫が凝らされ，博物館は市民の間に浸透していくこととなった。しかし反面，展示は作品や資料を見せることで成り立つものと

捉えられ，視覚にうったえる方法以外の対応が積極的に取り組まれることはなかった。

　博物館展示の目的において根底をなすのは，作品や資料に内在するさまざまな情報や魅力を，博物館利用者へ正確に伝えることだといえよう。作品や資料の実態を認識することにより，それらを深く理解し，あるいは感動や共感を得ることができるのである。つまり展示の目的は，作品や資料の実態を把握し認識してもらうことを基本とし，そのうえで多くの作品や資料によって構成されたストーリーから，博物館側の主張やメッセージの理解を図ることに求められる。このためには，展示した作品や資料の情報をできるだけ多く，なおかつ正確に伝えねばならない。

　博物館に収蔵されている作品や資料は，人びとの暮らしのなかにあって，そこでつくられ，使用され，あるいは愛でられていたものがほとんどである。人びとは多様な感覚を使って生活しており，暮らしのなかで生み出された作品や資料を，展示において博物館利用者が深く詳細に理解しようとするならば，あらゆる感覚を駆使しなければ実像を十分に把握することは難しい。その場合，視覚から得られる情報はきわめて限定されたものでしかない。

　したがって，博物館利用者が展示作品や資料の実態を真に認識して把握するためには，展示方法は視覚にアプローチするだけでなく，多角的な手段が施されねばならないのである。展示された作品や資料の本質は，目に見える部分だけに存在するわけではない。むしろ視覚では捉えられない部分にあることのほうが多い。そのような本質を把握するためには，聴覚や嗅覚などのあらゆる感覚が必要とされよう。とりわけ資料や作品にさわることは，実態を認識するためのきわめて有効な手段だといえる。

　歴史や民俗などの人文系の博物館では，展示物の主体を占める各種の生活用具や道具類の多くは，使われることに本質があったものである。使用に適した工夫を凝らした用具や道具は，さわることができなければ，博物館利用者の得る情報は本質に直接迫れない偏向的なものでしかない。科学技術や自然史といった理工系の博物館でも，さわることでわかる状態や質感は，視覚によって得

られる情報に優るとも劣らないであろう。

　これに対して美術館では，絵画や版画，書などは鑑賞を目的とした作品であるため，実物を触察することに意義は求めにくい。けれども，造形作品はさわることで認識が格段に深まり，とくに陶芸や木・金工芸などの生活用具のたぐいは，やはり手でさわってこそ作品の実態と魅力に迫れるものであろう。

（2）　視覚型展示からの脱却

　今日では，限定された作品や資料ではあるが，見るだけではなく手でさわったり，音を聞いたり，身体で体験したりすることのできる展示を，"体験展示"や"参加型展示""ハンズ・オン展示"などの一環と位置づけて，配置する例が多くなってきた。2004（平成16）年に日本博物館協会が実施した全国アンケート調査によると，視覚以外の方法でアプローチできる展示は43.8％の博物館園で用意されており，このうちもっとも多いのはさわる展示で，視覚以外の展示の33.8％を占めている[4]。

　この7年前になるが，奥野花代子の実施した1997（平成9）年のアンケート調査では，さわることができる展示を設けている博物館園は自然史系で53.3％，人文系で34.6％であった[5]。両者の調査の間には，文部科学省の「親しむ博物館づくり事業」が1999（平成11）年から3年間にわたって実施され，"ハンズ・オン展示"などの導入も奨励されていたことはすでに記したとおりである。けれども，視覚型以外の方法による展示の設置は，その後もあまり進んでいないことが両者の調査結果の比較から読みとれる。

　ところで，"体験展示""参加型展示""ハンズ・オン展示"の捉え方はかなり多様である。"体験展示"の提唱と実践は比較的古く，1980年代の初めころからスタートする。その趣旨は，作品や資料を身体全体で捉える体験をとおして感受や理解に導こうとする展示である[6]。しかし，感覚的なイメージが先行して理念が曖昧となり，現在ではスタイルや方法に共通の認識がないように見受けられる。"参加型展示"も"体験展示"と同様に能動的な展示と理解されるが，その捉え方はかなり不統一で，観覧者が展示資料の情報を獲得するため

に装置を作動させることを参加とする場合や，あるいは展示室内でのワークショップの開催を展示参加と位置づけるなど，さまざまである。

"ハンズ・オン展示"については，アメリカにおける子どもの博物館での活動が紹介され[7]，日本の各種の博物館で導入されるようになってきた。その意図は，観覧者が展示資料にさわって動かし試すなど実践することにより，自ら発見する機会を提供する展示形態と理解される。わが国のハンズ・オン展示の推進者である染川香澄は，この展示スタイルが物理的にさわることを意味するだけでなく，その行為をおこなう間に考える時間が生じ，知的な思いを沸き立たせる学びを誘発する仕掛けであることを強調している[8]。しかし，その内容は体験展示などと同じように，現状では感覚的なイメージでしか捉えられていない場合が多いようである。学習効果への配慮や工夫はあまり考慮されておらず，ハンズ・オンの名称から，作品や資料にさわれることにのみ力点が置かれている例が少なくない。

このように，"体験展示"や"参加型展示""ハンズ・オン展示"は，定義や概念の明確な共通理解が得られておらず，その点でいずれも未定型で模索の段階といえよう。そのうえ，参加型やハンズ・オンを展示形態から拡大解釈し，博物館活動全体をとおした手段とする捉え方も生まれてきている[9]。したがって，これらはますます捉えどころのない漠然としたものになっているのである。

いずれにしろ，視覚型に限定されていた展示形態からの脱却は，今日では1つの方向性としてみとめられる。とりわけ，さわることができる展示の増加は，ハートビル法の施行や「障害者プラン」の決定などを契機とした，博物館におけるバリアフリー対応も一因となっている。点字の解説が添えられ，視覚に障害のある人への展示方法として導入されている場合が多い。しかし，さわれる展示での博物館利用者の動態を観察すると，障害のある人にかぎらず，ほとんどの人たちが躊躇しながらも展示物にさわっていく。作品や資料をより身近に受け止め，好奇心を満たし，そして理解を深めるため，すべての博物館利用者がそれにさわることを望んでいるあかしといえよう。

したがって，博物館が展示において教育や楽しみのための目的を十分に果た

そうとするならば，"視覚教育の場"と限定した捉え方はその遂行を自ら妨げるものであり，博物館の役割をも否定することになるであろう。そこで，視覚という1つの感覚だけを媒介とするのではなく，視覚，触覚，聴覚，嗅覚，味覚など，各種の感覚に対し多角的・複合的に働きかけることにより，資料や作品を正確により深く把握し，さらには展示目的の理解に導く展示方法が考慮されねばならない。

　もちろん，このような展示は障害のある人たちのために特別に設けるのではなく，あらゆる博物館利用者が作品や資料を理解するための方法として位置づけられるべきものである。展示にさわるのが目的なのではなく，知って理解することが目的なのであるから，障害の有無はまったく関係がない。けれども，だれもが各種の感覚を駆使できる展示は，障害のある人たちも参加できる展示となるはずである。それが公教育の役割を果たす博物館でのユニバーサルサービスの展示スタイルであり，ここでは"知覚型展示"として捉えることとする。

3　視覚認識と知覚認識

　展示された作品や資料の実態を認識しようとする際に，各種の感覚が活用できるならば，見るだけよりも察知する力や理解度が高まることは推察できるが，はたして視覚だけで認識する場合と，各種の感覚を駆使して認識する場合とでは，具体的にどのようなちがいが生じるのであろうか。

(1)　モノの観察に対する比較

　作品や資料の認識において，視覚だけによる観察の理解度と，視覚，聴覚，触覚，嗅覚，味覚などの各種の感覚を複合させた場合（ここではひろく知覚として捉える）の理解度とのちがいを把握するために，和洋女子大学文化資料館で実験観察をおこなった。

　観察対象のモノである博物館資料は，民俗・考古・歴史資料，および陶芸作品の合計32点を抽出し，21名の学生を被験者として実施した。資料の選択では，

さわったり動かしたりすることで著しく損傷・劣化するおそれがあるものは除外した。

実験方法は，被験者がA〜Fの6グループに分かれ，はじめに，展示された状態にある資料を視覚だけによって15分間観察し，認識した所見をまとめた。その後，可動資料は触察のための台上に移し，非可動の資料はその場所のままで，各種の感覚を複合的に駆使した15分間の知覚観察をおこない，再度所見を記した。なお，資料は，被験者がその内容について既得の知識がほとんどないものとなるように分担をおこなった。また，触察は素手でおこなうこととし，被験者は事前に手を洗い，時計や指輪，イヤリング，ペンダントなど，さわったり身体を寄せたりした際に，資料に損傷をおよぼす可能性がある装身具類は，あらかじめはずしておいた。

このような方法による実験観察から得られた所見をまとめると，以下のようになる。

A グループ（被験者5名）

　観察資料＝郷土玩具：犬張り子，赤ベコ，信仰土鈴12種
① 視覚観察の所見
・犬張り子と赤ベコの色合いがとても鮮やかできれいだと思った。また，両者とも重量感がありそうで，全体の丸みからやさしさが感じられた。
・赤ベコは首が動くようであるが，見ているだけではもどかしさを感じた。
・土鈴の大きさはさまざまで，単色から多彩な色遣いのものがあり，手ざわりはどれも滑らかな感じがした。粘土が材料なのであろうが，色が塗られているために，どれも石でできているように見えた。
・土鈴は音があまり響かないような形や，鳴らすには重そうな感じのものがあるが，見るだけで鳴らせないため，魅力があまり伝わってこないように思った。
② 知覚観察の所見
・犬張り子と赤ベコの足の裏やお腹など，すみずみまで見ることができて

満足した。両方とも見かけと異なってとても軽く、手作業による丁寧な作りがわかって、あたたかさが伝わってきた。また、古めかしいにおいから古民家を連想した。
- 赤ベコの首が軽快に揺れるのがとてもおもしろく、親しみを感じた。
- 重そうに見えた土鈴が軽く、滑らかそうだった表面が実際はざらついていた。また、大きな音で鳴りそうな形のものがほとんど鳴らないなど、意外であった。
- 土鈴の音いろはさまざまで、小さく軽いのは高音で、大きく重いのは鈍い低音のものが多いことがわかった。そして、さわって鳴らすことでいっそう関心が高まり、さらに、その音から土鈴に関するイメージがより広がった。

B グループ（被験者2名）

観察資料＝郷土玩具：ずぼんぼ、とんだりはねたり、ゆびハブ、米食いねずみ

① 視覚観察の所見
- 虎のような模様がある紙製品の"ずぼんぼ"は前に傾き、後方から風を送ると進むように見えた。
- "とんだりはねたり"は竹の上に粘土でつくられたうさぎが乗っており、竹の下にある棒をひっぱると何か起こる仕掛けだと思われるが、動かせないのがもどかしかった。
- "ゆびハブ"は植物の葉で編まれ、口のようなものがついているが、見て説明を読むだけでは遊び方が理解できなかった。
- "米食いねずみ"は、首と尻尾が動いて皿のなかの何かを食べる仕組みのようであるが、どのような動きをするのかわからず、疑問が膨らんだ。

② 知覚観察の所見
- "ずぼんぼ"は和紙を組み合わせてつくられており、風を送ると足につく蜆（しじみ）の貝殻がおもりの役目をして少しずつ前に進む。実際に動かすと、仕掛けがよくわかった。

3　視覚認識と知覚認識　　103

- "とんだりはねたり"は見た目以上に軽く，棒を半転させると身体が一回転し，音も鳴ることがわかった。
- "ゆびハブ"は，口に指を押し込むと編まれた葉がひきしまって抜けなくなる仕掛けで，驚きがあってとても楽しい。葉のにおいは，これをつくった人たちの素朴な暮らしぶりを連想させた。
- "米食いねずみ"は，仕掛けの竹を押すと，皿のなかにねずみの顔が入り，尻尾も下がるのがかわいらしい。針金に見えた足が実際は糸で，竹の弾力によってぴんと張られていたため，針金と見間違えていた。

C グループ（被験者4名）

観察資料＝考古：石鏃3種，磨製石斧（縄文時代）

① 視覚観察の所見
- 石鏃は光沢のあるものとないものがあり，どれも軽量に見えた。また，小さくて簡単に割れそうな薄さであるため，実際に獲物を射止めることができるのか疑問に思った。
- 磨製石斧は表面が滑らかで重そうであった。刃の部分は丸みがあり切れ味が悪いように見え，落としたり硬いものを叩いたりしたら，割れてしまいそうな感じがした。

② 知覚観察の所見
- 石鏃の光沢の有無は石材のちがいで，見たとおり全体的に刃は鋭かったが，とくに先端部はさわると痛いほど尖らせてあった。小さいけれど，獲物を射止める威力は十分なことがわかった。また，刃はとても鋭く，直接さわるときには注意深くしなければならなかった。
- 磨製石斧は頑丈でかなり重く，この重さで叩き切っていたのだと思った。刃の部分に斜めの擦れた痕跡が幾筋も入っており，使用状態が観察できた。さわり心地が良くて扱いやすく，人間が丁寧につくった道具だと実感できた。

D グループ（被験者2名）

観察資料＝考古：土師器甕，土師器坏，布目瓦4種（奈良～平安時代）

① 視覚観察の所見
- 甕は煮炊きに使われていたためか下の部分にススが付いており，表面はざらついているようで，形が大きいことからかなり重いように見えた。けれどもつくりは薄く，火のとおりが良さそうであった。
- 坏は形が不安定に見えるため使いにくそうで，そのうえ表面がざらついているように感じられ，きっと手ざわりは悪いだろうと思った。また全体的に黒ずんでおり，かなり堅そうに感じられた。
- 瓦の軒先につけられた文様は仏教的な雰囲気があって美しく，とても立体的に見えた。
- 瓦はどれも厚く重そうで，実際に屋根に葺くのには不向きに思えた。また，それぞれ色が異なっており，同じ屋根を飾っていたとすると，見栄えがアンバランスではなかったかと思った。

② 知覚観察の所見
- 甕は軽くて運びやすいが，あまり頑丈ではなかった。手にすると意外に形が整っておらず，手づくりの味わいがあった。
- 坏は案外に安定感があり，肌ざわりも良くて，手に馴染みやすいことに驚いた。熱湯消毒の後，実際にお湯を飲んでみたところ口当たりが柔らかく飲みやすかったが，冷めると土器の土臭さが強くて，とても飲みづらくなった。土器を実際に使ってみると，古代人と一体化したような感情がもてて感激した。
- 瓦の文様部分をさわっていると立体感がいっそう伝わり，製作者の気持ちも感じられるような気がした。
- 瓦は想像以上に重く，強くさわっていると瓦の表面が少し剥げ落ちて驚いたが，資料のもろい部分を実際に知ることで，それらを大切にしなければという心遣いが，自分のなかに生まれたように思う。

E グループ（被験者3名）

観察資料＝歴史：駕籠（江戸時代末期～明治時代初期）

① 視覚観察の所見

・木と藁でつくられており，人が乗り込むには小さめで，乗り手の体重で壊れてしまいそうに見えた。乗り心地は不安定で悪そうに感じられた。
・風通しは良さそうであるが，冬は寒く，雨漏りもするのではないかと思われた。これを二人で運ぶにはかなり重そうだと思った。

② 知覚観察の所見
・駕籠のなかも観察でき，空間は想像以上に広く，乗り心地を良くするための工夫が随所にあることがわかった。
・持ち上げるとかなり重くてバランスをとるのが難しく，担ぎ手の大変さを痛感した。担ぎ棒は収納が考慮され，取り外しができるようになっていた。
・担ぎ棒が古くなってささくれていたため，トゲが刺さりそうになった。観察者への安全策が必要だと思った。

F グループ（被験者3名）

　観察資料＝陶芸：素三彩瑞果文盤（清朝），伊万里赤絵亀甲花文鉢（江戸時代中期）

① 視覚観察の所見
・素三彩瑞果文盤は浅めの皿で，光沢はあまりないが，つややかな感じを受けた。内外面にびっしりと模様が描かれ，下地には雲と龍が彫り込まれており，その上に茶，黄，緑で描写された植物があった。植物は3つの状態があり，実がなって，熟して少し開き，全開する，という過程を表すようにみられた。
・伊万里赤絵亀甲花文鉢は深めの鉢で，光沢が強く全体に丸みを帯びていた。彩りは白地に赤，藍，緑，金が使われ，統一感があって美しい。模様は波間の魚，鳥，菊，桃，梅花などが，縁どりも丁寧に細かく描かれていた。部分的に金を溶かして補修した跡もあった。

② 知覚観察の所見
・素三彩瑞果文盤は意外に薄手で，よくさわってみると龍のほかにも，月のような形がいくつも彫り込まれているのがわかった。顔料の部分は少

し盛り上がっており，つややかな外見であるがさわると凹凸が気になり，手になじみにくい。裏面には年号が書かれているのに気づいた。
・伊万里赤絵亀甲花文鉢は中ほどにわずかな段があり，そのため持った際に掌に密着する感じがして，とても手になじみやすいことがわかった。表面は白地と絵付けの部分とでは手ざわりがちがい，現代の日常の器とは異なっていると思った。やさしく表面を叩くと高い音がして，響きが心地良かった。

(2) 知覚観察の効果

以上の実験観察の所見から，視覚だけによる資料観察と，知覚，すなわち各種の感覚を用いた観察とでは，作品・資料を理解しようとする観点や認識の幅に，著しい差異を見出すことができる。

まず，視覚だけによる観察の場合，形態，大きさ，色や模様などの観点をもとに，観察者は作品や資料の理解に努めている。これらの特徴から得られる情報は決して少なくはないが，形態，大きさ，色や模様以外の部分に本質の多くが内在する資料では，これについて想像することしかできない。そのため感覚的に漠然とした捉え方となる傾向が強く，作品や資料の実態に迫りきれないもどかしさから，フラストレーションを抱く被験者もみられた。

例えば，動かして遊ぶ玩具や使うための道具などに対しては，資料の楽しさや機能が十分に理解できないため，隔靴掻痒といった歯がゆさによる不満足を感じるようであった。そして，資料を詳細に見るにしたがい，重量や使い方，鳴るであろう音などについて，新たな疑問が生じることもみとめられた。そして見るだけでは，この疑問は解決できないのである。なお，視覚だけの観察では，設定した15分間を持て余している被験者が多かった。

一方，知覚による観察では，予想どおりに作品や資料のより詳細な観察が可能となっている。見るだけでは判断できなかった重量や触感，音，においなどを知ることができたからである。しかも，これらの点は見かけと異なる場合が多く，資料に対する認識に大きな変化があらわれている。当然ながら，見るだ

けでは実態や特徴を正確に理解できていなかったのである。

　また，資料が音を発するものである場合，鳴らすことによって，観察者は資料自体やそれをとおしてのイメージを膨らませている。においも同様で，資料の理解を深めるとともに，生活や風景など，資料に潜む背景を呼び起こす効果を生み出すようである。ほかに，動かすことや使うことが目的である資料については，実際に作動させ使用して観察することで仕組みや実用性がわかり，理解が著しく深まっている。

　さらに視覚観察においても，手に持ち，顔へ近づけることによってすみずみまで観察でき，展示ケースに置かれた状態では気づかなかった事がらの発見が多くみられた。作品や資料を手に持つことは，視覚による観察力も高めているのである。すなわち知覚型の展示は，視覚を中心として，補足的に触覚，聴覚，嗅覚への対応が図れることとなる。補足的にうったえるこれらの感覚のうち，多くの場合では触覚が重視される。さわるために作品や資料が展示ケースから出されることにより，同時にその音やにおいを知ることも可能となるのである。

　このような知覚の駆使は，観点が多角化して観察が深まるだけではない。手でさわり，音を聞き，においを嗅ぎ，使うことによって一段と関心が高まり，親密感が増すようである。制作者や本来の使用者と同化することができた楽しさや喜びも，被験者の所見から伝わってくる。作品や資料からさまざまな情報を獲得できたからであり，見るだけでは決して得られない感慨であろう。

　また，さわることによって資料の脆さがわかり，モノを大切にする気持ちが生まれたとの感想があった。このような意識の芽生えも，人びとが残してきたさまざまなモノの大切さを伝える博物館が，利用者にはたらきかけねばならないことと思われる。

　なお，知覚による観察の場合，設定した15分間では時間が足りないようであった。どのようにさわってよいのか，被験者のほとんどが最初はとまどっていたが，次第にいろいろなアクションを起こし，それによって関心がさらに増幅していくようで，観察に熱中していった。各種の感覚をできるだけ駆使しようとするならば，短時間の観察では満足な成果を得ることは難しいのである。

このほかに，観察者の安全を保つために資料の危険性の除去が必要であるとの指摘は，各種感覚にうったえる展示に際しての大切な留意点といえる。

4　知覚型展示への転換

　知覚にうったえる展示は，先に記した"体験展示"や"参加型展示""ハンズ・オン展示"などの一部として増えつつある。主としてさわることに重点をおいた展示であり，点字によるキャプションが添えられ，視覚に障害のある人びとへの対応方法として導入されている場合が比較的多い。現在実践されている知覚にうったえる展示は，展示動線における配置状況から３つの形態に分類できる。それらの実情を検討し，知覚型展示のあり方を探ってみたい。

（1）　動線内点在タイプ

　知覚にうったえる資料が，見ることで全体が成り立っている展示の動線上に点在する形態である。自然史系の博物館に多く，ほとんどは１点ないし数点のさわれる作品や資料が置かれたもので，触察資料の配置状況からすると，展示計画のなかで当初から意図された例は少ないように観察される。多くは，視覚への対応しか考慮していない展示計画にもとづいて配置された資料群のなかに，さわっても損傷や劣化のほとんど生じない資料が折り良くあった場合，触察への対応が施されているようである。

　触察に充てられる資料は，剥製や鉱物，化石類に限られるといってよい。この場合，さわることが特定の資料をよく理解することに効果はあるが，展示の理解を深めることとはなり難い。主張が込められた展示にはストーリーがあり，ストーリーの軸となる一定量の資料についてよく知らなければ，展示の理解は深まらないのである。したがって，さわっても損傷や劣化が起こりにくいという基準だけで，展示ストーリーを考慮せずに選択した資料を対応させる方法は，観覧者の関心を多少はひくであろうが，さわることの意義や効果はそれほどないように思われる。このような触察資料に点字のキャプションや解説を付し，

写真 4-3 触察をもとにした石炭の展示（大阪市立自然史博物館）

写真 4-4 復元石棺に触察用立体模型と点字・墨字の解説を組み合わせた展示（大阪府立近つ飛鳥博物館）

視覚に障害のある人が察知できる展示としている例も多い。しかしながら，彼らには一部の資料について認識することはできても，展示のストーリーや主張を理解するのはとうてい不可能なのである。

　これに対して，複数の触察資料を動線上へ計画的に配置している例が，少数ながらもみとめられる。おおむねは視覚に障害のある人たちへの対応を意図したものである。例えば，大阪市立自然史博物館の場合，5室ある展示室のうち"地球と生命の歴史"がテーマの第2展示室と，"生物の進化"の第3展示室，さらに"大阪における人と自然の関わり"を示したホール展示の要所に触察資料が配置されている（写真4-3）。触察できる資料は鉱物，貝，樹木，化石の実物と，魚や恐竜足跡の模型などである。これらには点字のキャプションとともに，点字と弱視用墨字の解説パンフレットが用意されている。"自然と人間"という館全体の基本テーマのもと，各展示室にそれぞれサブテーマが設けられ，触察資料だけでも各テーマの理解にある程度迫れるような配分である。同様の配置形態は，おもに自然史系の博物館での実施が進んでいる。

　歴史系博物館では考古資料を展示する館での対応がみられる。大阪府立近つ飛鳥博物館（河南町）では，"近つ飛鳥と国際交流""日本古代国家の源流""現代科学と文化遺産"のそれぞれの常設展示ゾーンに，ジオラマや実物資料の触察模型などが合わせて5カ所に置かれている（写真4-4）。触察模型は視覚に障

害のある人への対応を目的としたもので，点字の解説が併設され，ヘッドホンガイドで説明を聴くこともできる。実物の触察資料は配されていないが，触察模型によって展示の主要なポイントの把握が可能である。

同じく歴史系の宮崎県立西都原考古博物館では，旧石器から律令までの各時代の資料展示空間に，約20点の触察資料がまんべんなく配置されている。触察展示は模型類を主体として実物の石器や土器も組み込んだもので，ここは館内の動線が手すりと床に敷かれた突起状ラインで導かれ，手すりに沿って配された立体絵文字の触察ピクトで案内する仕組みである（写真4-5）。触察ピクトはさわれる展示など各種の館内のサービスと機能，および位置情報を示しており，貸し出しの音声ガイドジャケットと併用することで，視覚に障害のある人たちも触察しながら館内全体を楽しんで学べる工夫となっている。

また，聴覚にうったえることを目的とした音を発する資料については，展示動線上に1，2点程度のみ配置されているのがほとんどである。実施例はあまり多くない。歴史系博物館では梵鐘・鈴・笛・太鼓・銅鐸の音，自然史博物館では動物・鳥・虫の声などがある。これらは利用者が直接鳴らして聴く場合や，録音されたものをボタン操作によって聴く仕組みのものなどがあり，展示のストーリーにアクセントを生み出しているように観察される。ただし，その効果は全体が見る展示のなかにおいて高いのである。点字の解説を添えて，視

写真4-5　触察資料の須恵器（中央）と触察ピクス（左）（宮崎県立西都原考古博物館）

写真4-6　「匂いの体験」コーナー（茨城県自然博物館）

覚に障害のある人への対応方法としている例もみられるが，展示ストーリーがわからない状況では，彼らを満足させるものには成りえていない。

　嗅覚にうったえることを目的とした資料はあまりみとめられないが，においを展示に取り入れる場合，海や森，草花といった自然界のにおいを漂わせる方法がとられている（写真4-6）。個々の資料の理解を深める以上に，展示ストーリーを浮き立たせるような演出面で効果が大きいようである。

(2) 独立集約タイプと全館タイプ

　独立集約タイプと捉えるものは，各種感覚にうったえる作品や資料を1カ所に集めて展示する形態をさす。大方は触察資料が中心で，視覚に障害のある人への対応を主たる目的とした場合が多い。前項で取り上げた名古屋市博物館の「ふれてみるコーナー」や和歌山県立自然博物館の「手でみる魚の国」はこのタイプである。いずれも触察資料を配し，点字のキャプションや解説プレート，パンフレット，音声解説機器などが備えられている。名古屋市博物館の場合，触察のコーナーを補足するように，常設展示内にさわって体験できる模型やキットの配置が数カ所にみられる。展示ガイドボランティアのナビゲートにしたがって体験する仕組みで，常設展示の動線上でも触察学習への配慮をおこなうものである。また，歴史系の江戸東京博物館（墨田区）でも常設展示室の一部に，15点程度の触察資料を集めた「手でみる展示」コーナーがある。資料は合貝の貝桶のレプリカ，駕籠・人力車・自転車類と歴史的建造物の模型，浮世絵や江戸地形のレリーフなどで，受話器タイプの音声機器で"職の音"や"近代のしらべ"を聴く展示も併設されている。点字解説パネルと合わせて，江戸の町と近代東京の様子や暮らしぶりに接することができる。

　美術館の例をみると，静岡県立美術館（静岡市）では1ゾーンを構成しているロダン館において，約50点の彫刻作品のうち10点程度の触察が可能である。ただし作品保護の理由から，対象者は視覚に障害のある人にかぎられている。事前申請を必要とし，触察者への対応の研修をうけたボランティアが，タッチツアーを案内するシステムである。

さわることができる資料を1カ所にまとめるこのような方法は，少数の個々の資料について深く知ることが可能となろう。しかし，展示全体のストーリーや，館の基本テーマに対する理解を深めることについては，かなり難しいように思われる。

一方，聴覚や嗅覚で観察する資料を1コーナーに集めた例もみられる。個人記念館である中山晋平記念館（長野県中野市）では，作曲家の晋平がつくったメロディーを聴くリスニングコーナーがある。ここでは音楽が資料であるため聴くことが最大の理解となり，展示のストーリーの核に位置づいている。同じように，楽器の専門博物館である浜松市楽器博物館（静岡県）では展示された各種の楽器を見ながら，その奏でる音色や曲をヘッドホンで聴くことができ，実際に演奏できるコーナーも設けられている（写真4-7）。"音"を奏でることに本質がある作品や資料の"音"を聴かせる。きわめて当然の方法といえようが，そうした配慮をおこなう博物館は少ない。

嗅覚にうったえるコーナーをもつ博物館には，"香り"にテーマをしぼった磐田市香りの博物館（静岡県）がある。5つのブースからなる「香りの小部屋」のコーナーでは，各ブースに設置された立体映像の画面に手を差し入れ，浮かび上がった風船にふれるとそれがはじけて香りがただよい，解説が流れるユニークな展示となっている。嗅覚を発揮させるだけで十分に理解でき楽しめる展示であるため，視覚に障害のある人への細やかな配慮が望まれる。

つぎに，全館タイプは，展示されたすべての作品や資料を，あらゆる感覚を使って察知できる形態である。前掲のギャラリーTOMは，作品のすべてをさわって観察できることからよく知られている。彫刻を中心とした造形作品を展示する小さな美術館で，視覚に障害のある人たちが自

写真4-7　展示された楽器の音色が聴ける工夫（浜松市楽器博物館）

由に安心して，さわりながら美術作品と対話することがねらいである。けれども視覚障害の有無にかかわらず，どのような人にも触察が許されており，展示ケースから開放された作品はさわりながら，いろいろな感覚での鑑賞が可能となっている。さらに，自然と環境を感じとって表現することを目的としたワークショッ

写真 4-8 さわり，聴き，嗅ぐ展示（箕面公園昆虫館）

プが継続的に開催され，館の姿勢が展示やワークショップをとおして一貫的である。私立の美術館であるため，近年では収益確保の切迫した命題に向き合いながら，視覚に障害のある人による美術鑑賞の目的を確保しつつ，新たな方向性での運営の取り組みが進められている。

　また，箕面公園昆虫館（大阪府箕面市）では，利用者の各感覚にうったえて，館のテーマの理解を図る展示がおこなわれている（写真 4-8）。すべての実物資料にさわる方法ではなく，模型資料や音響・芳香装置を計画的に配置したやり方である。昆虫の立体レリーフにさわり，実際の鳴き声や羽音を聴き，さらにそのにおいや生息する森林の香りを嗅ぐことから，全体テーマである昆虫に関する基礎的な知識や，箕面の森に生息する昆虫について知ることができる。多角的な体感による昆虫の理解は，実物を見るだけよりもはるかに深くて楽しい。

　この箕面公園昆虫館の展示は，障害のある人たちへの考慮から工夫されたものであり，彼らに対する設備や対応はすばらしく行き届いている。点字の概略説明やキャプションが各コーナーにあり，展示動線は手すりと床の誘導ブロックにより順序に沿ってすべてが結ばれているのである。現在は停止されているが，貸与式のオーディオガイドは視覚に障害のある人のことを考えた展示の解説だけでなく，彼らを安全に館内誘導する内容にもなっていた。展示室内はとても明るく，そのなかでもスポットライトで照度の演出の工夫がみられ，キャプションや解説の文字は弱視者へも配慮されており大きい。さらに通路は幅広

く平滑で，展示の目線が低く，展示台は下が空いたテーブル状になっており，車いすでの利用も不便は感じられない。

　このような，障害のある人びとに対する考慮から工夫されたギャラリーTOMや箕面公園昆虫館の展示は，障害のない人たちにとっても理解度が高い展示となっている。言い換えれば，各種感覚を使った理解度の高い展示に，障害のある人が必要とする設備などのハード面を整えるならば，すべての人が満足を享受できる博物館が実現するものと考えられる。

(3) 知覚型展示の展望

　展示のいっそう深い理解を求めて，資料と利用者との間の障壁を物理的にも心理的にも取り除くことを目的に，展示物をガラスケースから出して間近に観察してもらおうとする姿勢が，近年では多くの博物館でとられる傾向にある。そのなかで，障壁を取り除く姿勢を実現するための展示方法に，2つの方向性がみとめられる。第1は，資料を閉ざされたケースから出した展示方法により実現を図るが，主としてその保護の観点から，利用者に作品や資料をさわらせないことを前提としている。第2は，作品や資料の保護を考えながらも，それにさわることをできるだけ可能にしようとする方法である。

　前者は，隔離された展示ケースという物理的障壁からは解放されるものの，あくまでも"見る"ことが大部分の比重を占める方法であることには変わりない。そこでは，劣化の心配や観覧者への安全性に，ほとんど問題がない作品や資料であってもさわらせない例が多く，展示は見るものとする固定観念にしばられているように思われる。後者では，前項の実験結果からわかるように，作品や資料に対する観察力が高まるとともに，関心や親密感が増幅して，心理的な障壁も薄れるのである。また，視覚などに障害のある人たちをも排除することのない展示への糸口となりうる。

　したがって，展示の作品や資料と利用者の親密度が増し，展示がこれまでより深く理解されるためには，資料をケースから解放するだけでなく，後者のように資料にさわることから工夫した展示を推進するのが望ましい。さわること

は他の感覚を併用することにもなり，知覚型の展示が実現するのである．

　それでは，知覚型展示はどのような方法で実践されるのがよいのであろうか．まず，知覚観察ができる作品・資料の数と，全体での配置のあり方を考慮しなければならない．視覚に障害のある人たちに対し，作品にさわる機会を提供するハンドリング・セッションの実践者であるジュリア・カセム（Julia Cassim）は，美術館での触察鑑賞には強い集中力を要し，疲労度が激しくなるため，作品数を考慮しなければならないことを指摘している[10]．

　あらゆる感覚を使って弁別して察知しようとするならば，1点に対しかなりの時間を費やさなければ効果が低いことは，実験観察からも明らかであった．作品や資料の数があまりにも多いと，観察による疲労は大きい．そのため，触察対応の資料は，展示全体との均衡を図りながら適正数を選ぶべきであろう．

　完結した1つの展示ストーリーを構成する作品・資料の数がそれほど多くない博物館では，すべてにさわって各感覚を活用できるのが最良と考えられる．一方，完結した1つの展示ストーリーを構成する作品・資料が多い場合，さわれる作品や資料は展示の核であるものを一定数選ぶのが適切であろう．この場合，知覚による観察方法だけであっても，主張される展示全体のストーリーを理解できるようにしなければならない．視覚などに障害がある人たちに対する配慮である．

　知覚に対応する作品・資料の配置は，館全体の展示ストーリーに沿って，展示動線上の適所に散在させるのが望ましいように思われる．それらを1カ所にまとめてしまうと，障害のある人たちに全体の展示ストーリーが伝わらなくなってしまうからである．また，特別にまとめる方法は，博物館において彼らをその場所だけに閉じ込めてしまうわけで，障害のある人たちに対する意識上の障壁になることの危惧も指摘されており[11]，傾聴すべきであろう．

　そして配置された知覚対応の作品や資料は，部分的にふれることだけを可能とするのではなく，全体をすみずみまでさわれるようにしなければ，利用者の理解はあまり深まらない．ただし，作品や資料と利用者の安全性は最優先されるべきで，重量のある資料や，それとは逆に華奢な作品などは，固定すること

が必要な場合もあろう。けれども，可能なかぎり手にとって観察できるのが最良といえる。作品や資料を手に持ち，すみずみまで観察し，においを嗅ぎ，動かして音も聴く。そうすることによって理解は確実に深まり，関心や親密感が高まるのは実験観察でみたとおりである。

写真4-9　さわられて毛が傷んでしまったフラミンゴのはく製

　なお，先述のように，今日の博物館は作品や資料を見る場所という観念が定着しており，利用者は見ること以外の観察方法に慣れていない。先の実験でも，あらゆる感覚を使うことに観察者は戸惑っていた。また，さわり方によっては作品や資料を傷めてしまう。実際に触察展示を設置している博物館では，不適切なさわり方によって，破損や著しい劣化に至ってしまうこともみられる（写真4-9）。そのため，知覚による作品や資料の観察方法のアドバイスを，なんらかの手段で用意することが必要とるのである。

　和歌山県立自然博物館では，磯の生物を触察できるタッチングコーナーにおいて，さわることに対するつぎのような"約束"がパネルで表記されている。

「1.　生き物を手にとって，観察してみよう
　　・体はかたい？　やわらかい？　どんな色？
　　・口や目はどこ？　なにを食べるのかな？
  2.　水槽の横から見てみよう
　　・さかなの他にカニや貝，イソギンチャクが見つけられるかな？
　　・さかなはどうやって泳ぐかな？
  3.　さわった生き物は，もとの場所へかえしてあげよう！
　　・みんな生きています。いつまでも水に入れてあげないと息が出来ません。そっと水の中へかえしてあげよう!!
  4.　水槽の水を外へ出したりゴミを入れたりしないでね！」

このように"約束"のメッセージパネルは，触察や視覚観察のポイントと効果的な方法，さわることの留意点，展示資料である生きものを守るための注意点が，わかりやすく簡潔に記されたものである。パネルは目立つ場所に配置されており，適切なアドバイスを提示することで，触察の楽しさや学習の効果を高めるとともに，資料を保護する点でも有意義なものとなっているように観察される。

　また，八景島シーパラダイス（横浜市）の「ふれあいラグーン」は，海の生物の触察をとおしたふれあい体験ができる水族展示であり，最初にすべての利用者がオリエンテーションホールに入り，ふれあいの具体的な方法や注意点について，短くまとめた映像をみなければならないように工夫してある。2分程度の映像はメッセージ性に富んだ楽しい内容であり，ここでも利用者の触察と水族館の生物資料の保護に大きな効果が生じている。

　両館のように，観察のアドバイスや留意点などを文章や映像，あるいは館のスタッフによる対応などで示すことで，知覚型展示が博物館での学習と楽しみにおいて，有意義で実践的なものになるはずである。

（4）　保存機能の再認識

　ところで，このような知覚型の展示を定着させるためには，作品や資料の保存にかかわる問題を克服しなければならない。博物館の機能において，コレクションを最大限良好な状態で後世の人たちに伝える役割が重要であることは，あらためて述べるまでもない。同時に，現在の博物館利用者に対し，作品や資料がもつ情報を最大限提示し，理解してもらうことも，博物館存在の根幹にかかわる役割である。さわることからはじまって，各種の感覚で作品・資料の理解を図ろうとする知覚型展示は，従来の博物館における保存の機能に相反する行為とみなされる部分が多く，なかなか受け入れられ難い。

　現在の多くの博物館は，作品や資料はかけがえのない貴重なものであるから，まずもって保存しなければならないという姿勢が強いように思われる。背景には，わが国の博物館がたどってきた発達の経緯の影響が大きいと考えられると

ともに，博物館が限られたコレクションで成り立っていることからすれば，当然の対応ともいえよう。各博物館に収蔵されている作品・資料は，あらゆる意味でどれも貴重なものであることにまちがいはない。

しかしその貴重さは，多くの人たちに知って理解してもらうことに価値がみとめられるからなのである。貴重な作品や資料を現在の人たちに知って理解してもらい，さらに後世の人たちにも知ってもらうために保存する。人びとに知って理解してもらうことが目的なのであり，保存という行為が目的となった保存であってはならないのである。この視座が，公衆の学びを根幹とする博物館の基本原理ではないだろうか。したがって，あらゆる人に知って理解してもらうための工夫を，博物館はもっと積極的に検討すべきで，その方法として知覚型展示は有効と思われる。

くり返すが，博物館における展示の基本的目的は，作品や資料のことを利用者に対して正確に伝えることであり，この点を追究していくと，博物館を視覚教育の場とする既成概念は払拭すべきで，視覚型展示から知覚型展示への転換が望まれるのである。作品や資料を理解することにおいて，知覚型の展示は視覚型よりもはるかに優っている。

そして知覚型展示では，これまで博物館利用から除外されていた，障害のある人たちの参加が可能となる。ただし，各種の感覚で展示物を観察できることだけでは，彼らを満足させることにはならない。障害のある人たちの展示への参加を完全なものとするためには，展示における配置方法に工夫が必要であることは，その方法とともに述べてきたとおりである。同時に，観察をサポートするハード面の整備と，ソフト部分への配慮が十分に施されなければならない。障害のある人への対応がどの点においても満たされている展示は，どのような人たちをも完全に満足させるものとなるはずである。

本章では，多様化する博物館の展示形態について，伝統的な視覚型の展示を転換していく視点で検討をおこなうとともに，博物館展示の目的をあらためて考えてみた。

4 知覚型展示への転換

　観覧者の視覚にだけうったえる展示形態の見直しは，展示空間において能動的な場面を創出して楽しさや学習効果を高めることと，博物館利用を疎外されていた視覚に障害のある人たちの展示参加の実現，という二方面から進められてきた。前者では体験展示や参加型展示と呼ばれるスタイルが提示され，後者は作品や資料に手でさわって理解を促す触察展示の展開で，自然史博物館からはじまって歴史系博物館や美術館での取り組みも増え，さらに障害を補う展示方法への多様な工夫が進みつつある。また，近年では両者の効果を視野に入れたハンズ・オン手法の展示導入が奨励され，ひろがりをみせている。けれども，多くで実践されている体験展示，参加型展示，触察展示，ハンズ・オン展示などは捉え方の幅がひろく，その目的や意義，具体的方法に対する認識に定まった共通理解がみとめられない。公衆への学びを保障するという社会的役割にもとづいて，ふさわしい展示のあり方の再検討が必要なのである。

　公教育機関に位置づく博物館の展示は学びを提供することにあり，それは見る方法だけでは必ずしも達成されない。展示された作品や資料のほとんどは，多様な感覚を使った人びとの暮らしのなかで生み出されたものであり，それらの実態を真に認識して把握するためには，視覚にアプローチするだけでなく，多角的な手段を工夫した展示方法が必要となる。実態の認識と把握が十分におこなわれてこそ，学びが成り立つからである。それに適った展示形態として知覚型展示を提示した。この展示は，すべての人に公平な学習の機会を保障することを主眼に置き，視覚，触覚，聴覚，嗅覚，味覚など，各種の感覚へ多角的・複合的に働きかけることにより，資料や作品を正確により深く把握して，展示のねらいの理解に導く形態と定義づけられる。知覚型展示は作品や資料にさわることからはじまる場合が多く，劣化や破損の課題と向き合わなければならないが，作品や資料の社会的な価値は継承することにみとめられるのではなく，人びとに知って理解してもらい，学習や楽しみや研究に役立つ点に内在するのである。博物館における保存機能の意義は，現在の人たちに加え，後世の人たちにも優れた作品や資料を知って，理解してもらうことにあるのだと捉えるべきであろう。

このような認識をもって知覚型展示が機能するようになれば，あらゆる人びとが参加できるユニバーサルサービスの展示システムが整うこととなり，公教育機関としての博物館が果たすべき展示の目的を，ようやく成し遂げることができるのである。

註
1) 原田政美・田中農夫男『視覚欠陥児』明治図書　1966　pp. 75-80
2) 山本哲也「⑨色覚バリアフリーの点検と改善への試み」『誰にもやさしい博物館づくり事業　バリアフリーのために』〈博物館の望ましい姿シリーズ7〉日本博物館協会　2006　pp. 38-39
3) 棚橋源太郎『眼に訴へる教育機關』寶文館　1930
4) 鳥山由子「"博物館における障害者対応に関する調査"結果」『誰にもやさしい博物館づくり事業　バリアフリーのために』〈博物館の望ましい姿シリーズ4〉日本博物館協会　2005　p. 14
5) 奥野花代子「全国の博物館園における視覚障害者の対応に関するアンケート調査結果報告」『神奈川県立博物館研究報告（自然科学）』第27号　1998　p. 100
6) 新井重三「Ⅱ-4　展示の手法による分類」『博物館学講座』第7巻　雄山閣出版　1981　pp. 54-55
7) 染川香澄・吹田恭子『ハンズ・オンは楽しい』工作舎　1996
8) 染川香澄「博物館でハンズ・オン——来館者の経験を尊重しながら」『だれもが楽しめるユニバーサル・ミュージアム』読売工房　2007　pp. 119-130
9) 布谷知夫「参加型博物館に関する考察　琵琶湖博物館を教材として」『博物館学雑誌』第23巻第2号　1998　pp. 15-24，一瀬和夫「近つ飛鳥博物館—展示からハンズ・オンに向けての覚書き」『大阪府立近つ飛鳥博物館館報』3　1998　pp. 67-78 など
10) Julia Cassim『光の中へ　視覚障害者の美術館・博物館アクセス』小学館　1998　pp. 105-106
11) 山本哲也「ユニバーサル・ミュージアムに求められる施策」『生涯学習空間』第3巻第3号　1998　p. 65

第5章　学びに対するシステムと環境の構築

　博物館が教育の役割を十分に果たすためには，利用者の学習に貢献するための有効なシステムと環境を構築しなければならない。その基盤として，人びとの博物館に対するニーズや館内での行動を把握し，この分析から博物館での学習を生み出す条件を検討するなどの来館者研究の推進が大切である。あわせて，各種の博物館プログラムに対する評価の実践も，教育活動の質と効果を保障するための鍵となる。来館者研究とプログラム評価の取り組みは，わが国の博物館ではあまり深まっていないように思われる。

　本章では"学ぶ"という視点に立ち，既存の博物館活動のシステムや環境について検討をおこないたい。

1　システム構築の基盤

　公共の教育機関としての地位を博物館が確立するためには，教育効果を高めることを意図した来館者研究の組織的な取り組みと，展示をはじめとしてワークショップやアウトリーチなど各種のプログラムに対する評価の実施は，必須の課題である。学習に適った博物館活動のシステムを構築するためには来館者研究が有益な情報源となり，プログラム評価はその機能の向上を導くとともに，博物館の価値を高めるものとなろう。

(1) 来館者研究とプログラム評価

　来館者研究は，広い意味での人間の行動に関する調査研究と捉えられる。博物館での人びとの動向や意識を把握し，博物館利用に対する理解や捉え方を知ることが目的であり，その分析結果は展示やプログラムの改善などに役立つものとなる。

　このような来館者研究はアメリカで発達し，欧米においてかなり定着している。アメリカでは，連邦政府が社会サービスに対する予算投入を進めた1960年代に急速に広まり，以後，行動調査を中心にしながら多彩な研究がおこなわれてきた。多くは展示を中心としたプログラムの評価を担当する博物館スタッフが取り組んでおり，資金助成の条件として博物館教育の成果を測るプログラム評価を求められたことが契機となり，来館者に関する研究が活発化した。1989年にはアメリカ博物館協会において"Committee on Audience Research and Evaluation（観衆の研究と評価の委員会）"が，翌年には学会組織の"Visitor Studies Association（来館者研究協会）"が設置され，当該研究推進の母体となった。今日では，博物館に関する研究の多くを来館者研究が占めるほどにもなっており，博物館でのプログラム評価の実施は当該機関の責任と認識され，教育活動の土台となっている。

　一方，わが国では，1980年代後半から90年代のバブル経済期のもとで博物館の数は多くなったが，配置の増えた学芸員による研究の大部分は，収蔵資料やその学問分野に関連するものであった。博物館が生涯学習機関の位置づけをもつようになっても，来館者を対象とした博物館研究に注意が向けられることは少なく，博物館スタッフの多くも，その価値をほとんどみとめていなかったように看取される。近年に至り来館者研究の取り組みは増えつつあるが，博物館が刊行する紀要や研究報告書をみても旧来と同じく資料・作品研究が誌面の主要部分を占めており，来館者研究が重視されない傾向はあまり変わってはいない。けれども，2008（平成20）年の博物館法の一部改正によって，

　　「博物館は，当該博物館の運営の状況について評価を行うとともに，その
　　結果に基づき博物館の運営の改善を図るため必要な措置を講ずるよう努め

1　システム構築の基盤

なければならない」(第9条)とされ，運営状況に関する評価とその結果の活用が努力義務として新たに加えられることとなった。また，2011 (平成23) 年に文部科学省が新たに告示した公立博物館の設置及び運営上の望ましい基準でも，事業の水準の向上を図るために運営状況などを自他で点検・評価し，その結果にもとづく改善措置や対応の積極的な公表が求められている。生涯学習社会において強く求められる教育的役割の評価は，博物館の運営状況の中核になる事がらであり，評価の基盤となる来館者研究の必要性は高まっているのである。

　この来館者研究の要点は，代表的な調査方法となるのが観察法で，展示室内の動線と各展示物における人びとの観覧時間の追跡や館内行動の把握などが，わが国の博物館でもしばしばおこなわれている。その調査手段は，調査者による直接追跡や，ビデオや写真などの映像利用，インタビューの実施，アンケート用紙への回答などの方法が実践的な観点で用いられる。ほかにも，博物館体験から生じる人びとの学習や意識に関する調査研究があり，インタビューやアンケートの実施，感想ノートの配備，来館者の会話記録の作成などの手段でおこなわれている。調査は事前と事後に実施することで，展示やプログラムにおける目的達成度や問題点の把握などに有益となる。これらの調査に際しては，研究目的を明確にして体系的にデータを集積し，複合的な方法や手段を用い，正確な情報を一貫して記録・分析するシステムを構築しておくことが大切である。また，追跡調査や行動観察では，人びとの博物館利用のさまたげや干渉，あるいは権利や尊厳を侵すことがあってはならない。

　来館者の実態に関する統計的調査やアンケート，あるいは記述ノートによるデータ集積の実施は比較的よくみられるが，豊富な情報を包蔵しているにもかかわらず，博物館体験の質を向上させるために効果的に活用している例は少ないように思われる。これらを現状把握のデータとして扱うだけでなく，来館者に対する理解を深める視点で分析を加え，そこから人びとの博物館に対する意識や評価を考察し，展示やプログラムの見直しにつなげていくべきである。そして，来館者に対する調査研究に取り組むことは，博物館のスタッフが来館者

を適切に理解し，博物館教育に関する技量を高める有益な方法ともなるにちがいない。

このような来館者研究の成果は，博物館におけるプログラム評価と深く関連している（図5-1）。評価は，展示をはじめとする各種の教育プログラムにおいて，予測したねらいや目標に対する達成度と効果を測るとともに，その分析と検討からプログラムの改善に導く実践的な対応である。一般的な評価は企画したプログラムの総括として，おもに来館者に対する調査をもとに実施されている。一方，プログラムの変更や改善を意図して，進行の途中の段階で評価がおこなわれる場合もある。比較的長期にわたるプログラムの場合，実践しながら評価をおこなって修正するというプロセスをくり返すことにより，その改善が進み，教育的効果や利用者の満足度が高まることとなる。

評価に対する取り組みは，今や公共の教育機関では当然の責務となっている。博物館が展示をはじめとする各種のプログラムによって教育的役割を積極的に果たそうとするならば，それぞれに明確なねらいや目標を立て，効果的な成果を上げるために定期的に組織的な評価を実施することが強く求められる。評価は客観性の点から第三者に依頼するのが有効ではあるが，まずは企画・担当した学芸員や博物館スタッフが自己点検をおこない，博物館教育の価値を高めることに努めるべきであろう。

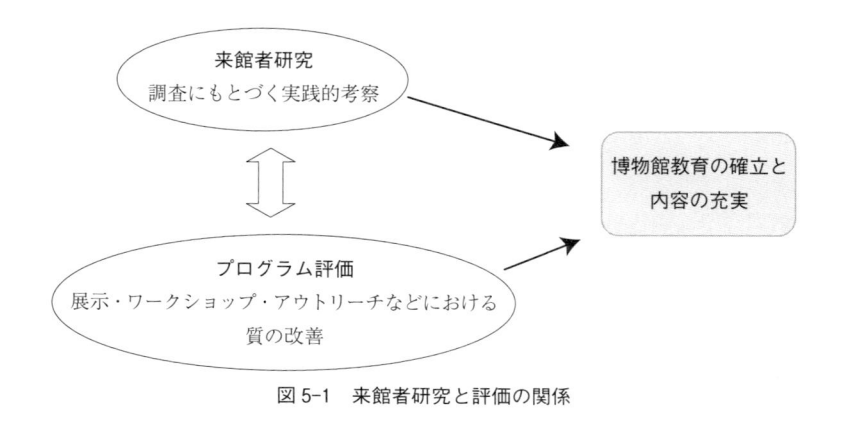

図5-1　来館者研究と評価の関係

（2） 利用者が抱く博物館のイメージ

　学びに適った博物館のシステムを整えるためには，人びとが博物館をどのように捉えているのかを知ることが必要である。図5-2は，博物館や美術館を利用する目的をたずねた記述式のアンケート調査結果である。2007（平成19）年に実施したもので，質問は博物館（資料館，郷土館，文学館，科学館などを含む）と美術館（工芸館・陶芸館などを含む）にわけ，7項目の中から該当するものをすべて選んでもらった。

　この回答では，「資料や作品の観察・鑑賞（見る）」が博物館と美術館ともにもっとも多く，いずれも全回答者の40％前後を占めている。予測されたことだが，これが博物館・美術館の一般的な捉え方である。次いで「楽しむ（遊ぶ）」と「新しい発見や感動を得る（感性を養う）」が多く，博物館と美術館のいずれも30％前後の回答となっており，娯楽的な期待が比較的高いのがわかる。このうち，博物館の利用目的で「楽しむ（遊ぶ）」の153人（32.0％）は意外であった。「資料や作品の鑑賞（見る）」の211人（44.1％）に次ぐ多さである。2002（平成14）年に同じ趣旨を質問したアンケート調査では，娯楽的な期待はほとんどみとめられなかった[1]。その期待が高まっているわけだが，推進の方向にある参

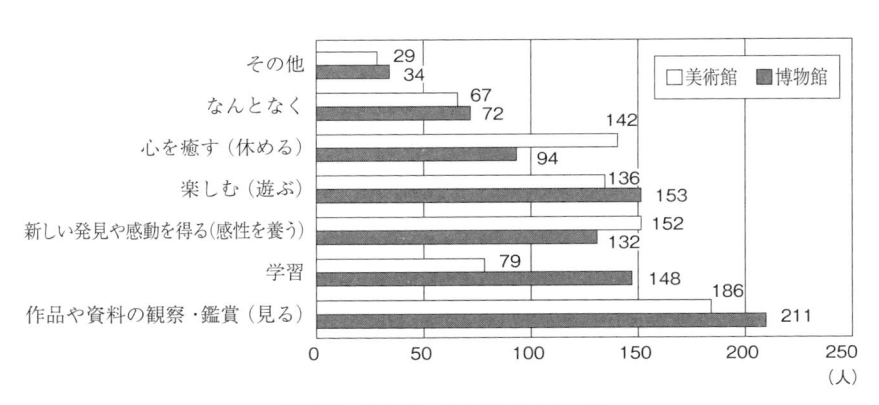

図5-2　博物館・美術館の利用目的

註：和洋女子大学の学生とその家族・知人を対象に，2007年4月実施。回答者478名（内訳は男性：124名，女性：354名。19歳以下：142名，20～39歳：172名，40～59歳：133名，60～79歳：24名，80歳以上：7名）

加体験やハンズ・オンといった博物館展示の変化も影響していると思われる。博物館は楽しいとする認識が次第に広まっているのであろう。

一方,「学習」と答えたのは博物館では148人(31.0%)であるが,美術館では79人(16.5%)でしかない。博物館には娯楽的な期待とほぼ同割合で学習施設としての捉え方がみられるが,美術館にはそれが希薄である。「心を癒す(休める)」の回答をみると「学習」とは正反対となる結果が出ており,美術館には学ぶことよりもくつろぎを求めるような期待が大きいと理解できる。「新しい発見や感動を得る(感性を養う)」も一面では癒しにつながり,この回答数が博物館よりも美術館で上回っているのも,そのあらわれであろう。

全体的にみると,多くの人は,作品や資料を観察・鑑賞するために博物館や美術館を利用するのであるが,観察・鑑賞によって何を得たいのかは多様といえる。そのなかで,博物館に対しては学習と娯楽性への期待が同じようにあるが,美術館には静的な娯楽性を強く求めていることがわかる。

つぎに,博物館・美術館に対する印象について,回答をグラフに示したのが図5-3である。印象を簡単な言葉で記すことを求めたもので,おおむね10通りの答えにまとめることができた。なお,複数の印象を答えている場合はすべ

印象	人数
その他	48
混雑している	14
飽きる・難しい	22
暗い・怖い	53
堅苦しい	120
華やか	12
きれい	31
知識の獲得・発見の場	65
落ち着く・心休まる	101
楽しい・おもしろい	135

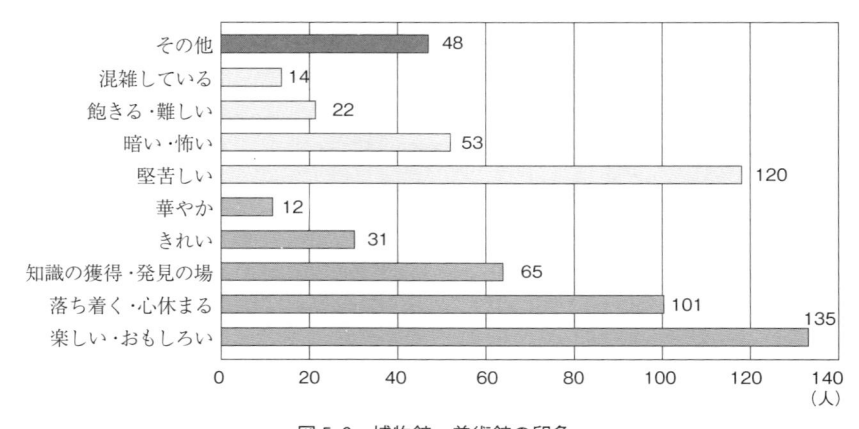

図5-3 博物館・美術館の印象

註:アンケート対象者などは図5-2と同じ

てを取り上げ，各項目でカウントした。

　全体的には，博物館や美術館に対し，好感をもって捉える印象の割合がやや高い。このうちもっとも多いのは対象者の135人（28.2％）が答えた「楽しい・おもしろい」といった印象で，博物館や美術館を好ましく捉えているものである。比較的若い世代に多い。利用目的で楽しさが求められていたが，そうした期待に応えている館は少なくないということであろう。

　好ましい場所と肯定的に捉える回答には，ほかに「落ち着く・心休まる」「知識の獲得・発見の場」「綺麗」「華やか」という印象があった。中高年層の占める割合が高い。「楽しい・おもしろい」はどちらかといえば動的な捉え方とみられるが，「落ち着く・心休まる」は静かにゆったりと観察・鑑賞する感覚と理解される。これが101人（21.1％）で「楽しい・おもしろい」の割合と近い。この質問では博物館と美術館を区分してはいないので，両者のちがいが出ているのかもしれないが，博物館や美術館に好感を抱くなかでも，動的と静的な捉え方がなされているようである。また，「知識の獲得・発見の場」という印象は学習機関としての理解と思われるが，その数は65人（13.6％）でさほど高い割合ではない。

　その一方で，「堅苦しい」という回答のように，好ましくないとみる印象も120人（25.1％）とかなり多い。年齢層に偏りはあまりみられない。「楽しい・おもしろい」と好ましく捉える反面，それに近い割合でほぼ正反対の印象を抱かれ，博物館や美術館が否定的にみられている。この「堅苦しい」は，「落ち着く・心休まる」と同様に静的な感覚と考えられるが，両者を比較すると静的な雰囲気を好ましくないとする割合の方が高いのである。同じく好ましくない場所として捉える印象には，「暗い・怖い」「飽きる・難しい」「混雑している」がみられる。"暗い"は博物館や美術館での保存管理の機能とも関係するが，"暗い"状態から"怖い"という感覚も生じて，親しめない印象をもつ人が少なくはないということであろう。また，「混雑している」博物館や美術館は，現状をみるとかぎられたわずかな館でしかないのだが，このような印象が一定数みとめられるのは，特定の企画展や館への利用者の集中傾向を反映しているよう

に思われる。

「その他」でまとめた回答には，工夫がみられる，満たされる，親しみやすい，広いといった好感的な印象と，疲れる，古くさい，遠いなどの敬遠気味な印象とが，ほぼ同じ割合でみられた。

なお，入館者数の統計からみると，わが国の博物館利用は国民1人あたり年間1.3回程度となる[2]。けれども，先のアンケート調査に際して博物館と美術館の利用頻度を質問したところ，過去1年間にまったく利用していない人の割合が博物館で205人(42.9％)，美術館では半数を超え246人(51.5％)にも達していた。つまり，公教育の役割を果たすべき博物館や美術館の利用者には偏りがあり，すべての人びとにとって利用度が高く，親しみ深い場所となりえてはいないのである。

(3) 博物館に対する利用者の要望

上記のアンケート調査から読みとれるように，博物館や美術館に好ましくない印象をもつ人が全体の約4割も占めている。一方，年間で博物館や美術館を利用しなかった人の割合はこれを若干上回るが，両者の数値が近似するのは，好ましくない印象が博物館利用を阻んでいるためと看取される。それでは，利用者はどのようなシステムや環境の博物館や美術館を望んでいるのだろうか。図5-4は改善点や要望に対する回答をまとめたもので，内容を4つに大別することができる。

第1は館全体の状況にかかわる事がらで，「気楽に入れる雰囲気」「混雑の緩和・明確な動線」「楽しめる工夫」「明るい照明」があった。このうちもっとも多い「気楽に入れる雰囲気」は，先の堅苦しい印象を取り除くためと考えられ，博物館や美術館を利用すること自体に，心理的な負担を感じている人の存在を知っておく必要がある。「楽しめる工夫」や「明るい照明」といったことも堅苦しさへの改善につながる内容であり，これらをあわせると回答者の約2割にのぼる。混雑の緩和に関しては，入館者の多い企画展などにおける動線の工夫や入場制限を設ける意見がみられ，その動線については順路を迷ってしまう展

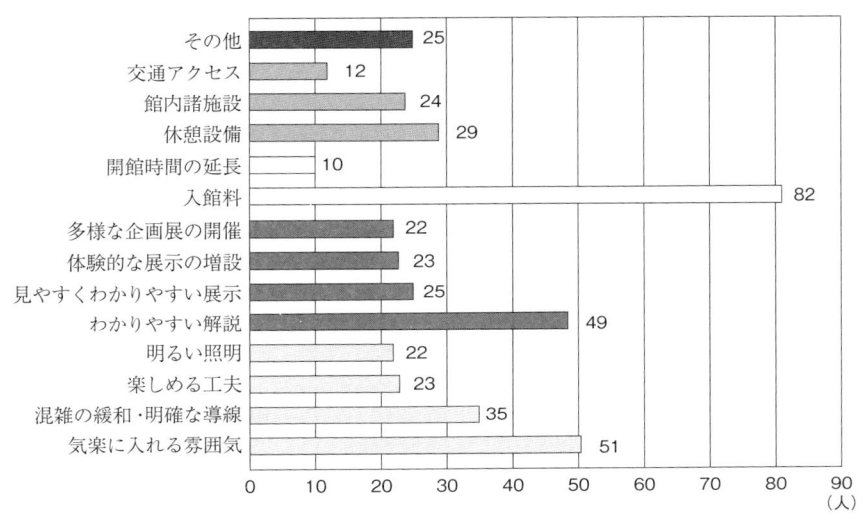

図5-4 博物館・美術館に望む改善点

- その他　25
- 交通アクセス　12
- 館内諸施設　24
- 休憩設備　29
- 開館時間の延長　10
- 入館料　82
- 多様な企画展の開催　22
- 体験的な展示の増設　23
- 見やすくわかりやすい展示　25
- わかりやすい解説　49
- 明るい照明　22
- 楽しめる工夫　23
- 混雑の緩和・明確な導線　35
- 気楽に入れる雰囲気　51

註：アンケート対象者などは図5-2と同じ

示に対しての不満もあげられていた。

　第2は展示に関する内容で，「わかりやすい解説」が頭抜けて多く，「見やすくわかりやすい展示」「体験的な展示の増設」「多様な企画展の開催」がほぼ同じ数値でみられる。解説に対しては，専門的に傾倒した内容への不満や，わかりやすい解説シート類・音声ガイドシステム・解説員の配置を求めるもののほか，キャプションや解説パネルの表記文字が小さいことと，暗すぎて文章が読みにくい点への改善要求もあった。作品や資料の展示物についても同様で，暗いことと，照明方法の不備による反射や影などで見えにくいことがあげられている。さらに，全体の展示内容が難解で理解しにくいものがあることも指摘されている。体験的な展示をより多く望む声は，参加体験やハンズ・オンといった展示が，利用者に一定の評価を得ていることを示唆するものと思われる。多様な内容の企画展の開催を求める意見も，固定的な展示への批判であるとともに，工夫された企画展に対する評価や期待として受け止められよう。

第 3 は博物館の運営システムにかかわる内容で,「入館料」についてはすべての意見のなかでも指摘した人の数が際立っている。低廉な料金を求めるものが大部分で,その背景に思いをめぐらすと,博物館や美術館は入館料を徴収するのが当然として理解されているようである。前掲の日本博物館協会の統計をみると約 25％の博物館園は無料であるが,大規模館や積極的に宣伝される企画展は例外なく有料となっており,博物館や美術館の入館料徴収が常識と考えられているのであろう。また,料金に関しては,館内のレストランやカフェの割高な金額や,音声解説機器の使用料への改善要求も示されていた。館併設のレストランなどは,多くの場合,かぎられた利用者を対象とした営業とならざるをえず,採算をあわせるのは難しいのであろうが,館内で各種のサービスを利用するとかなりの金額となってしまう。「開館時間の延長」については,ほとんどが平日夜間の開館を求めるものである。

第 4 は博物館や美術館の施設環境に関するもので,「休憩設備」はその増設が求められている。回答者の年齢をみると中高年層に多く,展示室で座って鑑賞ができることを望む意見もみられた。「館内諸施設」についての改善はエレベーターやエスカレーターの設置を求めるものが多く,障害のある人たちへの各種の配慮が不十分とする指摘もあった。「交通アクセス」への改善要望は,公共交通機関での利用の便が悪く,自動車以外でのアクセスが困難な館に対する不満に集約される。

「その他」にまとめた内容は,多いものから順に,企画展や関連プログラムなどの情報の不足,不快な人的対応,写真撮影の不許可,ミュージアムグッズの充実であった。情報に対する要望は,どのような展示やワークショップがどこで開催されているのかがわかるように,広報を工夫してほしいといった意見である。人的な対応への不満は,なんらかの不快な事態を経験した利用者の指摘で,内容はおもに受付や展示監視員の接客態度に向けられている。対人姿勢は利用者へのもてなしにつながり,それへの不満足は館の親しみやすさにかかわるイメージに直結してしまう。写真に関しては展示室での記念撮影を望む意見と,撮影が許可されている場合でも,かなり暗い状況であってもストロボの

使用が許されておらず，実質的には撮影できないことへの不満が記されていた。また，ミュージアムグッズに対するものは，販売するショップの設置や商品の質と量の充実を求める意見であった。

　上記のアンケート調査から把握できるように，今日の博物館における人びとの一般的な利用目的は，展示された作品や資料の鑑賞・観察であるが，そこに求めるものは学ぶことと，より高い期待度の娯楽性である。このような博物館を好ましい場所と評価して捉える人は少なくない。しかし反面で，年間をとおして利用しない人が5割近くに達することが示しているように，博物館の利用が広く積極的におこなわれているとはいいがたいのである。人びとの気軽なアクセスを阻む要因は，上記のように堅苦しいイメージや，わかりにくくて楽しめないと捉えられる展示，運営上のシステムや施設環境の問題などにあると考えられる。

　これらの問題点の排除が，博物館を親しみ深く利用しやすい場所とし，効果的な学習を成立させる基本条件となるはずある。

2　博物館環境の検討

　博物館が人びとへの学習効果を高めて教育の役割を十分に果たすためには，楽しさを感じながら，支障なく学習にのぞむことができる環境をつくり出すことも重要な要素となる。その場合，施設や設備の物理的要件を整えるとともに，利用者に対する心理的・生理的な環境整備が不可欠である。

（1）　心理的負担の解消

　博物館利用者の心理的負担には，展示の観覧や触察などにあたり，利用者が抱く気がかり，不安，苦痛，心配などがあげられる。これらの心理的な状態は，身体疲労といった生理的状態とも関連し，また生理的な状態は多分に心理的状態の影響を受け，両者は相互に作用する不可分な関係にある場合が多い。つまり，利用者の心理的負担の解決が，生理的状態を好転させることにつながるの

である。

　そして利用者が感じる心理的な負担は一様ではない。同じ物理的環境下であっても，負担を感じる人とそうでない人が存在することは，だれもが経験的に知っている。これは，人びとが心理的負担を感じる主観的な環境を，自己のうちに構成しているからである。しかし要因の多くは，各環境下の客観的な状況に内在すると考えられる。

　博物館展示で利用者が心理的な負担を抱く客観的な要因は，展示空間の構造や設備にあるものと，その諸条件にあるものとに大別できる。このうち空間構造は，展示室の面積，通路床に対する展示床の占有割合，天井高，動線設定などが問題となる。そして空間設備については展示装置の構造，照明の照度や照射方法，空間条件は色彩の調整，足音や雑音を含めた音，におい，情報などがあげられる。

　このような条件が不適切であった場合，それを要因とする心理的負担によって利用者は異常な緊張感，疲労感，不快感，嫌悪感，息苦しさ，といった生理的な随伴現象を起こすこととなる。このため，展示に対して理解しにくい，落ち着いた観察や鑑賞ができない，集中できない，楽しめないという意識が生じ，博物館利用に対する不満足や低評価につながってしまう（図5-5）。つまり，博物館がどんなに目的意識が高く優れた展示を企画し，いかに学術的・稀少的価値の高い作品や資料を展示しても，利用者が抱く心理的な負担要因の解消に努めなければ，企画の意図や作品・資料の価値を利用者に正しく伝えることは困難となり，学習効果は高まらないのである。

　利用者が博物館を敬遠気味に捉えることとなる心理的負担には，博物館のシステム上の問題に起因する場合が多い。先のアンケート調査からみると，高額な入館料，不便な交通アクセス，堅苦しいイメージなどが，博物館に否定的な印象を抱く人たちの理由にあげられている。

　入館料については，博物館法で公立博物館の原則無料がうたわれているが，現状では有料の公立博物館が70％以上にのぼるのは前記のとおりで，指定管理者制度の導入や経済的経営効率重視の社会風潮のもと，その数は増加傾向に

2 博物館環境の検討　133

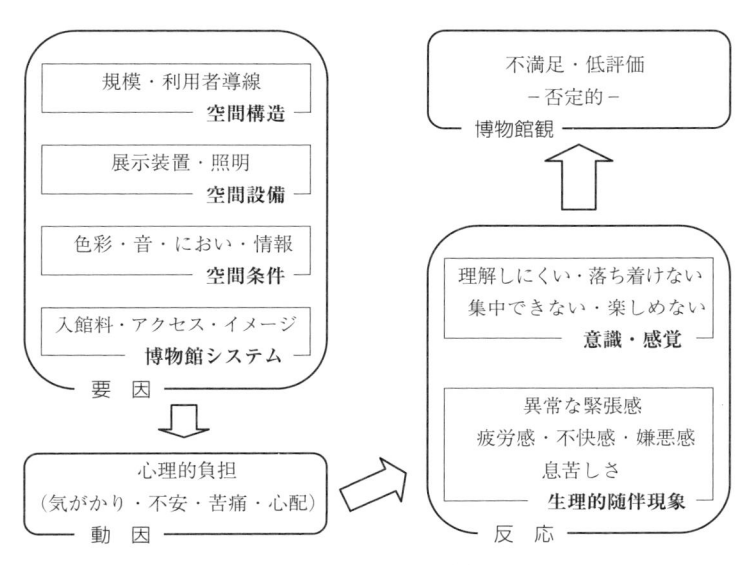

```
┌─────────────────────┐              ┌─────────────────┐
│ 規模・利用者導線       │              │ 不満足・低評価    │
│      空間構造         │              │   −否定的−      │
├─────────────────────┤              │    博物館観      │
│ 展示装置・照明         │              └────────△────────┘
│      空間設備         │                       │
├─────────────────────┤              ┌─────────────────┐
│ 色彩・音・におい・情報  │              │ 理解しにくい・落ち着けない│
│      空間条件         │              │ 集中できない・楽しめない │
├─────────────────────┤              │     意識・感覚    │
│ 入館料・アクセス・イメージ│              ├─────────────────┤
│    博物館システム      │              │   異常な緊張感    │
└─────────────────────┘              │ 疲労感・不快感・嫌悪感│
      要 因                           │     息苦しさ     │
         │                            │   生理的随伴現象   │
         ▽                            └─────────────────┘
   ┌──────────────┐       ⇨                  反 応
   │   心理的負担    │
   │(気がかり・不安・苦痛・心配)│
   └──────────────┘
      動 因
```

図 5-5　博物館における心理的負担のかかわり

ある。しかも，企画展の料金はかならずしも廉価といえるものではない。入館料が博物館の活動や事業に還元されるなら一定の徴収はやむを得ないとの考えもあるが，公教育の役割を担うべき機関である博物館は，主要なサービスをすべての人が無償で受けられねばならない。それが基本理念であり，博物館利用が高額な対価を支払う特権的な行為であってはならないのである。2011（平成23）年の博物館法の改正に際し，少なくとも登録博物館は入館料を無料ないしはできるだけ低廉な額にすべきとの議論もあったが[3]，実現には至らなかった。わが国の博物館の入館料徴収措置は，第1章でみたように，一定の知識者層以外の利用者を排除し，入館者を整理する方策としてはじめられた側面が強い。あらためて博物館の社会的位置づけを問い直し，すべての人びとに対して学習機会の提供を保障するという観点に立って，検討すべきと思われる。

　交通アクセスに関する心理的負担は，多くは公共交通機関の利用の不便さによってもたらされる。大規模な公立博物館の場合，マイカー利用を見込んだ郊

外の公園内に建設されている例が多い。地域の交通体系全般とかかわるため館独自での解決は難しく，周辺の各種学習機関などと連携したアクセス環境の構築も一手段であろう。また，交通アクセスが整った都市部に会場を設定して，展示やワークショップをおこなうサテライト・ミュージアムや各種のアウトリーチ活動も，交通アクセスに関する負担解消の方策と考えられる。

堅苦しいイメージについては，利用者は静粛な観覧の態度を保たねばならないと考えていること，展示室内の暗さによるもの，利用者に対する禁止事項の多いことなどが要因である。このうち静寂な雰囲気に関しては，博物館における展示鑑賞は他人の妨げにならないように，静かな態度が基本的には望まれよう。その点は博物館の利用スタイルとして，利用者への理解と周知が必要である。しかし，博物館は学習施設であり，学習にはさまざまな形態が存在し，展示をもとに同行者と会話しながらの観察や鑑賞のスタイルもありえよう。利用者の観覧モラルは求められねばならないが，私語は許さないというような厳格な雰囲気は，取り除くべきではないかと思われる。あわせて，展示室内の吸音性を高くする仕様の考慮が望ましい。

展示室内の暗さについては後にも検討するが，照度は展示の作品や資料の劣化・退色作用などとの調整を必要とするものの，全体的にわが国の博物館は暗すぎる観がある。石やブロンズの作品，土器，陶磁器，鉱物類など，劣化や退色の危惧がみとめ難い作品や資料であっても，明るく照らし出された展示は少ない。展示室はいかなる場合でも暗くしなければならない，という思慮に欠けた固定観念に縛られているのではないかと勘ぐってしまう。演出効果をねらって照度を抑制したとみられる展示もあるが，それが堅苦しくて圧迫感のある雰囲気をつくり出しては意味がない。また，照度差による演出は全体を明るくしても可能である。前章で検証した箕面公園昆虫館では，それがバランスよくおこなわれている。

博物館における禁止事項は，展示活動の遂行上致し方ないものもあるが，博物館学習の効果を高めることを考慮して，柔軟性をもって考え直すことも必要と思われる。例えば，展示室での写真やビデオなどの撮影は，今でも多くが許

可されていない。その理由は，所蔵権や著作権などの侵害にかかわる問題とストロボ使用による退色，他の観覧者への迷惑などがあげられる。最大の理由は所蔵権のようだが，博物館内で公開しているうえではそのサービスの観点から，撮影による所蔵権を放棄すべきとの指摘もある[4]。また，コンピューター機器が発達している今日では，図録や絵葉書などから精巧な複写をつくることは容易で，撮影禁止が所蔵権の確保に実質的な効果があるとは考えがたい。ストロボの使用には問題があるが，退色の心配がない作品や資料で構成された展示室では，他の利用者の迷惑に配慮した撮影は許されてもよいと思われる。

(2) 空間構造の整備

　博物館展示で利用者が受ける心理的圧迫は，おもに展示室内の空間構造を原因とするようである。空間構造では規模と動線計画の不備が，利用者に心理的な負担をもたらすようになる。

　展示空間が狭く遮蔽されている場合，圧迫感からくる息苦しさを感じることがある。そのため，建築に際して展示室の床面積と天井高を十分に確保し，空間をできるだけ広くとることが求められる。床面積は，展示床と通路床の割合を1：4程度とした広さを理想とする指摘がある[5]。天井高については眼高の2倍を確保すべきとされているが[6]，実際には最低限の空間さえ確保できないことも多い。その場合には空間の遮蔽を避け，部分的にでも開け放つことによって圧迫感はかなり緩和される。

　展示室における窓の設置は，紫外線や熱線などによる資料の劣化現象とかかわるため注意を要するが，紫外線の吸収や断熱の処理を施したクリアーな窓ガラス越しに適量の空間が見えるならば，部屋の広さ感覚は増大する。隣接する個々の空間の接合部分を開放することも，空間の狭さを補うための手段となる。部屋が狭く，通路床の割合を小さくせざるをえない場合でも，背の高い展示ケースを避け，部屋全体が見とおせるような展示方法をとることで，通路部分の狭さ感覚は随分と軽減できる。

　空間の開放性を高めることは，圧迫感からくる心理的負担の解消につながる

だけではない。人が活動する建物空間の評価指標には開放感と満足感と親しみやすさがあり，これらの相関関係は開放感が大になれば満足感も大きくなり，開放感と親しみやすさにおいてもほぼ同様の関連がみとめられるようである[7]。つまり，圧迫感をうける展示空間では利用者の満足感は得られにくく，親しみもあまりもてないこととなる。また，空間における快適性には身体を休めるスペースの確保が欠かせない。展示鑑賞は疲れる，との利用者の声はしばしば聞かれる。高齢者人口が激増している今日では切迫した要望である。展示空間のなかに一息つける椅子などを配置することは，気持ちの負担をやわらげるのにも役立つ。

一方，観覧者にとって動線のあり方は，心理的に大きな影響を与える。展示室内はもとより，博物館全体の動線が複雑であると，進路を常に気にしながら行動することとなり，作品や資料以外に気を遣わなければならず，展示に集中できなくなる。動線が単純であるほど観覧者の心理的負担は軽減される。よく知られているように，動線の進行方向は解説文の書き方とかかわってくる。横書きのパネルやキャプションを用いる場合，観覧者が違和感なく展示順路を進むためには右回り（時計回り）の動線計画が適切であり，縦書きでは左回りに設定すると気がかりなく行動できる。

動線上においては，意識をしないで進行することに障害となる物があると危険が生じ，心理的にも負担となる。展示室内の通路床が狭いときには，解説シートの配置台，休憩用の椅子，仕切りのためのロープなどが置かれていると，観覧中に衝突しないか気にかかる。障害のある人や車いす利用者の場合，安定的な行動に問題があるため，とりわけ大きな制約を生じる。展示室内で通路床に確保すべき割合は80％程度が望ましいといわれるが，小規模な展示室の現状はこれをかなり下回る。通路床の割合が少ない状態では，小型の機器や装置であっても大きな障壁となってしまうため，できるだけ取り除くべきである。また，民俗資料の展示室では，床に直接置かれた資料が通路部分にはみ出している場合があり，足を引っ掛けるのではないかと気がかりな存在になっている。通路床は，展示床から明瞭に区別されているほうが心配なく行動できる。

同じように，展示室の動線上に段差があるのも心理的な負担となる。見て確認しにくいわずかな段差ほど危険度が高い。車いす利用者や視覚に障害のある人などの負担はさらに大きい。復元展示やジオラマ展示として展示室内に古民家などを再現している例では，設けられた敷居が内部へ入る際の障壁となっていることがある。足元に注意を促す配慮とともに，スロープの設置や一部の段差の除去が必要であろう。そのほかに，床と連結せずに壁面から突出したケースや展示物なども安心した観覧をさまたげる要因となり，好ましいものではない。これらの措置は館全体の動線においても同様である。

　また，動線の床の構造は，"かたさ"の知覚が疲労感と関係する。硬質の床のうえで長時間立ち動いているのと，弾力性のある床で同じ時間行動するのとでは，後者のほうが疲労感は少ない。床が一定程度の弾力性をもっていると，疲労感がやわらげられるとともに，緊張感が解かれて落ち着いた気分に近づく。このため展示室の床にはやわらかなカーペットが適している。実験によると，カーペットのパイル（立毛）長にあたる変形長が2.5mmから6mmに増加する過程では"圧縮かたさ知覚"は急激に低下し，これより大きい変形量では低下が緩慢となる[8]。つまり，パイルを6mmより短くすれば踏み心地が急激にかたくなり，これより長くしても踏み心地のやわらかさはわずかしか増加しない。長すぎるパイルは車いすを動かしづらくし，利用者に負担をかける一因ともなるため，パイル長が6mm前後のカーペットがもっとも適切となろう。

　ところで，視覚に障害のある人は，まずもって空間状況を把握することが困難である。彼らには，この困難さによる心理的な負担の解消からはじめなければならない。当然ながら，視覚の遮断はさまざまな危険をもたらす。それらの危険性を動線上から除去する措置を含め，先に示したようにバリアフリーな施設と設備を整えるとともに，館内案内の触知図や点字パンフレット，聴覚機器などによるガイドを備えることが必要である。人的な案内や誘導もサポートとして適切な方法であろう。こうした配慮はすべての人の不安感をとり除くことにもなる。

　いずれにしろ，危険な部分をなくし，視覚に障害があっても安心だというこ

とをはじめに知らせることにより利用者の不安は大幅に減少され，これは他の障害のある人に対しても同様である。障害のある利用者が安心して利用できることを入館時に明記している博物館は少ない。最近ではインターネットのホームページ上で明示する館がみられるものの，まだ少数でしかない。障害のある人たちは，博物館を利用しようとすることにおいて，すでに大きな心理的負担をかかえているのである。

(3) 空間設備の適正化

　博物館の空間設備が観覧者の心理的負担の要因になる場合もあり，主として展示装置と照明の問題があげられる。展示装置の構造に観覧者の身体への安全性を欠く不備があるとしたら，観覧者が不安を感じる以前に，突発的な事故をひきおこすこととなる。観覧者が一度でもそうした事故を経験してしまうと，もはや安心した気持ちでの利用は望むべくもない。展示ケースのガラスや，金属や石などでできた展示ステージ，台座の角といった危険がひそむ部分には，十分な保護対策が必須である。

　また，テーブルケースを用いた展示では，資料を覗き込む際に手や肘をガラスにつくことがある。ケースが動いたり，ガラスやケース本体が華奢であったりすると不安感を抱く。テーブルケースによる展示が多いと腰や背中への負担が大きくなるため，ゆっくりと落ち着いた鑑賞を保障するためには，手すりを設けるか，あるいは安心して手や肘をつくことのできる頑丈な構造のケースを採用し，しっかりと固定しておかねばならない。

　ところで，"ガラスにふれないでください"と注意書きされた展示ケースをしばしばみかける。博物館の展示ケースは展示物を安全に保つことが目的であって，ガラスはその保護のためのものである。観覧者にとっては，展示物との間に何の隔たりもなく鑑賞できることが本来は望ましい。透明なガラス1枚といえども，展示物との隔絶感は心理的にも大きい。そのことを斟酌するならば，ガラスに手や顔をふれてまでして熱心に展示物を鑑賞する利用者こそ，博物館は歓迎すべきであろう。他の観覧者の迷惑とならないように，鑑賞のマナーを

利用者へうったえることは妥当と思われる。けれども，ガラスにふれさせないのが危険性を原因とするのならば補強対策をおこなうべきであり，ガラスへの汚れを嫌うものならばそれを適宜拭き取ることは，学習環境を整えるべき博物館側の責務ではないだろうか。

さらに，展示装置での構造上以外の危険性としては，ウオールケースや大型のセンターケースにおいて，小さな資料や緻密な細工が施された作品，あるいは文字・絵画資料が傾斜をもたせず寝かせた状態で展示してある場合などは，覗き込もうとしてガラスに頭やひたいをぶつけてしまう。そのため展示ケースとの間合いを気にかけて，心配しながらの鑑賞になる。ガラスの適所に目印を付すことや，ケースの前面に仕切りロープを置くなどして，このような気がかりと事故を解消する対応がみられる。ただし後者の場合，展示物と観覧者との間を二重に隔てることとなり，隔絶感がさらに大きくなってしまう。展示物の大きさに応じ，見やすさに合わせた展示ケースを選ぶことが最善の策であろう。

展示照明に関しては，作品や資料の観察・鑑賞のためには一定の明るさが必要である。この明るさは，観覧者が必要とするものと，展示物に適するのとでは異なってくる。博物館における展示照明は，人工光源によるものが現在は主流であり，これは展示物の保護を重視し，劣化原因となる太陽光からの紫外線や赤外線放射熱を遮断することを最大の理由としている。作品や資料にとって紫外線は褪色といった光化学変化をひきおこし，赤外線放射熱は温度上昇をもたらして変形や変質の誘因となるからである。

展示物の光化学変化の原因となる有害光線を抑制するため，ICOMが展示照明の推奨照度を示している[9]。これによると，油彩画，テンペラ画，天然皮革，漆芸品，木製品，角，骨と象牙，石などは200ルクスが限界で，衣裳，織物，水彩画，家具，版画，下絵，原稿類，生物，細密画，切手，壁紙，染色皮革，ほとんどの自然史と民俗資料は50ルクス以下と低い。これら以外の作品や資料についても高照度はなるべく避け，室内全体の照明も拡散光でかなり低い照度レベルにすることを求めている。

一方，観覧者の立場からすると，一定の距離のもとで展示した作品や資料を

詳細に観察・鑑賞し，さらに解説文や各種のパネルなどをはっきり読むことができ，それによる疲労感や不快感などの生理的随伴現象を生じさせない明るさが必要である。この点からいえば，照度が高いほど展示物はよく見え，疲労感や不快感は少ない。日本工業規格（JIS）の基準では，学習環境である学校の教室，実験実習室，研究室，図書室などの照度基準は200〜750ルクスとされる[10]。ただし，弱視者に対応する照度はこの基準の2倍以上としており，聴覚障害に対しても読唇が言葉の理解の助けとなることからこれも2倍以上，すなわち最低400ルクスの照度が求められている。学習機関である博物館が照度から生じる観覧者の負担を取り除こうとするならば，本来は学校の諸施設と同様のレベルが望ましいであろう。

　上記のように，作品や資料における適切な照度と観覧者にとっての快適な明るさでは，かなりの開きがある。光による劣化や損傷を最少に抑えるとともに，展示物が十分に見えるような照度を維持しなければならないが，両者の調和を図るのは難しい。ただ，現在では紫外線をほとんど除去した蛍光灯や，放射熱を大幅におさえたハロゲンランプ，紫外線と放射熱の双方を低減させたLED電球などが普及しつつあり，人工照明を原因とする紫外線や赤外線による展示物の劣化・損傷の被害は，かなり抑えることが可能になっている。照明から生じる可視光線も波長の短い光が劣化作用をおこすが，影響は紫外線よりはるかに小さいという[11]。

　作品や資料の保存は博物館が保持する機能の1つであり，展示物の劣化や損傷は可能なかぎり避けねばならない。そのため，ある程度の暗さは許容せざるをえないが，照明機器における展示物保護機能の向上を考えるならば，その緩和機能を加味して，いかなる観覧者にも心的な負担を過分にかけることのない明るさに近づけるように，再検討すべきと思われる。また，観察・鑑賞しやすい明るさをかなえるには，自然光の採り入れは効果が大きい。壁や間仕切りなどに反射させた間接照明や緩衝証明を工夫し，外光を採り入れる窓は断熱ガラスを用い，かつ紫外線を吸収するワニスの塗布か吸収フィルムの貼付処置を施せば，展示物の劣化や損傷の作用は大幅に抑制できる。自然光は演色性に優れ

ていることからも，もっと肯定的に捉えることが必要ではないかと思われる。
　ところで，疲労感や不快感の原因となる見えにくさによる苦痛は，照度の高低だけが影響するのではない。色温度も重要な要素で，これは暖かさや冷たさ，明るさや暗さの感覚など，心理的に多様な作用を生じさせる。人工光源の色温度は蛍光灯が2800〜6700ケルビン，ハロゲンランプは3000ケルビンで，色温度が低ければ赤味の光に，高くなると青味の光に対応する。また，色温度は照度とも相互関係があり，色温度が低いと照度の高低にかかわらず暑苦しく感じられ，色温度が高い状況では照度が高すぎると陰気な感じになるとされる[12]。つまり，色温度を照度とあわせて工夫することにより，明るさをある程度抑制しても，見えにくさによる心理的負担をかなり軽減することができるのである。例えば，照度が200ルクスであれば，光源を2700ケルビンから3800ケルビンの色温度とすることで快適な雰囲気に近づき，100ルクスであれば2400〜2900ケルビンが適切となる。
　ほかに，光源の位置や照射方法も見やすさに影響を与える。人工照明の場合，照射の位置はだいたい一方向ないし二方向に限定され，陰影が生じて見えにくい部分ができる場合がある。展示のなかの陰影は，ときには展示に変化ができ演出効果を生み出すこととなるが，観覧者に負担をかけるものであってはならない。スポット照明も演出には効果的であるが，頻繁な使用は視覚への刺激が強くなり，疲労感をもたらしやすい。そのため拡散光や反射光によって主光線をおぎない，自然光の照射条件に近いやわらかな照明環境を重視すべきである。
　また，隣接する展示の照度差が大きいと，視覚が明るさにすばやく順応できず，見えにくさを感じることとなる。展示室の内と外との照度差についても同じことがいえる。明暗のはっきりとした照明方法は避けるか，視覚が順応するまでの時間を考慮した空間や，順応のための緩和照明の措置が必要である。

(4) 空間条件の緩和
　観覧者の心理的負担の要因となる空間条件には，色彩，音，におい，情報があげられる。

まず，色彩については，人の心理に影響を与えることが，色彩学や心理学などの研究からひろく知られている。建物の室内環境において，色彩の生理的・心理的効果を積極的に活用した設計建築も今日では珍しくない。展示空間や他の個々の空間を合理的に彩色し，環境の安全や快適性を向上させる色彩計画は博物館でも大切といえる。

色の明度や彩度，色相には好悪反応がみとめられる。日本の成人は高彩度・高明度の色を好み，低彩度・低明度の色はあまり好まれないようである。色相では青系がとても好まれ，ついで赤・緑が好かれ，紫味の色相は嫌われるとされている。そして基本色相は好まれ，中間色相は好まれにくいという[13]。ただし，性差や年齢差により色の好悪は異なっており，男性は青と緑を，女性は赤や赤紫系を好みやすく，しかも男性の好みは画一的なのに対し女性は多様化の傾向があり，年齢においては低年齢があざやかな色や明るい色を好みやすく，高年齢に至るとにぶい色や暗い色への好みが高まるようである。

博物館では展示物が周囲の色に埋没するのを防ぐため，低明度で低彩度の色彩環境であることが多い。とくに展示物が大型のもの，例えば歴史系博物館での仏像や掛軸などは，展示室内全体が明度と彩度を低く抑えた色彩環境となっている。このため不安で落ち着かないイメージを与えることが少なくない。そのうえ作品や資料の保護のために照度も低く設定されていると，不安感はいっそう高まり，子どもにとっては恐怖さえ感じるような空間となっている。低年齢の観覧者があまり足を止めない展示空間は，展示物の性格以上に，色彩環境からくる不安感が影響していることが多いようである。

そうした事態を避けるため，展示空間の色彩環境は，部屋の天井や壁，床の色と展示ケース内あるいは展示物の背景の色とを，それぞれ別にして決めるのが適切だと思われる。ただし，展示ケース内や展示物の背景の色彩は，展示物の色ともかかわってくる。展示の作品や資料と背景の色彩とが同系色で明度差が小さいと，識別性が低くなって見えにくい。両者の明度差を大きくすると識別度は高くなる。また，色彩環境は，観覧者の印象や観察・鑑賞による疲労感にも影響を与える。眼の疲労は，一般に暖色系のほうが寒色系より率が大き

2 博物館環境の検討

い[14]。そして、あざやかな赤や橙色は「はげしい」「派手」「いらいらした」といったイメージをもたれるのと同時に疲労感を生じやすい色であり、うすい緑は疲労の少ない色とされ、あざやかな青は「やさしい」印象を抱くけれども疲労を自覚しやすい色と捉えられている[15]。こうした点も展示空間の色彩計画に考慮すべきである。調和のとれた配色空間は疲労が生じにくく、安全で快適性があり、学習意欲の高揚にも効果を高めることとなろう。

ほかにも、キャプションや解説パネルの文字や図表なども色彩が不適正であると、判読や判別しにくさの苦痛から、疲労感や不快感をひきおこす。文字や図表類は読みやすく、かつ早く認識されるように配慮されていれば、観覧者の心理的負担とはならない。これには色の読みとれる性質や度合いの可読性、および目で確認できる視認性、さらに注意をひきつける誘目性など、色の特性を利用することが効果を生む。いずれも、背景となる色と文字や図表の色彩の明度差が大きいほど高く、小さければ低くなる。また、色の誘目性については、危険箇所に対し注意を促すのに利用されることが多い。聴覚に障害があり、視覚だけにしか頼らざるをえない人のことを考えるならば、心配のない観察や鑑賞の基本となる安全面での誘目性の配慮は、欠かしてはならない措置であろう。

つぎに、博物館利用者の心理的な負担につながる音には、ジオラマや模型、解説装置、実験装置といった可動式展示装置の機械作動音や、室内空調機械の稼動音などがある。装置の稼働により突然大きな音が出たり、低周波の作動音が絶え間なく発せられたりすると、観察や鑑賞に向けた落ち着きが妨げられる。このような機械が発する雑音は観覧者の心理的負担を大きくするだけでなく、展示物にも悪影響を及ぼす場合がある。音波は振動をともなう性質があり、音波の届く範囲の物体は振動のエネルギーを吸収し、共振して振動するようになる。エネルギーの吸収の度合いが強ければ、博物館では作品や資料の損傷につながるおそれがある。展示物の損傷にまでは至らなくとも、展示機器や作品・資料の一部が繊細に接着されている場合、振動によってこの接着にゆるみが出ることもあるという[16]。

また、音響装置による解説の音量が大きすぎると、音が周囲に拡散され、近

くで別の展示を鑑賞している人には耳障りで不快となる。適正な音量は個人差もあって制御が難しいため，狭い展示室や各種の展示が込み入ったなかでの音響装置の使用はあまり好ましくない。ただし，聴こえる範囲を限定できるスピーカーが開発されており，展示室での音の拡散を解決する手段となっている。

　観覧者が静かに落ち着いて観察・鑑賞したい展示内容の場合，他の人の靴音や話し声も雑音に感じられることが多い。館内が静寂であるほど気にかかり，展示への気持ちがそがれる。靴音の解消は，床をカーペット貼りにするのが効果的である。雑音ともなる話し声の対策には，壁や天井に吸音性の高い材質を用いたり，吸音板を取り付けたりする方法があり，音の響きを抑えることができるが，観覧者のマナーに頼る部分も大きい。一部の館では展示の内容やねらいに合わせた音楽を小さな音量で流す工夫がみられ，不快な雑音を消す効果を生んでいる。展示空間に流されるこのような音楽は，観覧者の心理にも少なからず影響を与える。計画された適切な音楽は，興奮をよびおこす刺激的な雰囲気を醸し出したり，あるいは興奮を鎮めリラックスできる環境を創造したりすることが可能となる。いずれの場合も，観覧者の心理的負担となるものではなく，展示の理解を心理的側面から補う相乗効果を生み出す効果がみとめられ，軽視できない。

　なお，視覚に障害のある人は，行動において聴覚が重要な役割を果たしている。視力のない人は，物体が音を吸収したり反射したりすることで生じるわずかな音の強さを利用して，物体との距離や周囲の状況を把握しているともいわれる[17]。彼らには音が及ぼす心理的影響はとりわけ大きいのである。

　においに関しては，観覧者が不快に感じるものが博物館で生じることはあまりない。ただし，においは心理的に悪影響を及ぼすものばかりではなく，近年ではある種のにおいや香りが，人に有益な精神・生理作用をもたらすことに注目されており，医学的療法にも用いられている。芳香療法やアロマテラピーとよばれ，気分をリフレッシュさせ快活度の増進を図るとともに，精神に安らぎを与えて心身の疲労回復に効果をもつ。心理的負担の軽減作用をもつ香りは，やり方によっては博物館利用者にも有効性があろう。資生堂企業資料館（静岡

県掛川市）では，観覧者をリラックスさせる効果をもつ香りを芳香装置で館内に送り，気分的な面から展示鑑賞を助ける演出と，観覧者の気持ちを落ち着かせる環境づくりが実践されている。ただし，においや香りの療法が精神的・生理的に及ぼす影響やメカニズムは未解明の部分が多く，今はまだ試行の段階のようである。

　最後に情報について述べると，博物館は情報を発信する場ともいえる。しかし，解説類を含めた展示物からの情報の分量が，観覧者を心理的に圧迫する原因になることもある。個々にキャプションを付した多種多量の資料が密に並べられた展示や，長文の解説パネルを多用した展示，あるいは壁面が解説や図表などのパネルで埋めつくされた展示では，それらの情報量に圧倒されて，観察・鑑賞を苦痛と感じる人たちがいる。観覧者の動態調査をおこなうと，展示空間での滞留時間は情報量の多さとは必ずしも比例しない。情報をコンパクトにまとめた展示空間のほうが，1点ごとの観察や鑑賞に時間をかけ，滞留時間が長い場合もある。情報量があまりにも多いと，集中力が散漫になってしまうであろう。そのため作品・資料や解説パネル類の数，さらに解説文の長さなど，それぞれの展示空間に応じた適正量を見極めなければならない。情報の提示方法についても，文字や音声，映像など，各種の手段をバランスよく配置することが大切である。

　音響装置による展示解説や映像展示の場合，人が去ってしまった展示空間で，作動された音声解説や映像が流れている場面に遭遇するのは珍しくない。解説や映像の内容に問題があるのではなく，所要時間が長すぎて利用者の集中力が続かなくなっていることが多い。苦痛を感じずに集中して見たり聴いたりできる時間は個人差があるものの，当然ながら簡潔で短い方が良い。それが立ったままの姿勢で視聴するのであれば，なおさらである。近年では音響・映像装置に所要時間を示した例が増えており，利用に際しての心構えができて安心感を得るものとなっている。

　以上のような博物館での空間条件の整備が，人びとが安心感をもって楽しく学習できる環境を創出するのである。

第5章　学びに対するシステムと環境の構築

　本章では，博物館における学習を成立させるための条件として，活動システムの構築と環境の整備について検討をおこなった。活動システムに関しては，来館者研究とプログラム評価の必要性とあり方を述べてきた。博物館利用に対する人びとの認識やそれに際しての動向と意識を把握する来館者研究は，展示や各種の学習支援プログラムの企画において適切に用いることにより，学びに適った博物館システムの実現に導くものとなる。一方，展示をはじめとする各種の博物館プログラムに対する組織的で定期的な評価は，ねらいや目標を明確に立てた実践により，生涯学習機関として強く求められる教育的役割の質と効果を高めることにつながる。来館者研究の成果は各種のプログラムの改善にも作用するため，両者を統一的に捉えた取り組みが効果をもたらすのである。

　そして，来館者研究によって把握される利用者の博物館イメージは，多くは楽しみと学びを求めるものであるが，好ましくない印象を抱く人たちの割合はけっして小さくない。博物館に対する否定的な捉え方の主要な原因は，堅苦しいイメージと，わかりにくくて楽しさに欠ける展示，運営上のシステムと施設環境の問題にみとめられる。このような要因は施設や設備の物理的要件と，利用者に対する心理的・生理的な負担を解消する環境整備によって排除できる部分が大きい。また，心理的・生理的な負担の除去は，展示室をはじめとした博物館空間における構造整備と設備の適正化，条件緩和によってなされることとなる。このような課題の解決が，博物館を親しみ深く利用しやすい場所と捉える意識を醸成するのであり，効果的な学習をスタートさせる基本条件であることを示してきた。

　現在の博物館観は，先にみた参加して体験できる展示や娯楽性をとり入れた展示など，利用者を動的に位置づける方法の導入により，堅苦しい場から楽しんで学べる施設へと変化しつつある。その一方で，展示の作品や資料を落ち着いてゆっくりと観察・鑑賞することは伝統的なスタイルであり，博物館が果たすべき役割の基本は，そうした姿のなかにもあると思われる。利用者に対する心理的負担の解消はこの点においても重要なのである。

註

1) 駒見和夫「博物館における娯楽の役割」『和洋女子大学紀要』第43集（文系編） 和洋女子大学 2003 pp.23-27
2) 「平成23年度 博物館入館者数」『博物館研究』第48巻第4号 日本博物館協会 2013 p.17
3) これからの博物館の在り方に関する検討協力者会議『新しい時代の博物館制度の在り方について』2007 p.21
4) 青木豊「現代博物館再考」『國學院大學博物館學紀要』第19輯 國學院大學博物館学研究室 1995 pp.35-36
5) Roger S Miles編著（中山邦紀訳）『展示デザインの原理』丹青社 1986 p.99
6) 佐々木朝登「V 展示室の条件・展示と保存」『博物館学講座』7 雄山閣 1981 p.141
7) 乾正雄「II部7章 空間環境」『応用心理学講座』7〈知覚工学〉福村出版 1989 pp.139-151
8) 那須範久・熨斗秀夫「カーペットの圧縮かたさ感覚に関する基礎的研究」『繊維機械学会誌』25 1972 pp.4-7
9) Timothy Ambrose, Crispin Paine "Museum Basics" ICOM, 1993
10) JIS「照明基準」JIS Z 9110-89（確認） 1989
11) 登石健三「第7章第1節 4．光」『美術工芸品の保存と保管』フジ・テクノシステム 1994 pp.339-340
12) 石川陸朗「博物館館内の展示照明」『MUSEUM STUDY』7 明治大学学芸員養成課程 1996 pp.10-12
13) 近江源太郎「I部2章2節 評価的判断—色彩感情の事例を中心に」註7) 文献 pp.26-37
14) 太田安雄「色彩と眼の疲労」『眼科MOOK』No.23 金原出版 1985 pp.189-196
15) 柳瀬徹夫「II部4章 色彩環境」註7) 文献 pp.76-77
16) Garry Thomson（東京芸術大学美術学部保存科学教室訳）『博物館の環境管理』雄山閣 1988 pp.199-200
17) 石田久之「第II章§2 聴覚弁別」『視覚障害心理学』学芸図書 1988 p.35

第6章　博物館教育を担うスタッフ

　わが国の博物館の一般的な人的組織は，大規模館は別として，事務職員と専門職の学芸員の2グループで構成される場合が多い。博物館活動の核をなす教育は，専門職に位置づけられる学芸員の役割と考えられるが，これまで学芸員の職責上の専門性に教育は明確な位置づけをもたされていなかった。さらに，近年では教育サービスの多様化が求められ，必要となる専門性も拡大してきており，従来の人的体制では生涯学習社会の博物館の運営に困難が生じているように思われる。

　博物館教育を内容のある実質的なプログラムとしていくためには，学習に適した施設や設備の整備に加え，博物館教育を具体的に企画して遂行する人的環境を整えて，そのスタッフを育成することも着眼すべきポイントである。適切な人的環境を整えなければ，博物館での学習を生み出すことは難しい。

　本章では，博物館教育を担うスタッフの位置づけと役割を明らかにして現状を検討し，今後の方向性を探ることとする。さらに，学芸員の養成教育という点からも考察を加えたい。

1　教育を担うスタッフの役割

　博物館における教育は，すでに述べてきたように博物館活動の総体とすべきものである。この場合，教育を担当するスタッフは各種の教育プログラムの企

画運営に携わるとともに，博物館活動全体を統括する視点をもつことが求められる。

(1) 教育担当の位置づけ

博物館法では，博物館の専門的職員として学芸員が位置づけられている（第4条3）。この学芸員の職務については，

　「博物館資料の収集，保管，展示及び調査研究その他これと関連する事業についての専門的事項」（第4条4）

と示されており，博物館が果たすべきあらゆる機能を包括する幅広い内容となっている。博物館法では博物館を，資料の収集・保管，展示と普及事業，調査研究を一体としておこなう機関と定義されており（第2条），専門職員の学芸員にはこれらの役割を総合的に担うことが求められているのである。つまり，各博物館の目的によって比重は異なるが，学芸員の職責上の専門性は，学術研究者，専門技術者，教育者の役割の遂行となる。ただし多くの博物館では，研究を基盤としたコレクションの活用機関と運営目的を位置づける傾向が強く，学芸員の専門は総合性を必要とみとめるものの，学術研究者とする職員観が現在でも支配的である。

ところが，社会への博物館の定着が進行するにしたがい，個々の機能の高度化が求められるようになっている。そのため，すべての役割を学芸員が単独で担うことは難しくなり，分担して各機能に対する専門性を強く発揮できる職員を配置するなど，人的な環境整備が課題となってきた。とりわけ，生涯学習社会における役割が強く期待されている現在では，市民への学習支援に責任を果たす博物館スタッフの重要度が高まっている。

公衆への教育を根幹とする博物館理念を強く継承してきたアメリカでは，教育活動に特化した専門職のミュージアム・エデュケーター（Museum Educator）が1950年代に登場し，博物館学習の効果を高めるための取り組みを展開してきた。そして1991年には，アメリカ博物館協会が現代博物館の活動指針として『EXCELLENCE AND EQUITY（卓抜と均等）』を採択し，そのなかで公衆

に対する教育のサービスが活動の中心に置かれることを，博物館の原則として示している[1]。ヨーロッパも同様の傾向で，イギリスでは1997年の文化遺産省委嘱報告書『A COMMON WEALTH（共通の富）』において，市民の財産である博物館の資料と情報の共有化には教育が全活動の本質だと強調し，そこに博物館の存在意義をおいているのである。欧米ではこうした行動方針を背景に博物館教育を遂行するセクションが設置され，専門スタッフが活躍している。

わが国では，社会教育法において博物館を社会教育施設としているが，博物館法では教育普及活動を博物館機能の1つにおかれているため（博物館法第2条），各博物館では教育が博物館活動を統合するものと捉える意識が低い。この点は第2章で詳述してきた。しかし，多様な学習システムの展開を求める生涯学習が浸透するようになり，また欧米における博物館界の上記の動向も影響し，活動の中核に教育を置く潮流が生まれつつある。

2000（平成12）年に，日本博物館協会が望ましい博物館のあり方の調査研究報告書としてまとめた『「対話と連携」の博物館』では，教育の役割を果たすことが博物館の社会的存在理由だとの認識を全スタッフで共有することが重要で，教育普及活動を推進する人員は職種として独立させるのではなく，学芸員の職務分担による対応が現段階では機能的であろうと指摘している[2]。この報告を基盤にして，各博物館での新たな方向性のよりどころとする『博物館の望ましい姿』が2003（平成15）年に提示され，そこでは学芸員の職務の専門分化，具体的には学問領域による専門分化や，資料保存・教育普及などの機能による分担とともに，他の専門的・技術的職員の配置にも留意することの提案がみられる[3]。さらに，文部科学省生涯学習政策局に設置された"これからの博物館の在り方に関する検討協力者会議"が2007（平成19）年にまとめた報告では，

　「博物館が生涯学習機関として充実した学習支援を図っていくためには，教育普及を専門とするいわゆる"ミュージアムエデュケーター"などの専門職を配置することにより，市民サービスを向上することも期待される」[4]

と示し，学芸員と分離した博物館教育専門職の配置の展望に踏み込んでいる。

すなわち，生涯学習社会に対応すべき現代博物館では教育が基幹的役割であ

152　第6章　博物館教育を担うスタッフ

り，すべての博物館職員はこの認識を共有しなければならないのである。教育担当者においては時代の要請に的確に対応することが課せられた命題であり，現代博物館の社会的存在を支える位置づけとなる。また，教育活動の充実のためには，学芸員が役割を分けて学習支援を担うだけでなく，教育専門職の配置の必要性も高まっている。

（2）　教育担当の職務

　教育担当の職務内容は，各博物館が実施する教育サービスの実務が中心となる。対象は博物館利用者であり，当然ながら活動は利用者の視点に立った姿勢でなければならない（図6-1）。博物館の掲げる目的によってちがいはあるが，実施担当する教育サービスは館内と館外のものとに大別される。

　館内教育サービスでは，一般的に展示ガイドがもっとも高い比重を占める。展示物はなんらかの解説があることで観覧者に価値が見出され，学習効果が生じる場合が多い。博物館展示は観覧者に語りかける工夫がなされ，観覧者の意識の参加を導くコミュニケーションの一形態とも捉えられるが，相互のコミュニケーションを一層活発化させることができるのは，適切さを備えた人的な対応である。観覧者にとって人的対応のメリットは，自己の関心や目的に適った

館外教育サービス　←　教育担当者　→　館内教育サービス

（内容）
・貸し出し教材の準備や製作
・見学会や観察会の企画運営
・アウトリーチの企画運営など

（対象）
・教材貸出やアウトリーチ
　各種の学校や福祉施設，長期療養施設など
・見学会や観察会
　関心の高い多様な参加者

学習システムの構築
利用者調査
博物館評価の実施と検討

（内容）
・展示ガイド
・ワークショップの企画運営
・講演会や講座の企画運営
・博物館教材の製作管理など

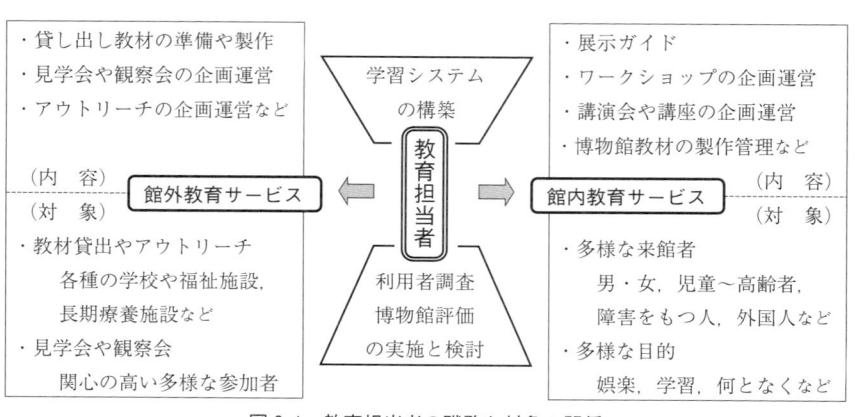

（対象）
・多様な来館者
　男・女，児童～高齢者，障害をもつ人，外国人など
・多様な目的
　娯楽，学習，何となくなど

図6-1　教育担当者の職務と対象の関係

解説を聞くことができる点であるため，幅広い観覧者に対する多様な解説プログラムを準備することが肝要となる。

　解説にあたっては観覧者の来館の動機や目的を把握し，教育レベルや生活環境の観察もふまえ，内容や話し方を工夫することが観覧者の満足度を高めて教育効果を生み出す。例えば，性差や年齢，心身に障害のある人，外国人など，それぞれ個人やグループによっても解説の内容や対応方法が異なってくる。対応に適切さを欠くと，教育効果以前に観覧者に不快感や苦痛を与えてしまうこともある。来館目的のちがいによる場合も同様で，解説者の意図が観覧者の意識と重なり合わなければ効果はあがらない。一方で，人的対応を好まない観覧者もおり，音声機器による解説の製作にも取り組みが必要となる。いずれの場合でも，解説者は展示企画担当者との意思疎通を十分に図り，企画の意図や目的を正しく把握しておくことが必須である。

　展示ガイド以外では，ワークショップや講演会・講座の企画運営，博物館教材の製作管理も主要な職務となる。ワークショップは，参加者と担当者のコミュニケーションを重視し体験的な要素を取り入れた教育サービスであり，ここでも参加者の多様性を考慮したプログラムの設定や実施方法が求められる。講演会は企画展や特別展のテーマに関連して学習を深めるプログラムとなるもので，学芸員や館外の研究者などを講師として会期中に開催することが多い。講座は，館の活動と関連するテーマを掲げて継続的に実施される教育活動で，博物館ファンを育む機会となり，そのグループが核となって博物館ボランティアが組織される例が少なくない。

　また，博物館教材については，児童生徒と教師を対象にした二者がある。前者はワークシートや解説シートが代表的で，楽しみながら展示を理解できるような工夫でつくるならば，展示物に対する観察力や鑑賞力を高める点で効果を生むであろう。情報機器が発達した今日では，ICT機器を用いた学習教材も児童生徒の興味を強くひきつけ，有意義な教材になると思われる。後者の教師に対する教材には，児童生徒の博物館学習を効果的に進めるための「博物館学習の手引き」の作成などがある。

館外の教育サービスでは，貸し出し教材の準備や製作，見学会・観察会やアウトリーチの企画運営などを担う。貸し出し教材は学校への対応が主で，収蔵する資料や作品などを扱い方のマニュアルとともに貸与し，実物教育に寄与する目的をもっている。教育担当が製作したオリジナルな教材も活用度が高いと思われる。貸し出し前に教師へのレクチャーの機会を設けると，効果が一段と高まることの指摘が多い。また，館活動に関連するテーマでの見学会や観察会は，博物館教育の幅を広げる活動となるもので，史跡・町並・文学碑の見学会や，動植物・自然環境の観察会がよく実施されている。

博物館スタッフがほかの施設や機関に行き教育サービスを提供するアウトリーチには，移動博物館や出前講座がある。移動博物館は博物館から離れた地域の公民館や文化ホールなどへ資料・作品を運び展覧会を開催するもので，地理的に博物館サービスの享受が困難な人たちへの機会提供として意義深い。一方，ワークショップを中心としたプログラムを出向いて実施する出前講座は，博学連携の機運の高まりとともに学校を中心としてニーズが高くなっている。授業カリキュラムに組み入れて担当者と教師が連携して実施すると，効果はきわめて大きくなる。また，特別支援学校や各種の福祉施設，長期療養施設へのアウトリーチも，事前準備や実施方法に多大な労力を要するが，博物館利用が物理的に難しい人たちへの貴重な教育サービスとなるはずである。

以上のように，教育担当者は博物館学習のコーディネーターであり，かつ博物館のコミュニケーターといえる存在であるが，その役割は，収蔵・展示するコレクションに内在する知識や意味をひきだして利用者に伝え，学びを促すだけでは十分とはいえない。それらを博物館の社会的・文化的価値のなかに位置づけ，博物館体験そのものが教育の力をもっていることを認識し，押し広げることに努めることが大切と考えられる。つまり，展示と各種のプログラムを相互に関連づけ，博物館体験の全体を見とおした学習システムの構築が求められるのである。そのためには，博物館利用者についての調査研究や博物館評価の実施と検討が基盤となり，博物館活動を支援してくれるボランティアや地域の各種の教育機関などとの連携が，推進の鍵になるものと思われる。

2 教育担当スタッフの実態

　現状の博物館における教育担当は，学芸職の役割の１つに教育普及活動を位置づけて，複数配置されている学芸員のなかで担当者を割り振るスタイルが一般的である。ただし，圧倒的に数が多い小規模館では学芸員の複数配置は少なく，この場合は単独であらゆる職務とともに教育の役割も担っている。一方，学芸員とは別の博物館専門職員として教育的職務の遂行者を置く例が，割合はわずかながら増加しつつある。また，教育担当者のもとに展示解説員やボランティアガイドが組織されることも増えており，学習支援サービスの原動力となっている。

(1) 教育普及担当学芸員

　学芸職のなかに教育サービスをおもな職責とする学芸員を配置するもので，教育普及担当学芸員と称する例が多いが，定まった職名とはなっていない。当該博物館に所属する学芸員のなかで担当を割り当てるとか，期間を区切り各学芸員が交替で務めるなど，館の人的環境に合わせて独自の対応がとられている。教育に関する知識や技術の発揮を意図して，学校教育の経験者を充てる公立博物館も少なくない。学校勤務から人事異動で着任し，一定の任期を務めると再び学校へ戻っていく。

　教員経験者が教育普及担当の学芸員として活動する場合，とりわけ学校による博物館利用の支援に効果が期待されている。教育現場での経験を生かして博物館と学校をつなぐ役割を担うもので，博物館学習と学習指導要領や授業カリキュラムとの関連に目を配り，学校教育の実情に適った学習プログラムづくりができる点や，児童生徒の学習関心と行動特性に対する理解が深いことなどが利点となる。彼らが活躍する博物館では，常設展示と教科書の内容を対応させたテキストやワークシートなどの児童生徒用教材や，教師の視点に立つ指導計画や学習指導案を組み込んだガイドブックが作成されるなど，能力特性を活かした成果があげられている。また，教師対象の博物館利用研修の開催において，

博物館側からの一方的な情報発信に偏らないとの評価を得られることも多い。各種のワークショップでも，児童生徒だけでなく幅広い参加者層に対して，教育的な配慮に富んだ方法で企画運営されている。さらに，博物館教育の実践後に学校現場へ戻った際，博物館学習の理解者として積極的に取り組んでくれることが期待され，博学連携の推進にもつながっている。

ただし，教員経験の教育普及担当学芸員が，必ずしも博物館教育のエキスパートといえるわけではない。学校教育と社会教育とは理念や方法において異なる部分が多々ある。学校での教育手段が博物館教育にどれも適するとは限らず，当該博物館の目的や機能の理解を深めた対応が求められることはいうまでもない。また，先述のように一般の学芸員の多くは，博物館が研究を基盤としたコレクションの活用機関と捉え，自らを学術研究者と位置づける職員観が根強くある。そのため，学校からの移動で博物館の職務にあたるスタッフは，学術的専門性の観点から異質にみられ，孤立気味になってしまう例がみとめられる。比較的短期間で学校に戻る場合が多く，長期計画による実践を共同で進めるのが困難な点も問題の背景にあると思われる。しかし，相互の能力特性をみとめて各博物館が掲げる目的に向かう連携体制を組み，博物館教育の意義について共通理解を図りながら，博物館活動を全体で遂行していくことに努めるのが大事であろう。

(2) 博物館教育専門職員

学芸員とは別の職制として博物館教育専門職員を配置する館が，わずかながら増えつつある。一般的には，ミュージアム・エデュケーター（Museum Educator）や，ミュージアム・ティーチャー（Museum Teacher），インタープリター（Interpreter）などと呼ばれている。

それぞれの実際をみると，ミュージアム・エデュケーターはアメリカの博物館で定着した存在である。そこでは学芸関係の組織が教育系と研究系の部門に分けられている場合が多く，エデュケーターは教育部門に配置された専門職であり，館で企画・実施される教育サービスの全体を統括する責任を担っている。

わが国でも組織上に教育部門を立ち上げる例がみられるようになり，その専従スタッフを学芸員と区別するために，ミュージアム・エデュケーターの職名を用いる状況がみとめられる。

ミュージアム・ティーチャーもアメリカの事例にならった呼称であり，一般的には展示解説やワークショップなどで参加者と対話しながら学習を直接サポートするスタッフで，エデュケーターが統括し，教育経験を有するボランティアを充てる場合が多いようである。日本ではあまり定着していないが，前述の学校教員から博物館へ異動してきた職員を，ミュージアム・ティーチャーあるいは博物館教員とする館が散見される。

インタープリターもアメリカの博物館で生まれた呼称で，主として解説活動のために配置されたスタッフを指すようである。彼らは，来館者が気軽に話しかける環境づくりなども工夫し，相手から興味をひきだして疑問に答えている。役割は単なる説明にとどまらず，来館者との対話をとおして展示への理解の深化を導く存在といえる。ここでも担当者はボランティアであることが多く，子ども博物館（Children's Museum）では同世代による親しみやすい解説を意図して，ティーンズ・インタープリター（Teens Interpreter）の活躍も知られている。

日本では"インタープリター"の語句が解釈者や解説者などと直訳できるため，これを展示解説員に置き換え，配属する例が以前にはみられた。しかし，近年の欧米の博物館では，インタープリテーション（Interpretation），すなわち単なる情報の伝達ではなく，参加者の直接体験をとおして事物や事象の背後にある意味や関係に，自ら気づくよう働きかけることを目的とした教育活動が重視され，これを実施する人をインタープリターと呼ぶようになっている。そのため日本でも展示解説員とは区別し，来館者との対話や体験をとおして博物館の教育的価値を幅広く提供する専門従事者という意味で，教育活動の専門スタッフにインタープリターの呼称を使う例が散見される。

これらの博物館教育専門職員に共通するのは，活動において，いずれも来館者との意思の交流を重視した位置づけをもつことである。博物館では，展示や各種のプログラムで，観覧者や参加者の参加とそれを促すための語りかけの工

夫，すなわちコミュニケーションを生み出すことが深い理解や共感に導くものであり，学習を成立させる土台となる。したがって，博物館において多様なコミュニケーションの場を創造し実践することが，教育専門職員の活動の基軸となるのである。

(3) 展示解説員やボランティアガイド

上記のように，博物館教育においてコミュニケーションの成立は必須の要件である。そのため，来館者との直接的なコミュニケーションにより博物館での学習を支援するスタッフとして，展示解説員やボランティアガイドが多くの館で配置されている。彼らは，教育担当の学芸員や専門職員のもとに統括されるのが一般的である。

展示解説員は大規模館を中心に配置が定着しており，展示室で来館者に働きかけて多角的な博物館学習の機会をつくり，展開する役割を担う。実際には，展示された個々の資料・作品や展示ストーリーの解説，観覧者の質問への対応などをおこない，時間を設定した解説ツアーを任されている館もみられる。博物館観覧者の多くは，必ずしも強い学習意欲をもっているわけではなく，漠然とした目的やなんらかの楽しみを期待して来館するのが圧倒的である。したがって，解説員による適切な働きかけは観覧者の興味関心をひきだし，博物館学習の芽生えを導く契機となる。解説活動では教示的な一方向性の説明ではなく，会話の場を創出して，楽しみながら気づきや発見を導く対応ができれば，展示物や展示全体への関心が高まるとともに理解を深め，学習を広げる効果を生み出すこととなろう。教えるのではなく，知識を背景にもちながら来館者の話を聞いて，彼らが発見をするためのアドバイスやお手伝いが解説員の役割だとの指摘もある[5]。

また，解説員は来館者と対面して接する機会がもっとも多い存在で，その対応や印象によって館のイメージが変わってしまう。いわば各博物館の顔であり，展示物についての知識や解説内容の習得だけでなく，歩き方や姿勢，言葉遣い，発声方法などの接客マナーの体得も必要である。どんなにすぐれた展示があっ

ても，適切さや好ましさを欠いた解説員の言動は，当然ながら館全体の評価を下げてしまう。そして，堅苦しく緊張感の強い場では良質な博物館学習を生み出すことは難しく，笑顔での丁寧な対応が来館者を楽しい学習に導くこととなる。さらに，解説員は展示室が活躍の主たる場であるため，来館者が快適に観覧できるように，展示環境の整備や館内の安全管理，緊急時の誘導に対応することも求められている。

このような展示解説員の雇用形態は，多くの場合，任期制の嘱託職員としての館採用か，委託派遣の受け入れ配置のいずれかである。来館者へのソフトな印象と対応が期待されてか，若い女性が圧倒的に多い。採用や配置においては，学芸員資格の条件を付されることが少ない。解説内容や接客対応の研修は計画的に実施されているが，博物館の魅力を伝え教育効果を高めるためには，その役割や機能など，博物館学に関する知識や理解をもっているのが望ましいはずである。博物館を職場として広く開放することにも意義はあろうが，博物館学習の機能強化を考えた場合，展示解説員には学芸員や学芸員補の資格修得を任用条件として考慮すべきように思われる。

博物館でのボランティアについては，登録という形態で認定や活動委嘱をおこなう場合が多い。文部科学省が実施した2008（平成20）年度の社会教育調査によると，博物館と博物館類似施設におけるボランティア登録者数は7万5588名であり，登録制度を設けている館は1231館を数え，調査対象館の21.3％を占めている。中規模以上の館での浸透が進んでいるとみられ，1996（平成8）年度の調査結果と比較すると，12年間で登録者数がほぼ倍増の状況にある。したがって，博物館活動を創造するのは専任のスタッフだけではなく，地域の多様な人材によって支えられるという発想の転換が必要であろう。このような人たち

写真6-1　体験プログラムをナビゲートする館スタッフとボランティア（千葉市科学館）

との連携と協力の関係が，博物館の利用性を高め，館活動の活性化や拡充の推進力となるにちがいない（写真6-1）。

博物館ボランティアは，かつては，館内案内や受付，展示看視などの来館者接遇，あるいは館内外の美化作業といった環境整備への対応が多数を占めていた。今日では，参加の動機が知的関心にもとづいて自分自身の学びを広げることや自己研鑽に向いており，事務的なお手伝い作業ではなく，展示解説や体験プログラムの実演といった学芸業務への志向が強くなっている。つまり，ボランティアガイドはそれぞれの活動をとおして博物館教育の実践的一端を担っているわけであるが，同時に彼らも博物館での学習者であろうとしており，観覧者や参加者との学習体験の共有が，ボランティアガイドの担う博物館教育の特徴になりつつある。

このようなボランティアガイドの活動内容には，展示解説とワークショップなどのイベント運営がみられる。学習支援者としてのボランティアガイドは，多様化する来館者のニーズに対応し，きめ細やかなサービスに寄与することが求められているのである。

3　学習支援スタッフの育成

博物館教育をどのような人的体制で実施するかは，館の規模や活動内容などにより異なってくる。教育担当者だけで遂行する館もあれば，その統括下に利用者の学習をサポートする展示解説員やボランティアガイドが組織されて役割の一端を担うなど，現状は多様である。

（1）　求められる能力

教育活動は明確な教育目的をもち，計画的でなければ効果は生じがたい。また，学習者の行動特性やニーズを把握し，学びに適した環境を整えることも必要である。博物館教育も同様で，館の活動目的から導き出された教育的意図や全体計画にもとづかないワークショップなどのプログラムは，その場かぎりで

一過性のイベントとして終わってしまう。そして，利用者の意向を考慮していない企画や観覧への配慮に欠けた展示環境は，学びを起こさせることがほとんどないであろう。

　博物館を実効性のある教育機関とするためには，各種のプログラムや展示を魅力的で快適な活動となるように相互に関連づけ，来館者の学びの実感と満足感をいかにして生み出すか，すなわちどのような道筋で学習成果をもたらすのかが課題となる。学習の芽生えは，展示や各種のプログラムと来館者の間に相互作用がなければありえないであろう。相互作用の要件は参加であり，コミュニケーションや体験が主要な手段となる。博物館教育を統括する担当者はこれを認識し，博物館教育プログラムの企画と運営にあたらなければならないし，自らも効果的なコミュニケーションの方法を工夫して，能力を磨くことも大切である。

　教育プログラムの企画においては，来館者に対する理解を深めることが基盤となる。来館者の動向や意識は普遍的な部分もあるが，館の目的やそれにもとづく運営状況などによるちがいも大きい。例えば，来館者の生活環境，来館の動機や目的，館内での行動，展示やプログラムに対する評価，館への要求などを把握して検討することは，それぞれの館における博物館教育のあり方や，具体的方法を考えるうえで必要性が高い。前章でみたように，これを目的とした来館者研究では，動態観察やインタビュー，アンケートなどによる調査の実施が有益となる。

　また，博物館で学習が成立する前提条件として，だれもが利用できる環境の整備が必要である。この点で欧米での活動をみると，すべての人が博物館の準備するプログラムに参加できるよう，博物館と利用者を結びつける役割を担ったスタッフの存在が大きな意味をもちつつある。第3章で指摘したアクセシビリティ・コーディネーター（Accessibility Coordinator）と呼ばれる専門スタッフで，施設・設備や展示デザインに対する評価と改善計画の立案，達成状況の監視，アクセスを保障するネットワークの構築とともに，教育プログラムの作成にも参画している。さらに，あらゆる人びとを積極的に迎え入れる理念や意識を博

物館に育み，それを理解して活動する人材の育成にも顕著な活躍がみとめられる。博物館の利用性を高め維持することを統括するアクセシビリティ・コーディネーターは，本来不可欠な存在と思われるが，日本の現状では専門スタッフの設置は容易ではない。このことは博物館教育を保障する基盤となるため，少なくともエデュケーターは，アクセスコーディネートの能力を身につけることに努力すべきと思われる。

ところで，博物館教育を担当統括するエデュケーターには学芸員資格修得者が就く例が一般的であるが，配置されている多くの博物館では職制上で学芸員とは分けて位置づけているため，学芸員資格の修得を就任の条件としていない場合も少なくない。博物館教育という独自性のある機能は，博物館学の知識や理解があってこそ，特徴を発揮した活動が可能となるのは自明である。他機関での教育に関する経験が豊富であろうとも，また収蔵資料や作品に対する学術知識にすぐれていようとも，そのことが博物館教育の遂行と直結するわけではない。大学での学芸員養成の質を問われることにもなるが，博物館専門職と位置づけられるミュージアム・エデュケーターも，現行の学芸員資格の修得は必要条件にすべきであろう。

(2) 展示解説員の養成

展示解説員は来館者と常に対面し，彼らと展示や各種のプログラムとをつなぐ位置づけにあり，学習を引き出し展開させていくナビゲーターといえる。展示解説員を養成する指標は，博物館教育の役割を効果的に実践できるように，各館の運営理念や活動方針に沿って計画的な研修の機会を設定し，適切な知識と技能，さらに態度を身につけることにある。来館者をひきこむ解説活動には解説員の個々の人間的な魅力も大切な要素だが，全体の調和を損なうことは避けねばならない。個々の解説員によって，展示や博物館に対する来館者の印象や学習成果に大きく差が生じるのは，決して好ましくないからである。その養成は博物館全体の評価にかかわってくるため，ガイドラインやマニュアルを作成して，統一的に実施することに留意すべきと思われる。

3　学習支援スタッフの育成

　解説員養成のための研修については，"接客に対する態度""展示と資料に関する知識""コミュニケーションの技能""安全管理と緊急事故対応"の4つの事がらの習得がおもな内容となる。

　"接客に対する態度"では，お客様である来館者に対して，あらゆる人を迎え入れ，もてなす気持ちを前面に出し，明るい表情で礼節をわきまえた対応が求められる。対面する解説員の接遇で生じる楽しい気分と心地良さは，博物館学習が成立するための重要な条件となる。来館者を分けへだてなく親切にもてなす心や態度，さらに障害のある人や高齢者，子ども，外国人への実際的な対応などの会得が図られねばならない。研修時だけでなく，毎朝の身だしなみ，発声，笑顔，姿勢，歩き方などを解説員相互でチェックしている館も多い。

　"展示と資料に関する知識"については，来館者に学習情報を提供し，幅広い学習相談に応じることが必要な場合もあるため，当該博物館の目的，歴史，活動業務，収蔵資料の概要について知識を得ておくことが必須である。展示に関しては，新たな企画の開催前には内容を十分に理解し把握するための研修を設けるのは当然で，誤った認識による解説はあってはならない。研修以外でも，解説員は企画担当の学芸員と緊密に連絡を取り合って解説内容を確認し，自主的に学習に取り組む姿勢は解説員の欠かせない資質といえよう。また，解説員同士でリハーサルをおこない，相互に検討して問題点を解消する研修を実施する館もあり，有益な効果を生み出している。

　"コミュニケーションの技能"では，話術や話し方，言葉遣いなどを身につけることが中心となる。解説は，はっきりとしたきれいな言葉で，わかりやすくなければ価値をもたない。そのトレーニングは来館者の興味をひきだし，飽きずに楽しく聞いてもらうための解説技術がポイントとなる。それとともに，コミュニケーションは相互の意志の交流があって成り立つので，来館者の話に対する聞き方も大切である。プロのアナウンサーを講師に招き研修を実施する例もみられる。

　"安全管理と緊急事故対応"については，展示解説とは直接関係しないが，解説員は来館者が大勢集まる展示室で活動するため，突発的な事故があった場

合の来館者の安全な誘導や，各事態に即した対応の研修も欠くことはできない。常に，来館者の安全性の掌握と，展示資料の保全状況を見届ける態度を培うことが必要である。

このような展示解説員の養成プログラムが効果的に実践されている館では，解説員の意識が高まって，彼ら自身による自主的な学習会や研修会を実施するところもみられ，展示解説がいっそう魅力的なものとなっている。

（3） ボランティアガイドの育成

博物館ボランティアは，自己の興味関心や時間的都合などにもとづいて，知識や技術を自発的に提供する社会奉仕活動であるが，館職員と同様に言動には責任がともなう。無報酬を原則とする例がほとんどである。

彼らは経歴や学識などが多様な人たちの集合体であり，活動は個人の能力が基盤とはなるが，博物館という機関において安定した教育サービスを提供するためには，学習支援のための知識や技術を身につけねばならない。また，当該博物館がおこなう博物館教育の目的や理念を，正しく理解することも前提となる。学芸員など博物館専門職員以外の市民が学習支援をおこなうことは，正確性の点で危惧する意見も聞かれる。展示解説や体験プログラムのサポートを担うボランティアガイドは，誤った情報や対応が来館者への学習支援の質をおとしめ，さらには否定することにもなるため，展示解説員に準じて，計画的で適切な研修や訓練の機会を設けることが必要である。

現状をみると，一定回数の事前研修の受講をボランティア登録の条件とする例と，登録後に研修を受けて活動を開始する例，登録とともに活動を始めながら任意の研修を受講する場合に分かれる。ボランティアへの参加意欲や継続性を高めるためにも，活動前の事前研修を省くべきではなかろう。また，活動後の定期研修は学習支援能力を向上させることとなり，各人の充実感を満たすものとなるはずである。

それぞれの状況を比較すると，当然ながら，事前研修と採用後研修を定期的に実施している館のほうがボランティアは自信をもって真摯に活動し，来館者

とのコミュニケーションや交流もはずんでいるように観察される。本人の自主性や主体性を重んじることもボランティア対応では肝心といえるが，博物館教育を担当する職員が中心となる研修が充実し義務化されていると，館職員とボランティアの連携が強まり問題が起きた際の対応がスムーズにおこなわれ，さらに，ボランティア相互の交流も深まって全体にまとまりが生じている。研修が非計画的で任意であると，来館者に対する学習支援の質の低下とともに，館全体の人的な信頼関係を築きにくくなる。残念ながら，ボランティアと学芸系職員の相互理解がなされず，対立的関係になってしまった館も存在する。

彼らを養成するための研修や訓練の内容は，展示解説員と共通する部分が多いが，ボランティアは自らも学習者であることを特徴としている。そのため，個々の学習欲求や発達段階に応じた援助や，自己研鑽の過程を受容する研修プログラムと方法を工夫するのが望ましいと思われる。また，彼らの主体性を生かして，ボランティアグループが自主的な研修計画を立てるように導いていくことも大切である。

4　学芸員養成における課題

公衆への教育を核とした博物館の機能を高めるためには，活動を遂行する博物館専門職の学芸員の養成においても，その視点に立った対応が必要となる。多様化・高度化する生涯学習社会システムのもとで活躍できる学芸員の養成では，位置づけられる専門性と資格修得学生の意識が主要な課題と考えられる。

(1) 学芸員養成制度の見直し

変化する社会情勢に対応するための博物館制度の見直しが，2006（平成18）年に文部科学省生涯学習政策局が設置した"これからの博物館の在り方に関する検討協力者会議"を中心に議論されてきた。そこでは学芸員制度の問題点も取り上げられ，大学での学芸員養成のあり方やカリキュラムが早急に検討すべき課題の１つとして提示された。

当該問題の議論の推移を概観すると，2007（平成19）年に示された検討者会議の報告書『新しい時代の博物館制度の在り方について』では，制度上の問題として，学芸員の資格取得において法定科目数と内容が不十分であり，現代社会に通用する学芸員としての専門性，具体的には知識と研究能力，実践技術，教育的能力，運営管理能力の修得が現行制度では難しいと指摘した。そのため，経営・教育・コミュニケーションを重視した修得科目の充実化や，博物館実習の方法と内容の見直し，大学院における学芸員養成制度の創設などが提言されている。この点について，修得科目の拡充や内容の整備は有意義であろうが，学士課程教育のなかで，上記のそれぞれの専門性を実質的にどの程度まで高めるのが望ましいのか，博物館園といっても性格や内容は多様であり，必要とされる専門性のレベルを測る目安を見出すことは困難ではないかと思われる。

また，養成課程における学芸員の専門性や専門レベルについては従来ほとんど明確になっておらず，職務の分業化をふまえた検討の必要性などが以前より指摘されてきた[6]。その一方で，丹青研究所が全国の博物館職員を対象として2006（平成18）年に実施した学芸員制度に関する意識調査によれば，「大学における学芸員養成課程のカリキュラムを改善・充実」することが課題と捉える館・園長は38.3％（回答者数1232），学芸系職員は43.6％（回答者数1875）に上り，「大学における学芸員養成課程を高度化・専門化」が必要とみる館・園長は36.5％，学芸系職員は37.5％との結果が示されている[7]。約4割の博物館職員が大学の学芸員養成課程になんらかの方策と責任を求めていることは，講座設置の大学側が重く受け止める必要があろう。こうした状況に危機感を抱く講座担当教員からは，丁寧に検討された具体的改善案の提示もなされてきた[8]。

その後，2009（平成21）年に検討者会議の第2次報告書『学芸員養成の充実対策について』が示され，学士課程養成では汎用性のある基礎的知識の習得を徹底させる観点で，博物館に関する科目に新たに「博物館資料保存論」「博物館展示論」「博物館教育論」「博物館情報・メディア論」を設け，既存の「博物館経営論」と「生涯学習概論」の内容を拡充することを提言した。さらに，博物館実習に関するガイドラインの作成を政府に求め，大学院での養成教育の充

実や上級資格の認定などを将来的な課題にあげている。この提言を受け，修得科目を従前の8科目12単位から9科目19単位に拡充する「博物館法施行規則の一部を改正する省令」(文部科学省)が2009(平成21)年4月30日に交付され，2012(平成24)年4月1日からの施行が決まった。

　この省令公布日に文部科学省生涯学習局長から出された「図書館法施行規則の一部を改正する省令及び博物館法施行規則の一部を改正する省令等の施行について(通知)」によれば，改正の概要は，

　　「……学芸員が，人々の生涯学習の支援を含め博物館に期待されている諸機能を強化し，国際的にも遜色のない高い専門性と実践力を備えた質の高い人材として育成されるよう，大学等における学芸員養成課程における養成科目の改善・充実を図る……」

とあり，その主眼が学芸員としての「高い専門性と実践力」の育成に置かれている。また，博物館実習の事前と事後指導の単位数が削除され，実習の実践的な質を高めようとする意図が読みとれる。そして，改正による各科目内容の記載をみると，博物館に関する基礎的能力を養成するため，経営や展示活動，資料の収集・保管・保存活動，生涯学習にもとづいた教育活動などについて理解し，意義や知識，理論，技術の習得がねらいに位置づけられている。法の性格による制約もあると思われるが，この改正では学芸員の学問領域の専門性の強化についてはふれられていない。つまり，育成すべき「高い専門性と実践力」は広義の博物館学にかかわる能力であり，その内容は検討者会議の提言のように，汎用性のある基礎的な知識や技術の習得の徹底ということと捉えられる。

(2)　資格修得に対する学生の意識

　施行規則の改正によるまでもなく，博物館界をとりまく環境の急速な変化から，学芸員養成の教育内容を危惧する大学の講座担当者は少なくない。2008(平成20)年度に丹青研究所が実施したアンケート調査によると，大学の講座担当教員の45.1%がカリキュラムの充実や改善を必要と考えていた[9]。したがって，生涯学習環境に則した対策の規則改正は必要性が高いものであり，各大学では

カリキュラムの検討が早急の課題となっている。その際、学芸員の専門性と実践力を高めるための大学での教授内容は、学士教育の一環においては資格取得に対する学生の意識やニーズも見据えて考えるべきと思われる。

この検討材料とするために、和洋女子大学で学芸員課程履修に対する学生の意識調査を実施した。アンケートによる5つの設問で、回答者は88名、調査は課程履修の初回の授業時におこなった。

最初の設問は学芸員課程を履修する理由を選択するもので、回答の内訳が図6-2である。最多は「何か資格を取りたい」の38%で、学芸員就職が困難な現状を履修前のオリエンテーションで強調しているのであるが、将来の自分に価値を加えるスキルとして、なんらかの資格を取得したいという学生の意図がみえる。そのような資格取得に取り組む意志で、専門科目のカリキュラムとの関係や履修条件、自己の興味関心などを考慮し、学芸員課程を選択したということであろう。これとほぼ同じ割合で「博物館に興味がある」の回答があり、動機としてもっとも望ましい「学芸員になりたい」は17%でしかない。ただし、「博物館に興味がある」と「学芸員になりたい」は、ともに博物館に対する興味関心が高いことから履修を決めているわけで、その割合は53%となり半数を超えている。全体的にみると、学芸員職や博物館に興味関心があって履修を始めた学生と、ともかく何か資格を取得したいという理由で選択した学生が、ほぼ5割ずつで拮抗している。好ましくないことであるが、学芸員への就職を志して履修する学生は2割に満たないのである。

ところで、これと同様に履修動機を質問したアンケート結果が、前掲の丹青研究所実施調査にも示

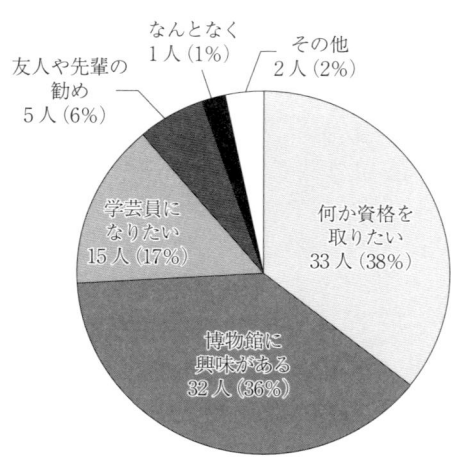

図6-2 学芸員課程履修の理由

されている。全国258大学の3・4年生を主とする各学年および大学院生1032人の回答によるものである。設問の選択肢と回答割合は,「博物館に関心がある」52.4％,「学芸員として博物館で仕事をしたい」23.7％,「就職に備えて資格を取得したい」16.1％,「なんとなく」3.3％,「その他」4.5％となっている[10]。ほかに國學院大學でも同様の調査報告がある。博物館経営論の授業を受講する133名（おもに3年生）に実施されたもので,「学芸員になりたい・博物館で働きたい」39％,「博物館が好き・歴史や美術の資料が好き」35％,「資格として取っておく」20％,「歴史や資料の取り扱いや技術を学びたい」5％,「博物館とは何かを考えるため」1％の結果となっている[11]。

　これらの調査結果と比較すると，それぞれの回答選択肢のニュアンスは若干異なるが，和洋女子大学の調査では博物館に対する興味や学芸員への就職希望の割合が低く，資格の1つと考える傾向が強い。大学の個性を反映した学生の意識の差とも捉えられるが，全国調査や國學院大學の調査は対象者を履修開始直後の学生に限定していないことから，履修を進めていく過程で，博物館や学芸員職への興味が高まったことも反映しているように思われる。

　和洋女子大学での意識調査の結果にもどると，ほかの4つの設問は記述式のもので，各設問と回答をまとめたものが表6-1である。卒業後の進路希望に関する設問は複数回答を可としたが，学芸員もしくは博物館関係職を希望する学生は全体の34％であった。先の履修動機で「学芸員になりたい」の17％に加えて，36％を占める「博物館に興味がある」と答えた学生の約半数が，何らかの博物館関係の職に就きたいと考えているのであろう。一方で，66％の学生は，資格を取得したいが博物館関係職に執着していないことがわかる。困難な就職状況を認識して，はじめからあきらめている学生が多いのかもしれない。ただ，それでも資格がほしいのである。

　学芸員課程で学びたい内容については，当然ながら博物館に関する専門的内容の学習が68％と多い。けれども，専門性の強い事がらよりも，博物館に関連する多様な知識やおもしろさを知る学習を求める回答が33％もあった。教養的な知識の習得を期待しているのかもしれない。会得したい技術を問う質問

表6-1 学芸員課程履修に対する意識

大学卒業後，どのような職に就くことを希望していますか（複数回答有り）。		
回答	学芸員や博物館園関係	30人
	一般企業等	25人
	教職関係	7人
	フード関係	7人
	公務員関係	6人
	アパレル関係	4人
	自分の興味関心がある仕事	4人
	図書館司書関係	2人
	その他	3人
	未定	18人

博物館学芸員課程で，どのようなことを学びたいですか（複数回答有り）。		
回答	博物館に関する専門的内容	60人
	多様な知識	25人
	博物館のおもしろさ	4人

博物館学芸員課程で，どのような技術を得たいですか（複数回答有り）。		
回答	展示の解説やコミュニケーションの技術	21人
	展示の技術	18人
	博物館資料の保存や扱いの技術	5人
	博物館資料の収集方法	1人
	その他	21人
	わからない・無回答	22人

博物館学芸員課程，あるいは開講授業に対する要望があれば書いてください。		
回答	博物館に関する知識がたくさんほしい	9人
	わかりやすい授業をしてほしい	7人
	楽しい授業をしてほしい	2人
	自分に自信がつくような授業をしてほしい	1人
	参考資料がほしい	1人
	その他	4人

は，学芸員の仕事内容をどのように認識しているのかを把握することも意図した。ここでは，展示の解説や展示を通じたコミュニケーションの技術としてまとめられる回答と，展示技術にまとめられる回答の割合が，それぞれ24％と20％で比較的高い。"学芸員＝展示"という職務内容のイメージが強いと捉えられる。一方，その他の24％は学芸員の技術とは関係が希薄な回答で，わからない・無回答の25％と合わせると，学芸員の職務に対する理解がかなり低いのがわかる。学芸員が資料をもとにして多様な活動をおこなうことも，ほとんど認識されていないのである。

　課程や授業への要望については，回答数は少ないが，博物館に関する知識欲求とともに，授業方法への要望が同程度の割合で出されている。進学率の向上と少子化の急速な進行により，大学がユニバーサルアクセスの段階に至ってい

る現在では,わかりやすい授業への配慮も大切となる。

(3) 履修学生の博物館理解

上記の学芸員課程履修の意識調査とあわせて,学生の博物館理解を把握する目的のアンケート調査を実施した。設問は3つで,はじめに履修希望学生の博物館園に対する関心度を測る目的で,過去1年間の博物館園の利用回数を,0回,1～3回,4～6回,7回以上から選んでもらった。結果は,1～3回が73％と圧倒的に多く,次いで4～6回が15％で,7回以上利用した熱心な学生が4％であったが,まったく利用せずに関心がきわめて希薄な学生が8％を占めていた。先の学芸員課程履修の動機と相関するようであり,受講の学生が博物館にとりわけ強い関心をもっているとはかぎらないのが現状といえる。

第2は博物館や美術館の捉え方の把握を意図した質問で,それらの館へ行く場合の目的をたずねた。7つの回答を用意し,あてはまるものをすべて選択する方法をとった。集計すると図6-3になる。結果をみると「資料の鑑賞」が70％ともっとも高い割合で,次いで「発見や感動を得る(感性を養う)」「学ぶ」「楽しむ(遊ぶ)」がほぼ等しく54～52％であった。ほかの回答も含めこれらの割合は,一般の人たちを対象に同じ質問で実施した第5章の図5-2の結果と近似している。つまり,博物館を特別な意識で捉えあるいは認識する学生が,履修者の主体ではないと捉えられる。

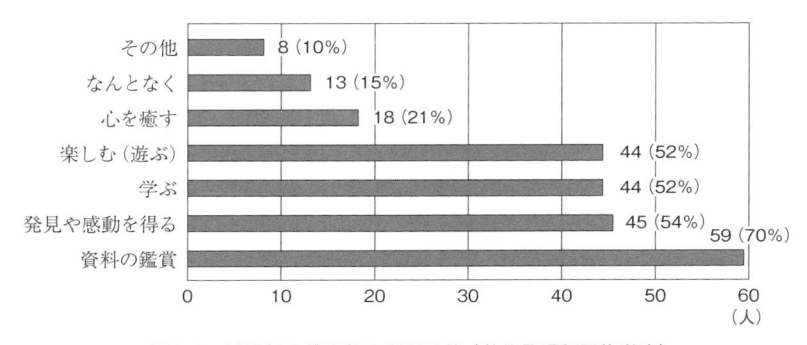

図6-3 博物館や美術館の利用目的(学芸員課程履修学生)

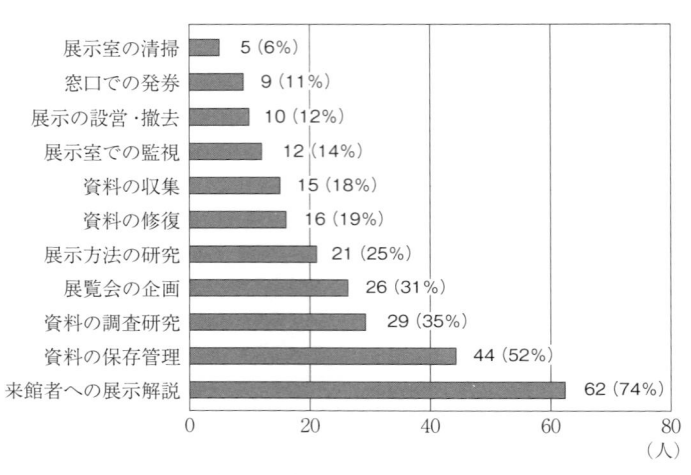

172   第6章　博物館教育を担うスタッフ

```
展示室の清掃       5 (6%)
窓口での発券       9 (11%)
展示の設営・撤去   10 (12%)
展示室での監視    12 (14%)
資料の収集        15 (18%)
資料の修復        16 (19%)
展示方法の研究    21 (25%)
展覧会の企画      26 (31%)
資料の調査研究    29 (35%)
資料の保存管理    44 (52%)
来館者への展示解説 62 (74%)
         0    20    40    60    80
                              (人)
```

図6-4　学芸員の主要な仕事の認識（3つ選択）

　最後は学芸員の職務に対する具体的な認識を探ることを意図した設問で，11の回答群からを3つの選択を求めた結果が図6-4である。もっとも多いのは「来館者への展示解説」で74％と際立っている。展示解説は学芸員にとって重要な学習支援の職務だと考えるが，現状では学芸員が展示解説する機会は少なく，学芸員職と切り離された展示解説員が担当している場合が多い。すなわち履修学生の7割強は，展示室で活躍する展示解説員を学芸員と認識していたのだと推察される。その点では，博物館教育の実践的役割を学芸員の主要な職務と捉えているのである。履修学生にかぎらず，おそらく学芸員の職務に対する一般的な理解と思われる。また，主として事務系職員が担う展示監視や発券がそれぞれ1割強を占め，展示室の清掃もわずかではあるが回答がみられる。学芸員の主要職務のうち，資料の保存管理は約半数の学生が答えているが，調査研究や展示の研究・企画は25～35％でしかなく，資料の修復・収集は20％以下とかなり少ない。先の設問では「学芸員＝展示」という職務イメージが強いと捉えられ，ここでも同様の傾向が読みとれる。

　全体的に捉えると，学生は学芸員と接する経験をほとんど得てこなかったため，職務についての理解度が低く，まちがって認識している部分も少なくない

ことがわかる。他の専門職である学校教員や図書館司書などは、大学進学までに接する機会が学生には多くあるため、職務をかなり正確に把握して内容も具体的にイメージすることができる。博物館の場合、利用する機会があっても学芸員の対応を受けることは少なく、職務を直接見る機会は皆無に等しい。博物館利用時に目にする展示解説や監視、発券、清掃の業務担当者を学芸員と認識しているのも、上記の状況によるためであろう。

このように、和洋女子大学で実施したアンケート調査によると、学芸員講座の履修に取り組むのは、博物館利用が必ずしも頻繁ではなく、さらに学芸員の職務に対する理解が乏しいため、漠然としたイメージで捉えている学生が主体なのである。大学によって多少のちがいはあるかもしれないが、多くは同様の傾向ではないかと推測される。

（4） 専門性と実践力の育成に向けて

大学における学芸員養成課程は、博物館にかかわる専門的な知識や技術を教授し、学芸員としての能力を育成することが目的である。それらの学習成果が一定以上みとめられれば、各大学は学芸員となりうる資格を証明し、学生は学芸員の採用試験に挑戦する。したがって学芸員への就職を強く志す学生が、養成課程を履修する状況がもっとも望ましい。しかし、教養と専門の教育機関である大学では、自己のスキルアップや進路の選択肢を広めるなど、いわば"消極的意志"による志望であっても否定すべきではなく、学芸員になろうとする意志が乏しいからといって、学生の履修を排除してよいはずはない。

大学の学芸員養成課程で資格を取得する学生は、2007（平成19）年度の文部科学省の調査によると全国で1万191名にのぼる[12]。この数は大学卒業者数の約1.8%でしかないのだが、資格授与の乱発という批判は博物館側に根強い。しかし、問題にすべきは養成課程の教育の質であり、資格取得者数の多寡は批判にはあたらないと思われる。大学での学芸員資格取得について、受験生確保の手段の1つとなっているところも多くあるようで、その点からすると学芸員養成課程の開設が資格を与えることの目的となり、真剣に専門職員の養成を考

えるに至ってはいないのではないかとの指摘は[13]，養成課程を運営する大学教員が真剣に考えねばならないことである。その解決として「大学の学芸員養成への信頼を取り戻すこと」[14]が急務であり，施行規則の改正に対応するだけでなく，各大学のカリキュラムや授業内容の質的整備にも取り組まなければならない。

　なお，学芸員資格取得者のレベルアップに対する大学の努力は，就職先確保の方策も平行して進められなければ意味が薄いとの意見があり[15]，共感できる。周知のように学芸員への就職はきわめて厳しく，2008（平成20）年の文部科学省の調査（311大学が回答）によると，資格取得卒業生のうち博物館職員への就職率は0.6％にしかすぎない[16]。ちなみに小学校教員免許と比較すると，2006（平成18）年度の大学新卒の小学校教員免許状取得者数は1万7198名で，このうち採用者は67.4％にのぼり，難しいとされる中学校教員で11.9％，高等学校教員は3.5％である[17]。いずれと比べても，学芸員を含めた博物館職への就職率はあまりにも低い。博物館活動の充実に向けたスタッフの専門別分業化などの見直しにより，学芸員の職制を明確化させるとともに，資格を活用できる職域の拡大を図る方策も必要と考えられる。

　いずれにしろ学芸員養成課程の質的向上，すなわち汎用性のある基礎的知識・技術習得の徹底による高い専門性と実践力の育成は，各大学が取り組まなければならない課題である。その場合，本調査で捉えたように，学芸員や博物館への強い興味関心ではなく，資格取得などの理由で履修選択した"消極的意志"の学生が5割近く存在することや，一般的に博物館の活動や機能・役割に対する理解が低いことをふまえ，カリキュラムや授業内容を検討すべきであろう。生涯学習社会における公教育を根幹とする博物館の役割や，そこでの学芸員の職責と技術の教育とともに，博物館への興味関心が薄い学生に対して博物館活用の有意性やおもしろさを教授し，学芸員に就職できなくても日常生活に生かすことができ，履修後の満足感を高めることも大学の養成課程では大切ではないだろうか。

本章では，博物館教育を実効性のあるプログラムとしていくための人的環境の問題を取り上げ，教育活動を企画して遂行する博物館スタッフについて検討してきた。博物館における教育は諸機能の総体と捉えるべきであるため，本来はすべてのスタッフで役割を担うことが求められるのであり，とくに生涯学習社会に対応すべき現代では，教育が博物館の基幹的役割なのだという認識の共有を，あらゆる活動の前提としなければならない。

　そのなかで，市民への学習支援に責任を果たす博物館スタッフへの期待が高まっており，専門的に従事する担当者の位置づけや役割の明確化が重要となってくる。教育担当者の職務は博物館学習のコーディネーターに位置づけられるもので，学びの中心となる展示のあり方を検討するとともに，展示と各種のプログラムを相互に関連づけることにも視点を据え，博物館体験の全体を見とおした学習システムを構築する役割が求められる。また，博物館専門職である学芸員と教育担当者との関係を整理していくことは博物館の職務編成ともかかわってくる問題であり，生涯学習への対応を見据えながら，学芸員制度の全体の枠組みにおいて解決すべき課題である。さらに教育機能を充実させるためには，教育担当者のもとで組織的に編成された展示解説員やボランティアガイドなど，利用者の学習を幅広く支援するスタッフの育成が欠かせない。彼らの活動の核心は，博物館において多様なコミュニケーションの機会を創出して，実践することだと指摘できる。

　そして，教育担当や学習支援のスタッフの地位を確立し，その活動を博物館における教育システムとして定着させるためには，学芸員の養成教育の内容から検討すべきと考えられる。現在の生涯学習体制のもとで活躍できる学芸員養成では，学生の資格修得の意識とともに，公衆への教育を核とした博物館の機能を高めるための専門性，言い換えれば博物館における教育職としての専門性と実践力を，カリキュラムのなかで強く留意すべきなのである。

註

1) 日本博物館協会訳『卓抜と均等　教育と博物館がもつ公共性の様相　1992年米国博物館協会報告書』2000　pp.13-14
2) 日本博物館協会『「対話と連携」の博物館―理解への対話・行動への連携―』2001　pp.4, 26-27
3) 日本博物館協会『博物館の望ましい姿　市民とともに創る新時代博物館』2003　p.14
4) これからの博物館の在り方に関する検討協力者会議『新しい時代の博物館制度の在り方について』2007　p.23
5) 布谷知夫「展示解説員」『新版博物館学講座10　生涯学習と博物館活動』雄山閣　1999　pp.161-166
6) 鷹野光行「日本学術会議の二つの報告を読んで」『全博協研究紀要』第8号　全国大学博物館学講座協議会　2004　pp.13-17、立平進・小坂智子「学芸員の専門とは，何か」『全博協研究紀要』第9号　全国大学博物館学講座協議会　2005　pp.7-16など
7) 株式会社丹青研究所『平成17年度文部科学省委託事業　博物館制度の実態に関する調査研究報告書』2006
8) 青木豊「博物館法改正に伴う資質向上を目的とする学芸員養成に関する考察」『博物館学雑誌』第33巻第1号　全日本博物館学会　2007　pp.59-78
9) 株式会社丹青研究所『平成20年度文部科学省委託事業　大学における学芸員養成課程及び資格取得者の意識調査報告書』2009　p.24
10) 註9) 文献　p.31
11) 杉山正司「博物館と学芸員への意識醸成～國學院大學学芸員課程受講生から～」『全博協研究紀要』第11号　全国大学博物館学講座協議会　2009　p.38
12) これからの博物館の在り方に関する検討協力者会議『学芸員養成の充実対策について（第2次報告書）』2009　p.60
13) 鷹野光行「学芸員養成に関する大学の課題」『JMMA会報』No.49　日本ミュージアム・マネージメント学会　2008　p.11
14) 註13) 文献　p.12
15) 菅根幸裕「博物館学芸員養成課程の今後を考える」『千葉経済大学学芸員課程紀要』第14号　千葉経済大学学芸員課程共同研究室　2009　pp.1-5
16) 註12) 文献　p.60
17) 中央教育審議会初等中等教育分科会教員養成部会（第54回）配布資料　2007

第 7 章　博物館教育と学校

　博物館の役割は公教育を根幹とするものと考えるが，第1・2章で述べてきたように，わが国ではこの明確な認識が育まれてこなかった。しかし，教育は，博物館活動の一部としての位置づけを当初よりもっており，活動のなかでとりわけ学校教育とは深くかかわってきた。そして近年では，生涯学習社会への方策とも連動して，博学連携が博物館運営の主要なキーワードとなっている。

　日本博物館協会が2000（平成12）年度に実施した博物館の学習支援に関する全国調査では，回答館のうち51.5％で学校と連携した活動をおこなっており[1]，現在においてその割合が格段に高くなっているのは想像に難くない。活動内容は，展示やワークショップの工夫，資料や学習キットの貸出，出前講座，教材開発，情報の提供など，一定の学習支援スタイルが定着しつつある。しかし，活動がパターン化して理念が希薄となっている例や，児童生徒の学習効果の向上に関して疑問視されるようなプログラムなど，問題点や課題も多い。博学連携の取り組みを考えるうえで，博物館が学校や学校教育とのかかわりを深めることはどのような意味をもつのか，また如何なる活動が果たすべき固有の機能の点で意義をもつのか，といったことが理解されなければならない。

　本章では，博物館と学校のかかわりを歴史的な視点から整理し，今日までの経緯の概略や，その取り組みと意図を明らかにすることにより，今後の博物館教育と学校との関係について検討したい。

1 明治から戦前までの動向

　幕末から明治初期に欧米より導入された近代博物館は，第1章でみたように，初期の段階から内務省系と文部省系との2系統で発達をみた。このうち学校教育の確立と推進を主要な使命とする文部省が所管となり，1877（明治10）年8月に東京の上野公園内で開館したのが教育博物館であった。

（1） 近代創設期の博物館と学校教育

　開館の年の「教育博物館年報」[2]に掲載された館の規則によると，教育上必需な物品を蒐集して，おもに教育従事者への利用に供するのが設立の目的とあり，蒐集内容については，

　　「敎育上ニ關スル書籍器械及ヒ學校模型其他動植物金石ノ類ナリ」（第1條）

と規定されている。つまり教育博物館は，学校教育のための専門博物館であった。規則の條文をひくと，学校教育に関する書籍室の運営，諸学校における教育書器購求のための便宜，倣造品を製作する際の物品貸与，標本・器械の研究改良や譲渡，蒐集品の解説目録の刊行と永久保存，教育上の書器や学科に関する談論会の開催などの諸事業を意図していたことがわかる。矢田部良吉館長の年報巻頭言には，教育従事者や生徒への貢献により，公衆の禆益をなす姿勢がうたわれている。蒐集資料は，学校用器，教育家参考諸具，生徒試験答書製作品，書籍，動物，植物，金石，美術，度量衡，雑器具で，9種3万3754点を数えるものであった。

　教育博物館の活動内容に関しては，1872（明治5）年の学制や1879（明治12）年の教育令公布を背景に，寺子屋家塾型を脱却し教育の近代化にむけた変革との連動が指摘されている[3]。明治政府による新国家建設のなかで，均一で効果的な教育システムを全国に定着させる文部省の施策を背景としていたわけである。この時期は，文部省の博物館や博物局などが太政官正院の博覧会事務局に合併され，その取り止めを上申して再分離に至るなど，博物館の所管をめぐる紆余曲折の推移があった。文部省とすれば所管を回復するために，博物館を学

校教育と結びつけて勘案する事情があったと推察されるが，それとともに，革新的に始まった学校教育を確立する一方策として，博物館の機能を位置づけていたとみられる。

　明治初期の学校教育では，アメリカよりペスタロッチー主義が導入され，事物を提示して五感を駆使した直接経験をもとに認識力を高め，内面から心性の発達を導く直観教授の思想がとり入れられた。直観の教育思想の導入は学制公布の 1872（明治 5）年ころから推進されており，これと併行して教育博物館が立案され開設に至ったのである。なお，ペスタロッチー主義とその直観教授はアメリカからの移入であるが，多くの屈折を経て日本的に改作されており，例えば実物より絵図の多用，採用する実物の範囲，授業における実物の提示方法など，アメリカのペスタロッチー主義とは異なっていたという[4]。たしかに，教材を蒐集した教育博物館でも地図や掛図の割合は高く，実物標本は鉱石や昆虫，鳥類に偏っている。わが国における直観教授の思想は，実物教授，さらに開発教授として明治 20 年代前半にかけて普及し，実物の提示と問答を定式として，子どもの心力開発を目的とする教授法が展開されていく。

　1881（明治 14）年頒布の小学校教則綱領では，実地にもとづいた教材の選択と組織，方法の姿勢が示され，とくに地理，博物，物理，化学，生理などの実科的教科には開発主義の目的や方法的考慮がみとめられる[5]。地理では地球儀や地図を，博物では動植物や金石の標本を蒐集して実物を利用する教授方法を示し，物理や化学は実地試験の要を述べ，生理では実際の観察や模型による教授などを推奨している。教授実践の拠点であった東京師範学校附属小学校で著された教科書『地理小學』[6]をみると，巻頭の「教師ノ注意」において実物や図画，標本をもとに確実な観念を与えることが示され，また，地誌の理解のために地図や地景写真による観察を喚起しており，教則綱領に準拠した実際の様子をうかがうことができる。

　このように，教則綱領や教科書に示された教材は教育博物館の蒐集品と合致しており，学校教育を補完する関係にあった博物館の姿がここからも読みとれる。近代的教授方法の実物教授や開発教授を推進し定着させるためには，子ど

もの心性開発の基盤となる実物や標本，掛図，器械などを取り揃え，入用に応える機関が必須だったわけである。実際，教育博物館は各地の師範学校や小・中学校に標本や器械類の紹介，製作，払い下げをおこない，かつ業務担当として文部省の学事奨励品の交付を実施し，各学校はこれを名誉として実物を用いた教育に努力したという[7]。標本器械類の紹介や譲渡の活動は1885（明治18）年ころには低下するが，直観教授の思想にもとづいた実物教育の発展への貢献は大きかったといえよう。

また，小・中学校の教員を対象とした学術講義が，1884（明治17）年から5年間にわたり開催されている[8]。自然科学に関する講習であり，関東各地から多数の志願者が集まって人数制限となるほど活況だったようで，教員の啓蒙に対する寄与もまた大であった。

すなわち，わが国の近代博物館の片翼をなした教育博物館は，学校教育を支え援助するため，主として教育関係者に対し教育上の器械，標本，書籍などを蒐集・陳列し，保存するとともに，指導や啓発を担うものとして誕生したのであった。同様の施設は間もなく地方でも開設が始まったため，1881（明治14）年には東京教育博物館と改称される。しかし発足後12年，政府の財政危機解消に向けた行政機構改革のあおりで高等師範学校の附属となり，活動が縮小され変質していった[9]。学校での開発教授の退潮も影響したと推測されるが，のちに館の運営に携わった棚橋源太郎は，教師や児童への働きかけが閑却され，学校教授関係以外の資料も蒐集陳列されるようになり，教育博物館の本領を失うに至ったと指摘している[10]。

各地で設立が進んだ教育博物館や教育参考館もこの影響を受け，当初の趣旨とは機能が異なったものとなっていく。例えば，1892（明治25）年に開館した私設の愛知教育博物館では，研究活動を基礎としながら，児童に対する実物教育が主目的であったという[11]。教育を冠した博物館の意図が，教育関係者への貢献から，児童生徒の諸能力開発に向けた実物・実地学習の場へと変化していったのである。

しかし，学校教育の場で実科的科目での実物・実地教授の必要が強調される

ことは，博物館において陳列標本を中心とした活動の重視をもたらし，また実地教授は博物館での実地学習に拡大解釈されることとなり，教育博物館の本質の変化は必然の帰結であったと考えられる。そして教育関係者への貢献に特化した役割を維持しようとすれば，東京教育博物館のように師範学校への附設に向かわざるを得なかったのであろう。また，実科的教科の教授の実際が，自然や社会についての断片的知識の網羅に傾倒して注入主義がはなはだしかったこと[12]，学校教育を補完する関係にあった教育博物館の本来的な発達を阻む一因だったとみられる。一方，内務省系の博物館でも当初設置された教育部の主要な役割が，学校教育上の器械や学校衛生の資料などの陳列であったことは，第1章でみたとおりである。

このように，わが国の創設期の博物館では，教育方法に対する参考と振興を促す意図を背景に，学校教育とのかかわりを築くことからスタートした。活動の内容は，教育関係者を対象に，校具や教具・図書類を蒐集，陳列，譲渡することであった。ところが次第に，陳列資料による実物・実地教育の位置づけが大勢となっていったのである。

(2) 郷土教育の思想

明治後半になり，1900（明治33）年の小学校令改正による施行規則では，訓育・徳育教育が重視され，実科の廃止とともに直観教授の直接的な教育理論は施策からはずされてしまう。そのため博物館と学校教育の結びつきは，当初とさらにちがった状況になっていく。

この直観教授の思想については，郷土教育や郷土科の理念に引き継がれていった。郷土に対する教育的視点の萌芽は，さかのぼって1891（明治24）年の小学校教則大綱に表れており，そこでは直観の教材を，地理は「郷土ノ地形方位等兒童ノ日常目撃セル事物」に，歴史は「郷土ニ關スル史談」，理科では「主トシテ學校所在ノ地方ニ於ケル植物動物鑛物及自然ノ現象」に求めている。この時期は，新たな教授理論として移入されたヘルバルト主義によって中心統合の理論が展開され，主として修身が諸教科の関連づけの教科として捉えられた。

その一方で，ドイツのハイマートクンデ（Heimatkunde）の思想が郷土科や郷土学，郷土誌などと訳して受容され，これはわが国独自の流れで展開するが，教科の中心的総合学と位置づけた提起がみられるようになる。

郷土科授業の中心的推進者であった棚橋源太郎が1901（明治34）年に示した見解をみると，郷土科は尋常小学校の特設科目で，地理，歴史，理科などの実科諸分化に対し，総合的に組織した基礎教授に位置づけられている[13]。実物や実地の観察によって基本的観念を獲得することから，郷土の土地，気象，天象，動・植・鉱物，生業，物産，建設物，土地・建物の沿革，史談などに教材を求めるのである。その事物に関する観念や思想教授の方法は，教室外での実地観察や実物による観察と，児童の経験をもとにした問答によって知識を系統立てさせるもので，教案では校内の花園や学校周辺の神社，官署，名所旧跡での実地・実物学習の例示がみられる。そして郷土科の目的は，地理，歴史，理科に関する基本的観念を獲得し，趣味や郷土を愛する心を養い，討論や観察力を修練させることだと説いている。

また，1902年（明治35）年に増澤長吉と桂信次郎が著した郷土科の教授指針によると，郷土科は児童の日常的経験観察のおよぶ範囲に教材を求め，事物教授の基礎をつくり，国民的社会的修養に資するために必要だという[14]。そして授業配当上の中心学科である国語科の時間での教授を指示し，必要な学校設備として庭園と小池，偉人烈士の肖像遺物，地図，器械標本などの直観的材料の配備を挙げている。

この2例をみると，郷土科教育は事物と事象を正確に把握する直観的学習を基盤とし，その理解に立脚して，愛郷土心や人格形成の精神練磨を指向するものと捉えられる。郷土科は独立の授業としてはほとんど定着しなかったが，郷土教育の思想の一部は各学科に取り込まれていった。郷土教育の教材において重要な位置を占める実物の標本や資料などは，当時の普通博物館の収蔵資料と重なるものであり，実物・実地教育の場として博物館はある程度利用されていたようである。

直観の学習を基盤とした郷土科であったが，明治末ごろになると富国強兵策

の強化のもと，社会教育にあたる通俗教育が，国民を忠君愛国の思想へと導く思想善導と社会教化をめざすものとなった。そして郷土科や郷土教育も，郷土の恩恵に報いる子どもを育成し，社会・国家・人類のために同情し貢献する，高尚な品性の萌芽を育むための統合的な教育との認識が強くなり[15]，直観を手段とはするが，愛郷心や愛国心の育成自体を目的とする概念が広まっていった。すなわち，統合学の核であった修身と同様に，郷土教育でも精神主義的な位置づけが前面に押し出されるようになったのである。

(3) 郷土室と郷土博物館

　活発化した郷土教育思想のもとで，明治末から大正時代には博物館的な郷土教育施設が，小・中学校に設けられるようになった。1916 (大正5) 年の常設教育的観覧施設状況によると，長野県南佐久郡の青沼小學校記念館 (1908年開館) や，同県上伊那郡の赤穂尋常高等小学校御即位記念郷土室 (1915年開室) などでは，学校教育に資することを目的に，郷土の記録や写真，地図，古器物，産物，博物標本が陳列されている[16]。

　この時期の小・中学校には，初期の教育博物館の伝統を継承し，教育上の器械，標本，書籍を蒐集・陳列する参考品陳列館や通俗博物館などの併設施設もみとめられるが，そこでも郷土に関連する物品が比重を高めていったようである。小規模なものを含めれば，学校附設の博物館的施設は稀有な存在ではなかった。また，尋常高等小学校内の設置ではあるが，1913年 (大正2) には山形県南村山郡に上山郷土簡易博物館が開室しており，郷土を名称に冠した一般対象の博物館の開設もこのころから始まっている。

　一方，郷土科教授の推進者であった棚橋は，学校教育における博物館活用の方法論も積極的に主張しており，1930 (昭和5) 年にまとめた『眼に訴へる教育機關』では学校内の郷土室に否定的な見解を示している。すなわち，保管の蒐集品を児童に見せることは興味を喚起して有効ではあるが，学校博物館としていつも同じ物品を陳列し児童が自由に出入りできるようにするのは，いたずらに彼らの興味をそぎ，研究心を鈍らすにすぎないのだという。そして，望まし

い学校博物館は，教師が蒐集陳列して児童は見るだけの静的なものでなく，児童が自ら資料を採集加工し説明を付して陳列保管するような動的なもので，作業主義的にも教育上相当の意義を有さねばならないと述べている[17]。

このような理念の学校博物館はほとんど実現しなかったようであるが，東京女子高等師範学校附属小学校の児童博物室のように，児童主催の展覧会を開催し，児童を交えた資料蒐集や運営を掲げる例もあった[18]。現代からみれば，博物館は単なる施設ではなく有機的諸活動を遂行する機関であり，児童生徒の主体的な学習活動で学校を成り立たせるべきだとすれば，学校内の博物館は子どもたちの多角的な介在で運営してこそ存在の意味があるといえよう。博物館の機能的研究の黎明期に示された棚橋の見識は鋭く，今日において再び増えつつある小・中学校の博物館的施設のあり方を考えるうえで，再認識すべきと思われる。

上記のように，郷土室のような学校博物館に否定的な棚橋は，子どもの実物・実地教育について，地域に博物館を建設して利用を促進することが有意義だと説いている。例えば，市博物館ではその都市の沿革や現状が一目瞭然とわかるようにし，教育博物館の場合は館内の一部に郷土関係の参考資料を収集陳列し，地方博物館では郷土資料で構成した特別室を設け，各学校が必要に応じて利用するのが望ましいとする[19]。通俗教育を含めた広義の郷土教育思想に立脚した博物館建設を促し，それを郷土科教授における直観教材での学習場所として，学校教育とも結びつけようとする考えである。

なお，大正期には師範学校併設の教育博物館は，教材となる標本の陳列[20]や，教師と生徒の研究の場[21]という機能内容がすう勢となっている。また，かつての教育博物館がおこなっていた教育器械の普及振興は，各地で発足が進んだ府県や郡の教育会が，展覧会などを開催し役割を果たしていた[22]。

ところで，棚橋が1932（昭和7）年に上呈した『郷土博物館』では，市博物館や地方博物館を包括するものとして郷土博物館を捉え直し，その性格を郷土教育の中心機関と位置づけ，学校教育の補助だけでなく，地方の成人社会教育の中核と定義している。ここにおける郷土の概念は一定の地域が基礎になり，地

域の自然・人文の両方面の要素から培われて逐次内的に発達成長したもので，「強い郷土愛郷土的感情」が根幹を成し，郷土愛は祖国愛に発展していくと捉えるものであった[23]。棚橋が提起した当初の郷土科の考えからすると，軍国主義の強化に向けた思想善導の風潮に影響されてか，郷土教育の認識が愛国心育成を強調する理解へと変化したようにみられる。

　ちなみに，1931（昭和6）年に改正された中学校令施行規則では公民科が新設され，教授要目の「地方自治」の教材に「我ガ郷土」を置き，
　　　　「我ガ郷土ヲ教授スル際愛郷愛国ノ事ニ説及ブベシ」
としており，郷土教育を愛郷愛国に結びつける明確な国家の意図が認識できる。郷土学におけるこのような変移はそれが生まれたドイツも同様で，祖国防衛の意志を強固にすることをめざして学校教育に編成されていった[24]。社会情勢により，郷土教育は戦意高揚の手段に傾倒しかねないのである。

　そしてこのような郷土博物館を，棚橋は，小学校教育において児童による郷土の実地踏査研究に利用し，館では陳列品関連の幻燈映画や活動写真フィルムを備え，郷土の実地研究をおこなう学芸の専門家を配置すべきとする。学芸上の素養があり，かつ教育の経験のある専門職員から実物観察や映画などを応用した説明を聞く機会は，博物館以外では望まれない学びであり，児童の興味や知識・認識に大きな利益になるという。さらに，正確な説明を付した学校への貸出資料の用意についても指摘している[25]。今日の博物館が学校支援として実施しているかなりの手段が，すでに網羅されているのである。

　また棚橋は，米欧の例を参考に，学校の放課後や休日を利用して実物観察や幻燈使用の説明，野外採集，採集標品の加工整理などの作業によって児童を教育し，学校教育の効果を充実させるための児童博物館も提示している。ここでおこなわれる活動は，理科や地理，歴史，美術など実科的な内容で，学校教授を補完する位置づけを与え，教師のための教具類を蒐集し，児童の見学や学校への貸出をおこなう教育博物館への附設が，施設・経済的な面から妥当だとする[26]。学習カリキュラム内の利用だけでなく，カリキュラム外における博物館学習を学校教育の視点から見据えたものである。児童博物館はほとんど設立

されなかったが，1928（昭和3）年に開設した私立の京都仏教児童博物館は仏教関係を中心に教育資料を蒐集展覧し，学校教育の補助を意図するとともに，社会教育と学芸研究機関の姿勢をもっていた[27]。児童教育に特化したものではなく，活動は長く続かなかったようであるが，その実践内容は博物館と児童教育のかかわりの歩みを考えるうえで興味深い。

(4) 軍国主義下の変容

郷土室や郷土博物館については昭和に入って設立が進む。昭和天皇即位の大典記念事業も契機となり，全国博物館大会での文部大臣諮問に対する郷土博物館や学校附設郷土資料室の設置と公開を促進する答申[28]，また学校博物館を奨励する建議[29]，さらに1930（昭和5）年と翌年に全国の師範学校を対象として実施された郷土研究設備施設費の文部省補助金交付，などが実現化の背景となっていた。加えて，郷土教育や郷土研究の鼓吹と普及を目的として1930（昭和5）年に結成された郷土教育連盟の活動は，教育関係者の議論の場を生み出し，郷土教育運動の原動力となるものであった。

その結果，1930（昭和5）年に全国で142カ所であった「教育的観覧施設」が，5年後には247カ所になっており，内訳は郷土博物館やそれに類する施設の増加が顕著で，小学校附設の博物館や郷土室なども増えている[30]。しかしながら，郷土教育思想と博物館が強く結びつき，とりわけ実物・実地観察を中心として学校教育の補完の役割を担う郷土室や郷土博物館であったが，軍国主義強化に向けた思想善導のもと，事物事象の観察が中心の直観を基盤とするのではなく，愛郷愛国心の涵養を目的とした精神教育重視の観念に覆われることとなったのである。

また，当時の博物館では，陳列品の個々に対する具体的・教示的解説方法が未発達であった。そのため貴重品の倉庫といった感が強く，子どもたちの探究心を慈育する学習の場にはなりにくかったようである。

戦時下に至ってからの動向をみると，1941（昭和16）年の教育審議会による「社會教育ニ關スル件答申」に博物館への言及があり，そこにおいて，

「學校敎育ニ於ケル博物館利用ニ付適當ナル方途ヲ講ズルコト

　…（中略）…

　學校圖書館竝ニ學校ニ於ケル博物館的施設ヲ整備充實スルト共ニ之ヲ社會敎育ニ利用スルノ方途ヲ講ズルコト」[31]

が示されている。ところが，戦争遂行のための国民意識の扇動・教化の施策のもと，博物館も国民精神を発揚する手段としての活動が強く求められるところとなり，

「即ち博物館事業は平素にあっては各其專門智識の滋養普及に努力し來れりと雖も，現下の如き非常時局に際しては擧げて政府各般の施策に呼應し，その宣傳普及の重要なる役割を負擔せざるべからず。これを世界大戰當時，歐米各國の國民精神振作と資源愛護生活革新とに博物館が貢獻せる事績の甚大なるに徴するも亦明白なり」[32]

と主張されるようになった。つまり，全国博物館大会での文部大臣諮問への答申にみられるように，国策に適った精神主義的な活動に偏向せざるを得なかったのである。

2　戦後における新たな関係の構築

　1945（昭和20）年8月の太平洋戦争敗戦により，愛郷愛国心の涵養を目的とした精神教育の呪縛から解放され，軍国的思想と施策を排除した民主教育が基盤となり，博物館と学校教育との新たな関係の構築が模索されていく。

（1）　民主主義体制下での模索

　1945年の末にはGHQの指令によって，修身とともに日本歴史と地理の授業が一時期停止され，この直前に郷土室の神道的色彩を除去することを文部省が通達している[33]。戦前教育の全面的否定の風潮ともあいまって，各学校では郷土室の存在自体を見直すようになり，多くは諸教材の収納室として使用されるようになったのである。

各地の博物館や同様の施設に対しては 1947（昭和 22）年以降，文部省から拡充整備に関する通牒が出されるようになった。そのなかで博物館事業振興の参考資料として，文部大臣の諮問「学校教育と博物館との連絡について」に対する日本博物館協会総会での答申が，同年 12 月に各知事へ通達されている[34]。

答申では学校側がなすべき具体的方策として，利用に向けた地域の博物館調査，題材を選定し計画的で児童生徒自らの観察研究を主とした利用見学，博物館の職能や重要性の理解を深める学習，遺跡・史跡・古建築彫刻・天然記念物を利用した現地学習をあげており，さらに，教員養成機関では博物館の学校教育補完機関としての意義と利用方法を授けることを求めている。一方，博物館側がなすべきこととしては，周辺学校との利用に関する定期的打ち合わせ，教師対象の利用講習，児童生徒の見学を実地指導する教師や案内説明者の配置，児童生徒が利用できる講堂・教室・工作室の設置，標本・模型・映像資料の貸し出しを示しており，学校博物館に関してはおもに大学や専門学校での附設が見据えられていた。

戦後の混乱期にあって，学校と博物館との双方でこれらの事項が真剣に取り組まれた形跡はみとめられない。しかし，この内容は現在の博学連携の基本的事項と大きく変わるものではなく，答申の先見性が評価されるとともに，両者の関係を機能的に強める今日までの歩みが容易に進まなかったことがわかる。

戦後期の当該問題の研究動向をみると，国の博物館行政に携わる木場一夫が 1949（昭和 24）年に『新しい博物館—その機能と教育活動—』を著し，児童生徒に対する実際的な教育機能を具備した博物館確立の指針について，アメリカの事例を参考に示している[35]。木場が提起した博物館は子どもたちの周囲のさまざまな事物を展示し，取り扱わせ，教授することを目的としたものである。それを広義の"児童博物館"と解釈し，各学校が管理する"学校博物館"，学校カリキュラムに関係の深い視聴覚教具をもとに活動する"学校システム博物館"，児童生徒の学習補完に特化した狭義の"児童博物館"，一般博物館併設の児童生徒対象博物館の 4 種が構成内容となっている。国民教育の一環を担う博物館において，学校教育に資する専門的な博物館群の構築を意図する考えであ

るが，この議論は今日に至るまで発展をみることはなかった。木場はまた，博物館での新たな教育理論の採用と実際への適応の調査を主張しており，この研究は次第に進められていく。

また，1950（昭和25）年には棚橋が『博物館學綱要』をまとめ，学校教授の進展に合わせた各種の博物館利用の有効性をあらためて喚起しているが，戦前に思想強要へ偏向した反省から「一方に偏せず趣味の均齊的發達に資する」ことが肝要として，知識の伝達や拡張だけでなく，創造的技能の発達や発表力，鑑賞力の育成が博物館側の務めだと述べている[36]。そこでは博物館がなすべき具体策として，学校の教科課程や学習要領に合致する陳列品を準備すべきとの提起がなされ，これは学習カリキュラムに博物館展示を対応させようとするもので，従前にはみられなかった方法である。一方，郷土博物館については，郷土の自然や社会の過去を物語る資料を蒐集し，戦前にあった観念的教導を排除したうえで，住民の啓発とともに児童生徒の学習に適うものと捉え直しており，小・中学校に新設された社会科との関連で機能することを求めている[37]。棚橋が次に著した『博物館教育』でも，実物教育機関としての博物館の真価と，学校教育における利用方法を説く主張がみられる[38]。

このような木場や棚橋の指摘と歩調を合わせるように，教職員を対象とした博物館の理解を図る講習会を，日本博物館協会が開催している。実物・実地学習の場となる博物館の有効性を啓蒙し，革新された学校教育での活用を促進しようとするものであった。

一方，1951（昭和26）年には，博物館の社会的地位と役割を明確にし，その発展と促進をめざす博物館法が制定された。学校との関係については，協力して学校教育を援助し得るように留意することが博物館事業にうたわれ（第3条第1項10，および第3条第2項），法的に位置づけられるに至った。しかし，当時の混沌とした社会状況にあってこの法律が意図したのは，教育委員会や財団法人が設立する独立した公共的博物館の育成であったため，学校附設の博物館施設は登録対象としておらず，これを法令上正規なものとはみなされなかった。小・中学校の学校博物館は今日までほとんど発達していないが，博物館法での

扱いがその原因の1つだと考えられる。

(2) 関係構築促進への試行錯誤

　1950年代になると，社会教育機関の法的位置づけをもった博物館では，学校との結びつきが相互に意義あるものとする認識は深まっていたが，実際の取り組みは低調であった[39]。社会生活の要求に実際的な解決と示唆とを与える活動をめざして，学校教育への援助も視野に入っていた。しかし，職員不足や施設の未整備，予算の僅少などにより事業の計画的実施が容易ではなく，前掲の「学校教育と博物館との連絡について」の答申が求めたような取り組みには至らなかったのである。

　1953（昭和28）年では，全国の博物館の専門職員は本務と兼務を併せ約500名で，1館平均ではわずか2名，本務者と兼務者との割合はほぼ1対3であり，本務者が在籍しない館も少なくなかった[40]。その状況の憂慮から，1954（昭和29）年に「社会教育施設の整備」（社会教育審議会建議），1956（昭和31）年に「社会教育施設振興の方策はいかにすべきか」（社会教育審議会答申），その翌年には「科学技術教育の振興方策について」（中央教育審議会答申）が示され，貧困で不備な状態にあった博物館の施設や人員の改善整備を要望している。

　このような実状にあった博物館に対して，学校側の接し方は一定程度の利用はおこなっていたものの，ほとんどは遠足や社会見学での訪問で，動物園や水族館が多く，他の館種は稀な状況であった。博物館の利用は授業を補完する学習に価値を求めるものではなく，見物の域を脱しない期待と，社会の仕組みを知る素材に意味を置いたものでしかなかったのである。かつての郷土博物館にあった思想教導的様相の記憶が，歴史系や科学系などの博物館には残っていたのかもしれない。

　そのうえ，当時の博物館の数は容易に利用できる状況にはなかった。1953（昭和28）年の文部省の調査では，都道府県で博物館が設置されているのは約40%であったが，事実上閉館に近いものを除外すれば約20%，市では約10%，町村は0.1%に過ぎない。館数は全国で93館しかなく，公立は50館にも満たず，

3県では公私立の博物館がまったく存在しなかったのである[41]。また、全般的に建物規模の小さい当時の館では、ベビーブームで激増した児童生徒が、学年や学級単位で訪れるには無理があった。さらに、多くの博物館の展示は児童生徒の学習レベルを考慮しない内容となっており、その点が学習的価値をみとめた学校側の活用に至らなかった本質的な原因と推察される。

文部省の全国調査で1953（昭和28）年に93館だった博物館は、2年後に232館に増え、1960（昭和35）年度には495館となっており[42]、各館での活動も活性化がみとめられるようになる。活動のなかには、学校に対する博物館利用学習の積極的な試みや実践検討も報告されるようになり、とりわけ学習指導要領に沿って展示を構成し、児童生徒の学習を補助する博物館教育方法の開発は、博物館の展示活動全体に大きな影響を与えるものとなっていく。

この実践を先導した新井重三の理論は、科学博物館をもとに、従来の分類展示が無軌道といえる状態にあって市民への教育になりがたいとみる反省から提起されたもので、一般的・基礎的な事がらが網羅された小・中学校の教科単元を博物館の展示計画の基準とし、展示単元へ再編成するものであった[43]。これにより、社会教育機関である博物館の展示が市民に学びやすい内容となり、児童生徒の学習への協力にも結びつくとする。ただし、学校教育への協力を実効的にするには展示だけではなく、展示単元に関連する資料や教材の蒐集整理に努め、見学や解説に加え、実験などもさせることが必要と指摘している。

新井の考えは博物館における学校教育を社会教育の一部と捉え、資料を統一のある流れに位置づけてだれにも理解しやすい展示をつくるべきとの主張で、博物館での児童生徒の学習価値を断片的な実物教育のレベルにとどまらせず、系統的理解を求めようとするものであった。これは学校教育との実質的なかかわりを大きく前進させたものとして、高く評価されよう。以後、教科単元を意識した展示は科学系博物館だけでなく、歴史系博物館などでも展開されていく[44]。また、教師のための具体的な博物館利用手引きを作成し、統一的な博物館学習に導く取り組みもおこなわれるようになった[45]。

一方、学校博物館に関しては教師側からも必要性が主張されるようにな

り[46]，意欲をもった教師の個人的な努力で開設に至り効果をあげる例もみられた[47]。また，地域の博物館が先導した，学校の空き教室でのミニ博物館の設置もあった[48]。しかし，学校教育や学習カリキュラムにおける明確な位置づけが得られず，同様の実践が大きく進展するには至らなかった。

　1970年代に入ると社会教育への設備投資が活発化し，博物館では新設の増加と併行して内的充実が課題となり，機能や活動内容についての研究が進捗していく。学校教育との関係では，1971（昭和46）年の社会教育審議会答申「急激な社会構造の変化に対処する社会教育のあり方について」により，生涯教育システムを構築する観点から，教育課程との関連を考慮した組織的学習活動の強化が博物館に求められた。こうした動向を背景に，博物館による学校教育支援の検討が俎上にのり，前掲の新井らの方法論が多くの館で援用されていった。新井らはだれもが学びやすい展示を志向して提起したのであった。

　けれどもこれに対し，明確な観点が示されている博物館展示は動機づけや問題提起であると同時に試案であって，いかに活用するかは観覧者の自由であり，学校教育を統一的に遂行するための学習指導要領にもとづき，観覧者に押し付けるような展示はあるべきでないといった反論がおこった[49]。以後も，教科課程に沿った展示は，歴史系博物館では示すべき歴史的暗部の回避につながるとの意見や[50]，地域社会の歴史動態から発して構成されたものではなく館の理念の喪失となるなどの批判が示されている[51]。たしかに，科学系や歴史系を問わず，博物館が描写しようとする展示の実態は独自なもので，地域の特質の表出が地方博物館の主たる存在価値である。そのため，学科単元の融合にこだわる展示軸の設定は，館の自立性や独自性を失う危惧が生じる。また，生涯学習社会の博物館教育観は，地域の生活に入り込んで教育的課題を発見し学習を展開するものであり[52]，学校の教育課程に沿うことを手段とした展示や活動は，求められる博物館教育の目的に適いがたい。

　また，この当時増えつつあった学校の博物館学習の実態に関して，資料に学ぶという姿勢が見学の児童生徒に希薄で，彼らを引率するだけのような教師が学芸員には無責任に感じられる場合が多かったようである。逆に学校側からす

ると，博物館学習の距離的・時間的問題から見学の設定が容易でないことに加え，学芸員の姿勢が学校教育に無理解で非協力的にみえるとの不満があった。このような双方の見方の齟齬が，両者の関係を結びつけるための真摯な議論を鈍らす原因となっていたようである。それとともに，博物館は幅広い社会教育機関であり，学校教育の追従や補足のために存在するのではないといった認識も博物館側にあった。さらに，知識偏重という当時の学校批判に同調し，実物観察にもとづいて思考をめぐらす博物館学習は，定められた筋道にしたがい結果を重視する教科学習カリキュラムとの融合は困難とみなされ，対立的な教育観が生まれるまでに至った。そうしたことが障壁となり，両者の教育上の結びつきを積極的に検討する機運を起こりにくくしていたのである。

しかしその一方で，1970年代末に千葉県では教育庁が『千葉県の博物館―利用の手引―』を作成し，学校において学習指導要領と関連させた博物館学習を実践して，効果や問題点の検討に取り組んでいる[53]。博物館の有効的活用を学校側の教育課題として考えるもので，1980年代には博物館や教育委員会による利用や学習指導の手引書の作成が多くなり，博物館の役割の理解を図ったうえで，学校教育への実効的貢献を探る努力も続けられていた。

(3) 博学連携論の興起と展開

1981（昭和56）年，中央教育審議会が「生涯教育について」を答申し，学校と地域社会教育の機能の連携，いわゆる学社連携の重要性が示されるようになった。これを受けて，地域の社会教育機関である博物館でも上記のように具体的な手引書などを作成し，児童生徒の博物館学習の促進に力を注ぐことが進められ，やがて学習資源としての博物館と学校とが相互に結びつき，有義的な関係構築に向けた議論が生まれてきた。

1989（平成元）年に告示された小学校学習指導要領の社会科のなかで，指導計画作成の配慮事項として，

　　「博物館や郷土資料館等の活用を図るとともに，身近な地域及び国土の遺跡や文化財などの観察や調査を行い，それに基づく表現活動が行われるよ

う配慮する必要がある」
と示されることとなった。一方，中学校社会科や高等学校地理・歴史の学習指導要領にも，観察や見学および調査・研究などの体験的な学習が求められ，学習資源としての博物館の活用が具体的に促された。また，翌年に社会教育審議会社会教育施設分科会が報告した「博物館の整備・運営の在り方について」では，教師の博物館認識を深め，学校教育との関係の緊密化に必要な具体的方策が示されている。

以後も，生涯教育審議会や中央教育審議会の答申などで両者の連携強化に関する提言が出され，学社連携の支柱として，生涯学習社会において地域の教育力を高めるために，博物館と学校が一方に依存するのではなく相互に結びついた活動，すなわち博学連携が唱えられるようになり，その方法論や実践研究が活発となった。さらに，2002（平成14）年以降は小・中・高等学校で"総合的な学習の時間"が導入され，取り扱いにおいて博物館を含めた社会教育施設と連携し，地域の教材や学習環境の積極的な活用が求められたこともあり，博学連携の推進に拍車がかかってきた。

このような動向を背景に，1990年代以降は各地での取り組みがさかんとなり，学芸員や教師からの実践報告が数多く提示され，連携の強化に向けた検討も活発化して現在に至っている。研究の内容を大別すると，

 Ⅰ．博物館教育と学校教育の関係論
   a．連携についての理念構築
   b．連携学習システムについての理論構築
 Ⅱ．博学連携論に関する実践論
   a．博物館を活用した教科授業などの実践
   b．教師への研修事業などの実践
   c．博物館学習ソフトの開発
   d．博物館学習プログラムの開発

に整理できる。

関係論のうちⅠaについては，両者の教育課題の検討から連携の理念と相互

理解への具体的活動を追究する考察や，博物館と学校教育の関係の歴史的検証から，連携の問題点や課題を抽出する研究などがおこなわれてきた[54]。Ｉｂは，学校教育の延長として，博物館教育を充実させる物的・人的・システム的な教育条件の整備にかかわる考究で，近年では連携をスムーズにするための中間機関の設置や，児童生徒と教師が望む博物館学習教材のあり方などの検討が進められている[55]。

　実践論に関しては，Ⅱａの授業の実際的方法やあり方についての研究が多く，博物館側からの実践と教師によるものとがある。前者では児童生徒への指導方法や学校との連携スタイルが模索され，出前講座や出前博物館などのアウトリーチの方法論も深められており，後者については教科カリキュラムの位置づけや，児童生徒への学習効果に対する視点での検討が中心となっている。さらに，学芸員や教師による実践検討をもとにした，連携授業のマニュアル提示も増えつつある[56]。Ⅱｂの教師を対象とした研修事業は，国立科学博物館でのティーチャーズセンターの試みが先駆的で[57]，これを応用・発展させた活動の広がりがみられる。

　Ⅱｃの学習ソフトはワークシートや学習ノートの検討が中心であるが，最近ではIT (Information Technology) 機器を用いたデジタル教材の研究開発も活発である[58]。Ⅱｄの学習プログラムについては，地域学習に位置づけた博物館の活用方法に関する追究が主で，ほかにも博物館による地域文化づくりの一環として学校と連携する活動も取り組まれている[59]。

　このように，1980年代以降の博物館における学校教育との関係は，生涯学習システムを構築する施策の一環として学社連携がめざされ，これを構成する博学連携も，教育施策の要求に応えるかたちでの研究や試みが展開されてきた。その多くで指摘されるところだが，根底となるのは両者の機能と，教育の目的や内容を相互に認識し理解することであり，施策の理念においてもそれぞれが役割を果たす連携から，両者の要素を部分的に重ね合わせながら一体となって取り組む融合への流れに向かっている。

　一方，1993 (平成5) 年に文部省が策定した「余裕教室活用指針」では，児童

生徒に対する学習・生活・交流スペースの活用方法の1つに，郷土資料室の設置が示された。指針では，郷土の歴史，民俗，地場産業などの資料を展示し，社会科や生活科（1992年に小学校1・2年生に新設）などでの利用が意図されており，かつての郷土室の再現のように映る。指針に沿って開設した学校もあるが，資料・作品や教材を並べ，簡単な説明を付しただけの旧態依然の形態がほとんどである。展示（陳列）のみの学校博物館に顕著な教育効果が生まれなかった経緯をふまえ，活動と組織に関する追究を欠くべきではなかろう。学校教育での活動体と位置づけた形態の学校博物館の提案もみられるが[60]，児童生徒の学習に適した学校博物館として郷土資料室を定着させるためには，展示活動にとどまらない多角的な検討が必要である。

　この学校附設の博物館施設については，戦後に至るまでは博物館自体を規定する法律がなかったこともあり，博物館の目的や概念が不明確であった。そのため先行する欧米の例をひき，形態や内容の確立が模索された。博物館と学校教育との関係も同様で，学校博物館や児童博物館が紹介されたものの実質的には定着せず，やがてわが国独自の郷土室が各学校に広まり，博物館を学校の場に取り込む関係が成立した。その性格は郷土博物館とともに，精神主義的な目的に事物事象を位置づけることへ次第に傾倒していったのである。郷土室の波及は，博物館施設を児童生徒の学習環境に近づけた点での意義は大きいといえよう。しかし，事物を客観的に観察するスタイルやシステムを確立しなければ，思想教導の方途に陥りかねないのである。今日の指針にある郷土資料室も，施設の問題としてではなく，実物教育のためにどのような組織をつくり，いかに活動するかを検討することこそが重要と考えられる。

　今後の展望として付言すると，近年では情報通信技術が急速に進展し，児童生徒の学習環境にあっても情報社会に主体的に対応する機会が増大している。そのため，博物館学習におけるICT（Information and Communication Technology：情報コミュニケーション技術）の効果的活用が，学習の幅を広げて質を高める鍵になるであろう。さらに，生涯学習の幅広い展開が求められている今日では，博物館が単独で学校教育との関係を考えるのではなく，地域の教育・文化

機関や推進グループなどとも連携して学習テーマを一体化させた活動も，今後の取り組みにおける視座と思われる。

　本章では，博物館と学校教育との関係史をふりかえり，蓄積されてきた成果とその過程で生じることとなった問題点を整理してきた。近代博物館の誕生に際し，わが国の施策では博物館の社会的役割に学校教育を補助する機能が大きな位置づけとして付与され，発達史のスタートをきった。ヨーロッパで確立し発展をみた近代博物館は公教育機関であることを根幹とするもので，学校教育に焦点を絞った内容の教育博物館が，国の中核的博物館となって活動を展開した明治前半期の状況は，博物館をとりまく環境においてわが国の特殊性と捉えられるものであった。以後，主要な博物館観として，学校教育への貢献が目的の教育補助機関とする見方が涵養されることとなり，これにより児童生徒の学習効果の視点に立って，博物館機能を充実させるための研究・検討や提言がなされ，社会的普及が促進されたのである。

　しかし，1970年代に至って博物館が幅広い教育機関として機能の拡充を意図したとき，博物館を学校教育の補完的機関と捉える思考は，両者の結びつきを相互に有効なものとして議論することの妨げとなってしまった。この経緯を省みれば，博学連携の検討は相互の社会的機能の遂行を基盤とすべきことが明らかである。博物館にあっては公教育機関という固有の役割に立脚して，子どもたちを対象とした独自の学習プログラムを構築することが重要であり，そのうえで学校教育を今日的課題の生涯教育の一環と捉えて位置づけ，学校の教育カリキュラムとも連動する効果的な活動を組み立てることが肝要となる。

　また，博学連携の進捗状況をみると，今日実践されつつある具体的手段のほとんどは，戦後間もない時期には提示されていた。しかし，取り組みの姿勢や方法が相互の機能を尊重する考えに立つまでには至らなかったため，1990年代までの進展は遅々たるものであった。現在では活発化してきたが，両者の連携の促進はおもに博物館における教育機能の1つの課題とみられ，学芸員による博物館学習プログラムとしての研究が中心となっている。そのため，学校の

カリキュラムとは学習目的や内容，さらに時間設定のうえでもうまく結びつかない事例がいまだに多い。

相互の機能の尊重は，一方が他方の理解に努めるだけで成り立つはずはなく，課題を両者の視点でともに検討することが必要とされる。検討の方法や時間確保など実務的課題は多いが，博物館学習のプログラムは，学芸員と教師で組み立てることを連携の基軸とするのが望ましいのである。

博物館学習の内容については，博物館と学校教育との関係史をたどると，最初に考慮された直観の教育思想，すなわち事物にもとづいた直接経験から認識力を高めて心性の発達を導く方法は，現在でも博物館学習の土台になるものといえる。もちろんこの考え方は博物館で学習するすべての人に基盤となることであるが，学齢期の児童生徒にとっては学校で得がたい学習経験と位置づけられ，そこに教育的価値がみとめられる。直観の学習は事物の観察だけにとどまるものではない。これは五感を駆使した直接経験をもとにするものであり，博物館学習で効果を本質的に高めるためには，実物を観察して学ぶだけでなく，多様な体験的プログラムが準備されねばならない。第4章で提示した知覚型展示は，この点でも有意義と考えられる。

註
1)『博物館における学習支援に関する国際比較調査中間報告書　平成12年度』財団法人日本博物館協会　2001　p.39
2)『文部省第五年報』附録第一　1877　pp.455-464
3) 椎名仙卓『日本博物館発達史』雄山閣　1988　pp.41-49，金山喜昭『日本の博物館史』慶友社　2001　pp.83-85　など
4) 石井庄司『直観教授の理論と展開』明治図書　1981　pp.220-221
5) 稲垣忠彦『明治教授理論史研究』評論社　1966　pp.32-33
6) 若林虎三郎編『地理小學』巻之一　普及舎　1883
7) 堀松武一「庶物指教の展開と東京教育博物館の役割」『東京学芸大学紀要』第20集第1部門　1969　p.121
8)『文部省第十二年報』附録　1884　p.605,『文部省第十三年報』附録　1885　p.405,『文

部省第十四年報』1886　p.44,『文部省第十五年報』1887　p.66,『文部省第十六年報』1888　p.61
9)『国立科学博物館百年史』第一法規　1977　pp.139-142
10) 棚橋源太郎『眼に訴へる教育機關』寳文館　1930　pp.94-96
11) 西川輝昭「愛知教育博物館関係史料の紹介と解説（その1）」『名古屋大学博物館報告』第21号　2005　pp.173-182
12) 中野光『大正自由教育の研究』黎明書房　1968　p.58
13) 棚橋源太郎『理科教授法』全　金港堂書籍　1901　pp.274-300
14) 増澤長吉・桂信次郎『郷土科教授指針』全　村上書店　1902　pp.6-11, 52-69
15) 牧口常三郎『教授の統合中心としての郷土科研究』以文館　1912　pp.78-85
16)『大正五年十二月　常設教育的觀覽施設状況』文部省　1917
17) 註10) 文献　pp.103-104
18) 奥田環「学校教育の源流―東京女子高等師範学校附属小学校の"児童博物館"―」『博物館学雑誌』第31巻第2号　2006　pp.19-36
19) 註10) 文献　pp.85-87
20) 東京女子高等師範学校の明治記念室や家事標本室（奥田環「東京女子高等師範学校の"学校博物館"」『全博協研究紀要』第7号　2002　pp.21-30）など
21) 広島高等師範学校の「教育博物館」（佐藤優香「広島高等師範学校の教育博物館」『博物館学雑誌』第24巻第2号　1999　pp.29-36）など
22) 例えば，1906（明治39）年に発足した埼玉県教育会の会務の一項に，「學事ノ講習，講話及教育品展覽會等ノ開設ニ關スルコト」(「埼玉縣教育會規則」『埼玉縣教育會雑誌』第壹號　1906　p.71) が示されている。
23) 棚橋源太郎『郷土博物館』刀江書院　1932　pp.13-18
24) 吉野正敏「ドイツのハイマートクンデと日本の郷土学に関する若干の考察」『愛知大学綜合郷土研究所紀要』第40輯　1995　p.53
25) 註23) 文献　pp.32-41
26) 註10) 文献　pp.49-50, 154-155
27) 川北典子「"財団法人仏教児童博物館"の研究―その設立と活動について―」『子ども社会研究』3号　1997　pp.3-15
28) 1931（昭和6）年の第3回全国博物館大会における本会提出題に対する答申「本邦郷土博物館設置促進ノ最適切ナル方策」および「圖書館學校等ニ附設セル郷土資料室ヲ博物館トシテ公開スル最善ノ方法」(「第3回全国博物館大会議事録」『博物館研究』第4巻第7號　1931　p.2)。
29) 第3回全国博物館大会での「學校博物館施設奨励建議」(『博物館研究』第4巻第7號　1931　pp.1-2)。
30)『教育的觀覽施設一覽』昭和5年4月1日現在　文部省社会教育局　1930,『同』昭和10

年 4 月 1 日現在　文部省社会教育局　1935
31)「教育審議會總會會議録　第八輯」『近代日本教育資料叢書　史料篇三』宣文堂書店　1971　p.10
32) 1938（昭和 13）年の第 8 回全国博物館大会で，文部大臣諮問の「時局ニ鑑ミ博物館ノ行フベキ具體的施策如何」に対する付託委員の答申（『博物館研究』第 11 巻第 10 號　1938　p.3)。
33)「國家神道，神社神道に對する政府の保證，支援，保全，監督並に弘布の廢止に關する實施要領」昭和 20 年 12 月 27 日・國體代表者宛・社会教育局長（『近代日本教育制度史料』第 29 巻　大日本雄弁会講談社　1958　pp.37-38)
34)「博物館事業振興に関する資料について」昭和 22 年 12 月 9 日・都道府県知事宛・社会教育局長（『近代日本教育制度史料』第 27 巻　大日本雄弁会講談社　1958　pp.158-159)
35) 木場一夫『新しい博物館―その機能と教育活動―』日本教育出版社　1949　pp.131-191
36) 棚橋源太郎『博物館學綱要』理想社　1950　pp.77-83, 259-272
37) 註 36) 文献　pp.248-250
38) 棚橋源太郎『博物館教育』創元社　1953　pp.159-192
39) ICOM 日本委員会「博物館活動と学校教職員に対する教育活動」『博物館研究』No.8　1954　pp.3-9
40)『わが国教育の現状―教育の機会均等を主として―』文部省　1953　pp.343-345
41) 註 40) 文献　pp.248-250
42)『文部省第 82 年報』1957　p.31,『文部省第 88 年報』1962　pp.44-45
43) 新井重三「学校の教課単元にもとづく地方博物館の展示単元の編成について」『博物館研究』第 37 巻第 4 号　1964　pp.16-21,「学校の教課単元に基づく地方博物館の展示単元の編成（Ⅰ)」『神奈川県博物館協会々報』第 13 号　1964　pp.10-11,「同（Ⅱ)」『神奈川県博物館協会々報』第 14 号　1965　pp.2-5
44) 加藤有次「博物館と学校教育との関連性について―考古学博物館についての試み―」『國學院雑誌』第 66 巻第 11 号　1965　pp.94-105
45)『展示解説』第 1 集　大阪市立自然科学博物　1968 など
46) 榊原淳一郎「高等学校社会科と博物館について」『博物館研究』第 37 巻第 3 号　1964　pp.25-26
47) 宮崎惇「学校博物館 10 年の反省―その問題点と私見―」『博物館研究』第 38 巻第 1 号　1965　pp.20-24
48) 領塚正浩「考古資料の保存と活用―市立市川考古博物館の場合―」『歴史手帳』第 19 巻第 2 号　1991　p.18
49) 後藤和民「地方史研究と博物館」『地方史研究』第 25 巻第 1 号　1975　pp.22-23
50) 塚本学「歴史研究と歴史系博物館・資料館」『歴史評論』483 号　1990　pp.26-29
51) 長谷川賢二「公立博物館の展示と歴史学研究」『歴史評論』598 号　2000　pp.25-27

52）伊藤寿朗「地域博物館の思考」『歴史評論』483号　1990　pp. 14-16
53）『小・中学校における博物館利用事例集』Ⅰ・Ⅱ・Ⅲ　千葉県教育庁文化課　1980・'81・'82
54）廣瀬隆人「生涯学習時代の博物館と学校教育」『MOUSEION』第39号　1993　pp. 1-20，金子淳「博物館と学校教育"連携論"の系譜とその位相」『くにたち郷土文化資料館研究紀要』第1号　1996　pp. 20-30など
55）塩川友弥子「学校教育と博物館」『博物館学雑誌』第15巻第1・2号合併号　1990　pp. 21-40，長濱元「科学教育における学社連携の現状と在り方（公立博物館の事例等から今後の課題を考える）」『日本ミュージアム・マネージメント学会 研究紀要』第4号　2000　pp. 75-82，樽創・田口公則・大島光春・今村義郎「博物館と学校の連携の限界と展望—中間機関設置モデルの提示—」『博物館学雑誌』第26巻第2号　2001　pp. 1-10など
56）大堀哲編著『教師のための博物館の効果的利用法』東京堂出版　1997，北俊夫編著『博物館と結ぶ新しい社会科授業づくり』明治図書　2001など
57）大堀哲「博物館ティーチャーズセンターの活動と博物館相互のネットワーク形成の方向性」『博物館研究』第27巻第9号　1992　pp. 4-9
58）堀田龍也監修『教室に博物館がやってきた—社会教育施設と学校をテレビ会議で結んだ遠隔授業の試み—』高陵社書店　2001，高田浩二・岩田知彦・堀田龍也・中川一史「水族館教育における学校を対象にしたIT機器の活用とデジタル教材の開発」『博物館学雑誌』第30巻第1号　2005　pp. 1-20など
59）金山喜昭「市民と博物館・学校・行政の連携による新しい地域文化づくり—千葉県野田市における童謡作曲家山中直治の復活の軌跡—」『博物館学雑誌』第27巻第1号　2002　pp. 25-36，西垣亨・布谷知夫「学校が行う地域での"博物館"づくり」『博物館学雑誌』第30巻第2号　2005　pp. 117-128など
60）古庄浩明「学校における博物館活動の提案」『博物館学雑誌』第33巻第1号　2007　pp. 1-16

第8章　博学連携の実践的検討

　博物館教育の方向性として，学校と連携した活動は，生涯学習社会において取り組みが強く求められるプログラムに位置づけられる。1990年代以降，博学連携の活動が進捗してきているが，前章でみたように，博物館学習に適した独自の教材の開発と，学芸員と学校教員の相互理解に立った連携関係の構築が主要な課題としてあげられる。

　本章ではこの課題への取り組みとして，千葉県市川市国府台に所在する和洋女子大学文化資料館での実践的検討から，周辺地域の学校の教師と児童生徒へのアンケート調査により博物館や博物館学習に対する意識を把握し，博物館における児童生徒を対象とした学習教材のあり方について考察する。また，その成果をもとにおこなった学校へのアウトリーチの実践分析から，望ましい博学連携のあり方と方向性の提示を試みたい。

　なお，実践的検討の場である和洋女子大学文化資料館は，和洋学園の校地・キャンパス内に所在する下総国府・国分尼寺跡とその関連遺跡の発掘調査で出土した考古資料を中心に，工芸，美術，服飾などの資料を収蔵する大学附属博物館である。これらの収蔵資料による学習支援活動の1つとして，2003（平成15）年から博学連携の実践研究に取り組み，学習プログラムや学習教材の作成を進めてきている。

1 博物館資料の地域学習教材化に向けて

博物館における学習教材は，多くの小・中学校が共有して活用できるものでなければならない。そのためには，博学連携における学習教材作成の意義を明らかにして，そのうえで方法を考えることが必要と思われる。

（1） 博学連携における学習教材

前章でみたように，博物館と学校の連携が積極的に推進されるようになった契機は，1989（平成元）年の文部省告示の小学校学習指導要領において，博物館や郷土資料館などの活用への配慮が，社会科の指導計画作成の配慮事項に示されたことである。このときには中学校社会科や高等学校地理・歴史の学習指導要領にも，体験的な学習と博物館の活用が促されていた。学校教育でのこのような動向をもとに，博物館側の対応や支援が次第に進められるようになった。

少し古いデータとなるが，2000（平成 12）年度に日本博物館協会が実施した博物館の学習支援に関する全国調査によると，回答館 1858 館のうち半数以上の 51.5％で，学校と連携した学習支援活動がおこなわれている[1]。連携実施館での具体的内容を割合の多いものからみていくと，「博物館に関する情報の提供」47.7％，「資料・キットの貸出」38.5％，「出前授業」32.5％，「教員対象の研修講座・教室」23.8％，「教員の派遣研修の受入」18.2％，「カリキュラムと連動した展示工夫・教材開発」16.1％，「メールによる児童生徒からの相談受付」8.8％，「移動博物館」7.9％，「学校と共同でのカリキュラム開発」6.1％である。

このうち，もっとも多い「博物館に関する情報の提供」の内容は，学校に向けた広報や児童生徒用のパンフレットの準備などであろうが，こうした基礎的な学習支援でも博物館全体からすると 25％程度での実施にすぎない。学芸員が学校に出向いて体験的な講座やワークショップをおこなう「出前授業」は，項目のなかでは比較的高い実施率である。授業計画のなかに位置づけやすいこともあって学校側の期待度は大きく，それに応えるような学習成果を上げてい

る例が少なくない[2]。「カリキュラムと連動した展示工夫・教材開発」については，博物館学習に関する手引書や教師・児童生徒用のガイドブック，ワークシートなどの学習支援ツールが大部分のようである。そして，「学校と共同でのカリキュラム開発」はかなり少なく，博物館全体の約3％の実施でしかない。

ちなみに，日本博物館協会が1998（平成10）年から2000（平成12）年にかけて実施した学習支援に対する欧米5カ国の比較調査結果は，国際的な状況から捉えるうえで興味深い[3]。回答館数に差はあるが，学校との連携を実施している博物館はイギリスで90.3％，アメリカ84.9％，カナダ79.3％，フランス76.0％，ドイツ73.7％であり，日本の51.5％とは大きな開きがある。学習教材の準備状況をみると，インフォメーションシートやワークシートは，上記欧米5カ国で4〜7割の館で用意されているのに対し，日本は1割台とはるかに少ない。教材キットについても，欧米では2〜3割であるが，日本ではわずか5％にも満たず，その低調さが際立っている。2002（平成14）年度以降は，各学校において「総合的な学習の時間」が本格的に導入され，その取り扱いに博物館も含めた社会教育施設と連携し，地域の教材や学習環境の積極的な活用が求められたこともあり，博学連携はより進捗しているものと推察されるが，それであってもいまだ十分に整っている状況ではないように看取される。

また，これまで進められている博学連携に向けた活動は，博物館側からの一方向的な内容のものが大部分である。アウトリーチ活動の1つである出前講座（学芸員が担う学習支援は学校の授業とは一線を画するものと考えるので，本書では"出前授業"ではなく"出前講座"と呼称する）においても両者の協議がほとんどなく，学校側がその内容を学芸員に任せっきりであったり，学芸員が一方的に学習活動を進めたりするなど，両者が対等な形で進められていないという反省はしばしば聞かれる。

たしかに，現在の博物館において，学校への学習支援活動は従来にくらべ児童生徒の学習機会を多様化し，学習意欲を高めることとなってはいる。しかし，児童生徒が自ら積極的に学び知識を深めていくという点では，あまり効果は上がっていないように観察される。その主因は，博物館と学校が相互の特性や固

有の価値を発揮し合い，学習効果を高めるという博学連携の本来のねらいに至っていないためと考えられる。さらに，内容が一過性の観察や体験が中心である場合が多く，学習プロセスの面における追求が乏しいことにより，計画的な学習カリキュラムに位置づいていないためと分析できる。この点からすると，博物館と学校が協力した教材やカリキュラムの作成は，実施割合からみると現在は模索の段階といえ，一層の検討が必要な課題とされるとともに，博学連携を推進するうえで有効な活動と位置づけられるのである。

　このような点をふまえて，和洋女子大学文化資料館における博学連携の取り組みは，博物館を活用した歴史学習の授業カリキュラムの検討からはじめた。そして「土器を学ぼう」をテーマに掲げたプロジェクト学習を企画し，隣接の筑波大学附属聴覚特別支援学校の中学部において 2003 (平成 15) 年と翌年に実践した[4]。この学習は生徒が学ぶ学校周辺の遺跡から採集された縄文土器をとおし，縄文人の生活の様子を探り，現在の自分たちの生活を振り返ることをねらいとするものである。

　学習プログラムは，特別支援学校の教師と文化資料館の学芸員が協力して作成し，授業は専門的分野の指導を学芸員が担当して，そこに教師も加わって進めるチームティーチングの態勢でおこなった。その後，実施したプロジェクト学習の記録と，縄文土器を扱った生徒の学習活動の成果を取りまとめて教材を作成し，以後継続して，当該学校の生徒の学習にも役立てることを意図した研究に取り組んだ[5]。さらに，身近な地域の歴史を学ぶ材料として，この学習教材を多くの小・中学校が共有して活用できるものとするため，和洋女子大学文化資料館が収蔵する下総国府跡と下総国分尼寺跡出土の考古資料や，地域に残る遺跡や史跡を広く包括した学習教材を作成することを計画した。

　そこで，博物館資料を活用した教材やカリキュラムを作成するにあたり，身近な地域の歴史を学習テーマとして，児童生徒の学習実態を把握し，学校でどのような教材が求められ，博物館が学校や児童生徒のために何ができるのかという点について検討することを目的に，アンケート調査を実施したのである。

（2）身近な地域の歴史学習に関するアンケート調査

　このアンケート調査は，和洋女子大学文化資料館が所在する千葉県市川市の南西部，国府台・国分台・須和田台・曽谷台地区の小・中学校の児童生徒と教師を対象に実施した。これらの地域はその中心より半径約1.8km圏内に収まる範囲で，国府台には下総国府跡があり，国分台には下総国分寺・国分尼寺跡，須和田台には弥生時代土器形式の標識遺跡や下総国府関連遺跡，曽谷台には国史跡の大規模な縄文時代の貝塚など，いずれも特筆される遺跡が存在しており，原始・古代の歴史を身近に学ぶ素材に比較的恵まれた地域である。

　調査を実施した学校と各回答者数が表8-1となる。内訳は，小学校が8校で，社会科で歴史を学ぶ6年生の児童全員と全教師を対象とし，回答者総数は児童596人，教師131人であった。中学校は6校で，歴史学習学年（1年ないし2年）の生徒全員と社会科担当教師を対象とし，生徒1028人，教師18人から回答を得ることができた。

　アンケート調査は2006（平成18）年1月に各学校へ依頼し，2月までに回収を終えた。設問は，回答の負担を極力軽減するために簡潔な内容の5問にしぼり，選択回答方式とした。各質問と回答結果は以下のとおりである。

表8-1　アンケート調査実施の学校と回答者数

調査実施小学校		
学　校　名	回答者数（人）	
	児　童	教　師
市川市立市川小学校	79	14
市川市立真間小学校	67	20
市川市立国府台小学校	87	21
市川市立国分小学校	53	14
市川市立中国分小学校	63	12
市川市立曽谷小学校	83	18
市川市立菅野小学校	66	8
市川市立大野小学校	98	24
（8小学校合計）	596	131
調査実施中学校		
学　校　名	回答者数（人）	
	生　徒	教　師
市川市立第一中学校	166	3
市川市立第二中学校	323	3
市川市立東国分中学校	216	3
市川市立下貝塚中学校	201	4
筑波大学附属聾学校中学部	12	2
和洋国府台女子中学校	110	3
（6中学校合計）	1,028	18
（14小・中学校総計）	1,624	149

児童生徒への質問と回答

○身近な地域の歴史学習について，1）～5）の質問に対し，あなたの考えや体験にあてはまるものを答えてください。

質問1）あなたは，自分が住んでいる地域（市川市）の歴史に興味がありますか。

回答者（総数）	とても興味がある	興味がある	少し興味がある	あまり興味がない	興味がない
小学生（596人）	3.7%	16.1%	39.4%	25.3%	15.5%
中学生（1028人）	4.5%	9.2%	29.5%	32.4%	24.4%

質問2）あなたは，社会科や総合的な学習などの時間に，身近な地域の歴史を学習したことがありますか。

回答者（総数）	ある	ない	無回答
小学生（596人）	85.6%	14.1%	0.3%
中学生（1028人）	66.8%	31.7%	1.5%

ある→質問3）に進む，ない→質問4）に進む

質問3）身近な地域の歴史を学習したとき，利用したものを選んでください。いくつ選んでもかまいません。

回答者（総数）	インターネット	図書館の本	副読本	リーフレット	その他
小学生（510人）	55.4%	49.5%	21.6%	11.1%	26.5%
中学生（687人）	55.8%	43.7%	5.9%	4.5%	9.1%

質問4）あなたは，学校の周辺に，身近な地域の歴史が学べる博物館があることを知っていますか。いくつ選んでもかまいません。

回答者（総数）	知らない	知っているが行ったことがない	行ったことはないが行ってみたい	学校の授業で行ったことがある	休日に行ったことがある	無回答
小学生（596人）	15.1%	8.4%	6.0%	52.9%	27.9%	11.2%
中学生（1028人）	23.3%	9.5%	5.3%	39.9%	16.1%	13.4%

質問5）あなたは，歴史を専門に研究している人から，地域の歴史について話を聞いたことはありますか。

回答者（総数）	聞いたことがある	聞いたことがない	聞いたことはないが，聞いてみたい	聞いたことはなく，聞いてみたいとも思わない
小学生（596人）	34.6%	22.5%	31.2%	11.7%
中学生（1028人）	26.4%	25.3%	26.3%	21.9%

教師への質問と回答

○身近な地域の指導や教材について，ⅰ）〜ⅴ）の質問に対し，あなたの考えや経験にあてはまるものをお答えください。

質問ⅰ）総合的な学習の時間や社会科などで，身近な地域（市川市）の歴史を題材として取り上げたことはありますか。

回答者（総数）	ある	ない
小学校教師（131人）	69.5%	30.5%
中学校教師（18人）	88.9%	11.1%

ある→質問ⅱ）に進む，ない→質問ⅲ）に進む

質問ⅱ）身近な地域の学習は，何時間扱いで取り組ませましたか。

回答者（総数）	1〜5時間	6〜10時間	1ヶ月	学期	その他
小学校教師（91人）	24.4%	21.4%	9.2%	10.7%	3.8%
中学校教師（16人）	66.7%	16.7%	0%	0%	5.6%

質問ⅲ）身近な地域の歴史を学習させたとき，博物館を活用したことがありますか。

回答者（総数）	ある	ない
小学校教師（131人）	55.7%	44.3%
中学校教師（18人）	50.0%	50.0%

質問ⅳ）身近な地域の歴史教材の必要性について，どのようにお考えですか。

回答者（総数）	とても必要性を感じる	必要性を感じる	少し必要性を感じる	あまり必要性を感じない	ほとんど必要性を感じない
小学校教師（131人）	41.2%	50.4%	7.6%	0.8%	0%
中学校教師（18人）	33.3%	44.4%	11.1%	11.1%	0%

質問ⅴ）総合的な学習の時間や社会科の授業で，利用できる身近な地域の学習教材があれば，活用したいと思いますか。

回答者（総数）	是非活用したい	活用したい	条件が整えば活用を検討したい	あまり活用したいと思わない	活用したくない
小学校教師（131人）	53.4%	34.4%	12.2%	0%	0%
中学校教師（16人）	44.4%	16.7%	38.9%	0%	0%

　以上がアンケート調査の質問内容と回答の集計値である。つぎに，このデータを児童生徒の興味と取り組み，および教師の取り組みと意識の両者の点から分析をおこなう。

(3) 児童生徒の興味と取り組み

　身近な地域の歴史学習に対する児童生徒の興味の度合を質問1）からみると，小学生は「少し興味がある」がもっとも多く，全体の59.2％が一定の興味をもっており，40.8％は関心度が低い。これに対して中学生の最も多い回答は「あまり興味がない」で，「興味がない」を合わせると56.9％となり，興味のある部類は43.1％と低く，小学生の傾向と逆転している。中学校に進んで社会に対する視野が広がる一方で，身の周りの地域に対する興味が失われていくのであろうか。それにしても，地域の歴史学習に関心度の低い児童と生徒が4〜6割もいるわけで，これらの児童生徒は地域の歴史系博物館を自主的・主体的には利用しない存在といえる。したがって，博学連携の学習プログラムにおいて彼らをどのように意欲づけできるかという点が，博物館を活用する学習の効果を高めるポイントとなる。

　また，博学連携はこのような児童生徒を博物館活動に取り込む絶好の機会となり，活動内容が学習の場としての博物館の有効性や楽しさを体得できるものであるならば，地域の歴史に対する関心を高めるとともに，将来にわたる博物館利用者を獲得することにもなろう。

　ところで，児童生徒は博物館に対してどのような印象を抱いているのだろうか。第5章の図5-3で示したように，10〜80歳代を対象にした調査では，「楽しい・おもしろい」が28.2％ともっとも多いが，これとほぼ同じ割合の25.1％が「堅苦しい」と好ましくない印象で捉えている。また，好意的に捉える印象のなかでも，「落ち着く・心休まる」のように静的な空間と捉える人が21.1％を占めていた。児童や生徒も同様に感じているとするならば，活動的な彼らにとって，博物館はさほど好感がもてる場所とは捉えられていないことが推察される。また，前掲の調査では敬遠気味なイメージの「堅苦しい」：25.1％，「暗い・怖い」：11.1％，「飽きる・難しい」：4.6％，「混雑している」：2.9％をすべて合わせると43.7％となり，博物館や美術館をあまり親しめない存在と考えている人が，けっして少数の存在ではないことがわかる。児童や生徒の捉え方もおそらく近似の傾向と考えられるが，博学連携の活動において親しみがたいイ

メージを払拭する学習プログラムの提供が、博物館と児童生徒のつながりを深め、相互の利益に適うものになるはずである。

地域の歴史学習の取り組みについて、質問2) から児童生徒の現状を捉えると、学習経験のある小学生は85.6％であるのに対し、中学生は66.8％とやや少ない。ただし、教師への質問ⅰ) をみると、地域の歴史を学習題材として取り上げたことがあるのは、小学校で69.5％、中学校で88.9％となり、児童生徒と教師との認識に若干の乖離がみとめられる。いずれにしても、教師の7〜9割が学習題材として取り上げており、児童生徒もそれに準ずる割合で学習経験をもっていることから、調査対象の各学校において、地域の歴史が学習題材として重視されていることが明らかである。

地域の歴史学習にあたって利用した資料をたずねた質問3) の回答では (図8-1)、小・中学生ともにもっとも多いのはインターネットで、小学生で64.7％、中学生で83.6％も占めている。かつては調べ学習の中心手段であった図書資料の利用は、小学生57.8％、中学生65.4％となっており、インターネットの利用はこれを凌駕している。ITの学習活動への浸透が看取される。この状況を考慮すると、博物館においてインターネット・コンテンツを充実させることが、博学連携に際しても活用の大きな契機となり得るはずである。また、副読本の利用は小学生で25.3％、中学生では8.9％でしかない。

市川市の公立小学校では、地域学習のための総合的内容の副読本が配布され

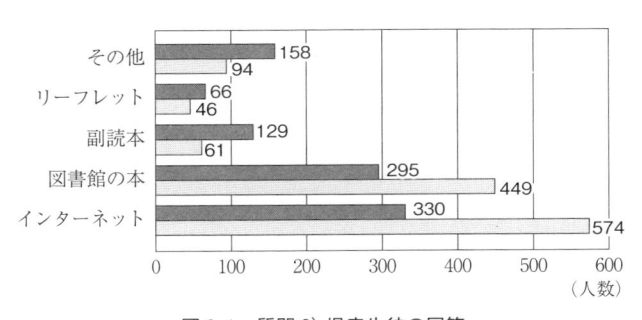

図8-1 質問3) 児童生徒の回答

ており，そこに歴史の記述も含まれている。この副読本はもっとも早く学習する内容の授業計画に合わせて4年生次に配布されており，歴史を学ぶのは6年生であるため，その際にあらためて持参させ利用するのは難しいのが現状のようである。この点が利用率の高くない主因と推察される。一方，公立中学校では地域の歴史に関する副読本はとくには提供されておらず，そのために低い数値となっているものと考えられる。なお，地域の歴史学習に重点を置いて取り組んでいる学校では，一部の教員が独自の教材をつくって授業を進めている場合もあるようで，「その他」の数値となって表れている。小学校で31.0％，中学校で13.7％であり，積極的な教師の取り組みの姿が浮かび上がってくる。

　つぎに，質問4）で児童生徒の博物館の利用状況をみると，地域を対象とした歴史系博物館の存在を認知していない小学生は15.1％，中学生では23.3％の数値である。存在は認知しているけれど行ったことのない者を加えると小学生で23.5％，中学生で33.1％となる。調査対象の学校周辺の歴史系博物館には，市川市立の歴史博物館と考古博物館，和洋女子大学文化資料館があり，いずれの館も各学校から比較的近距離に位置し，もっとも離れた学校と博物館でも直線距離で3.5kmでしかない。こうした環境からすると上記の数値は必ずしも高い割合とはいえず，存在をさらに周知する必要性がみとめられる。また，博物館利用経験者の動機は，学校の授業での利用が休日利用を大きく上回っている。小学生で52.9％，中学生で39.9％を占め，博学連携として博物館を利用した授業が，一定程度定着していることがわかる。さらに，中学生よりも小学生の割合が高いことからすると，今後その利用が次第に高まっていく傾向にあるとも読みとれる。

　なお，児童生徒の授業における博物館利用経験率は，学校間でかなり差異があった。これは博物館と学校の距離の遠近とは相関しておらず，学校や教員の取り組み方針や意欲によってちがいが出ているようである。一方，博物館の利用経験のない児童生徒のなかで，博物館へ行ってみたいと答えたのは小学生で20.5％，中学生は13.8％と少ないが，彼らに利用の契機を与えるうえでも学校との連携は有効策と考えられる。

地域の歴史研究者との接触について尋ねた質問5) をみると, 研究者から話を聞いた経験のある小学生は34.6％, 中学生は26.5％である。彼らが接した地域の歴史研究者のほとんどは博物館の学芸員と推測され, 小学生で3人に1人, 中学生で4人に1人という割合の評価は, 先の博学連携の浸透と関連するものと考えられる。そして, 歴史研究者の話を聞いた経験がない児童生徒のなかで, 聞いてみたいと答えた小学生は47.7％, 中学生は35.8％の割合であり, その期待度は比較的高いと判断できよう。

(4) 教師の取り組みと意識

教師に対するアンケート調査の結果については, 小学校と中学校ではちがいが出ているが, 学校間では大きな差はみとめられなかった。

まず, 質問ⅰ) をみると, 総合的な学習や社会科の授業において, 地域の歴史を題材として取り上げたことのある教師は, 小学校で69.5％, 中学校で88.9％と高い割合を占め, 重視されている学習題材であることがわかる。先述のように, この数値は児童生徒との認識と若干乖離している。質問2) で学習経験を有する小学生が85.6％に対して, 取り上げた小学校講師は69.5％と少ない。これは調査対象教師に家庭科や図工などの特定教科の専門教師も入っているため, その回答値が児童より下回る結果になったと判断される。一方, 学習経験のある中学生は66.8％で, 取り上げた中学校教師の88.9％よりかなり下回っている。調査対象教師は社会科担当に限っているので, 両者の数値はもっと近似してよいはずであろう。生徒の数値が教師より低いということは, 学習したという認識をもたなかった中学生が比較的多くいたということであり, 学習効果を高めるための適切な教材があれば, 全体の学習認識を高めることが可能となるように思われる。

授業での取り組み時間を質問ⅱ) でみると, 小学校では1〜5時間と6〜10時間の扱いがともに多く, それぞれ24.4％と21.4％である。これ以外の1カ月や学期扱い, その他もそれぞれ一定数がみとめられ, 小学校では多様な方法で取り組まれていることがわかる。これに対して, 中学校では1〜5時間扱いが

66.7％と格段に多く，1カ月や学期扱いは皆無である。調査対象の社会科担当教師が，教科の限られた配当時間の中で取り組んでいる様子が伝わってくる。

学習に際しての教師による博物館の活用状況をたずねた質問ⅲ）では，小学校で55.7％，中学校で50.0％がその経験をもっていた。これは，児童生徒への質問4）で回答のあった学校の授業での博物館利用経験者の割合と比較すると，小学生は52.9％で数値は近似するが，中学生は39.9％であり教師の活用数値とやや差がみとめられる。中学校では，担当教師が授業時間などに生徒を引率して博物館を活用させるのは時間的に困難であることから，教師が博物館利用にもとづく調べ学習を課題とするなど，生徒の自主性に任せる場合が多いようである。生徒の授業での博物館利用率が教師のそれより少ないのは，これが一因と理解できよう。いずれにしろ，小・中学校の半数を超える教師が授業での博物館活用経験を有していることは，その活用がある程度定着していることを示すものと考えられる。

そして，身近な地域の歴史教材の必要性について，質問ⅳ）の回答からみると（図8-2），小学校教師では「必要を感じる」がもっとも多く50.4％（66人）で

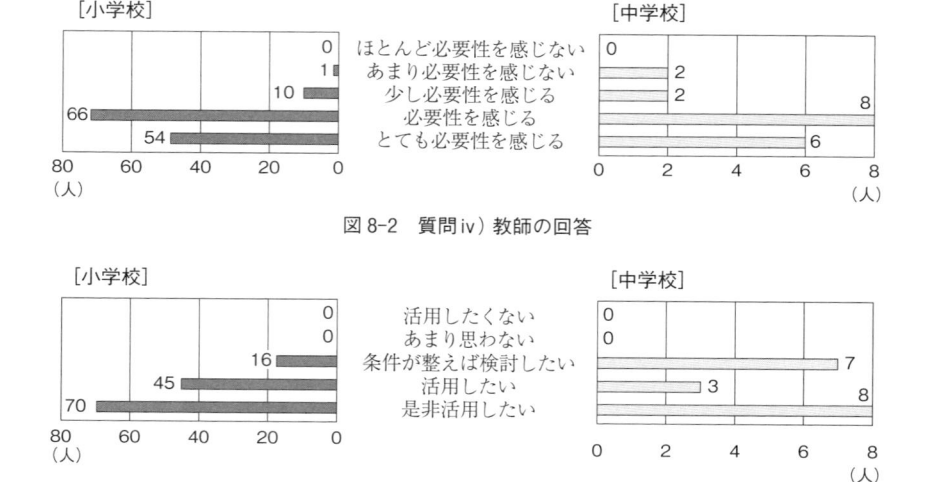

図8-2 質問ⅳ）教師の回答

図8-3 質問ⅴ）教師の回答

あり,「とても必要性を感じる」と「少し必要性を感じる」を合わせると130人で99.2％にものぼる。中学校教師も同様の傾向で,「必要を感じる」が44.4％（8人）と最多で,少しでも必要性を感じるものまで含めると16人で88.9％の高数値となり,小・中学校ともにきわめて高い期待度である。

こうした学習教材に対する強い期待は,質問ⅴ）の回答にもあらわれており（図8-3），利用できる教材があれば「是非活用したい」と答えた小学校教師は53.4％（70人）で,「活用したい」が34.4％（45人）と続き,「あまり活用したいと思わない」や「活用したくない」は皆無となっている。中学校教師も最多が「是非活用したい」の44.4％（8人）で,活用に否定的な回答はまったくみられない。すなわち,地域の歴史教材に対する教師のニーズはきわめて高いのである。ただし,「条件が整えば活用を検討したい」の選択が小学校教師で12.2％（16人），中学校教師では38.9％（7人）とやや高い割合となっており,授業計画に組み込みやすく,利用に無理のない教材を求めていることがわかる。

(5) 学習教材作成の課題

すでに示したように,現在の小・中学校では,「社会科」において身近な地域,および国土の遺跡や文化財などの観察や調査にもとづく表現活動が,また,「総合的な学習の時間」では地域の教材や学習環境の積極的な活用が求められている。今回調査対象とした小・中学校でも,身近な地域の歴史学習が比較的重視され,実践されていることが看取できた。それとともに,身近な地域の歴史を学ぶ教材に対して,教師に強い期待のあることが明らかとなった。中学校では社会科担当教師だけを調査対象としたが,おそらく中学校でも総合的な学習への取り組みの1つとして,地域の歴史を学ぶ教材への関心は高いものと推察される。

しかし,地域学習は素材が比較的豊富ではあるが,その素材を見つけだして定型的な活動を組むことが難しいため敬遠されている,との学校現場からの指摘がある[6]。実際,調査対象地域では地域を学ぶ定型的な教材としては副読本程度しかなく,そのなかでも歴史に関してはわずかな扱いとなっており,これ

をもとに深く掘り下げるのは，意欲的な教師の創意工夫に任されているのが実情とみられる。つまり，教師のだれもが扱えるような活動を組むことができないため，継続できる定着したカリキュラムにならないのである。地域の歴史学習教材に対する強い期待度は，こうした現状からきているものと考えられる。これは調査対象地のみの特性ではなく，多くの地域も同様な傾向にあるものと推測される。

　児童生徒の調べ学習の状況については，インターネットなどの情報技術への依存が高まっており，それに対する強い関心がうかがえる。彼らの学習実態に合わせ，関心度が高く意欲的に取り組むことのできる教材とするならば，こうした機器や手段を活用したいわゆるパソコン教材が，現状に適していると思われる。地域の歴史に関心の低い児童生徒が4～6割もいることからすると，学習への取りかかり手段も工夫が必要となる。さらに，その学習教材を足がかりに，児童生徒が博物館のホームページにアクセスして博物館の活動を知り，自主的に博物館を訪れて課題追求学習ができることにまでつながる内容とするならば，学習効果は一段と高くなるであろう。少なからずいる地域の博物館の状況を知らない児童生徒への博物館情報の提供となり，上記の教材学習が博物館活用の契機になるものと期待される。

　また，博物館での体験は彼らの学習を一段と深めることにつながるはずである。国立歴史民俗博物館での実践では，歴史学習が好きではないと答えた子どもたちの多くが，博物館での学習体験後には興味関心を高め，肯定的に受け取っているとの調査結果が提示されている[7]。つまり，児童生徒の調べ学習の来館に対して，博物館側が適切な対応をするならば，それまで地域の歴史に興味が希薄であった児童生徒たちの，関心を高めることにもなるわけである。

　ところで，アンケートの結果をみると，授業や学校活動における博物館利用は一定の定着がみとめられた。利用の促進という点での成果は上がっているが，その機会を有意義なものとなるように学習効果を一段と高めるためには，児童生徒と学芸員との直接的なコミュニケーションが大切な要素となる。教師や児童生徒もそれを望んでいることがアンケートに表れている。博物館資料や学習

教材をもとにして,学芸員や博物館スタッフとの対話にまで進むことのできる学習プログラムが理想的であろう。

最後に,地域の歴史教材に対する教師の活用期待度をたずねた質問に対し,条件が整えば活用を検討したいとの回答が比較的高い割合を占めるのは,授業における使用方法が柔軟性のある教材となっていることと,見とおしの立つ定型的な活動を組み立てることのできる学習内容が求められているものと考えられる。当然ながら授業時数は限られているので,一定時限内で帰結するようなコンパクトな学習プログラムを組める内容で,指導においては一斉指導や個別学習のどちらにも対応できる配慮が必要である。とくに総合的な学習での場合は,学校間で取り組み方や時間数が異なるため,多様なニーズに対応でき,教材内容の一部を部分的に抽出することも可能な柔軟性が求められる。そのうえで,使用する児童生徒が扱いやすいことや,彼らの活動意欲を向上させること,学習の発展に関連性をもてること,教材が劣化しにくいことなどの工夫が必要と考えられる。

いずれにしても,地域の歴史を学習する教材のニーズは高い。そして教師は適切な学習教材を模索している現状が読みとれる。したがって,博物館は学習教材となる材料を提示し,お互いの特性を発揮し協議しながら教材を作成して,さらにその教材にもとづいた学習プログラムを組み立てることが,博学連携をさらに一歩進める方策となるはずである。

博物館学習教材に関する上記の分析と考察から,1つのモデルとして,和洋女子大学文化資料館を活用した地域の古代史を学ぶ学習プログラムを作成した。総合的な学習の時間や,社会科の授業での利用を意図したカリキュラムで,全体のプロセスを示したものが図8-4である。

まず,博物館学習の導入になるものとして,「地域を学ぼう」と題するパソコン用教材を制作した。文化資料館が所在する千葉県市川市北西部の国府台・国分台・曽谷台と,その周辺の原始・古代の遺跡と史跡の概要を紹介し,さらに深く調べる手がかりを提示し,課題追求にも対応できるようにしたものである。これをCDにして近隣の小・中学校に配布し,あわせて文化資料館のホー

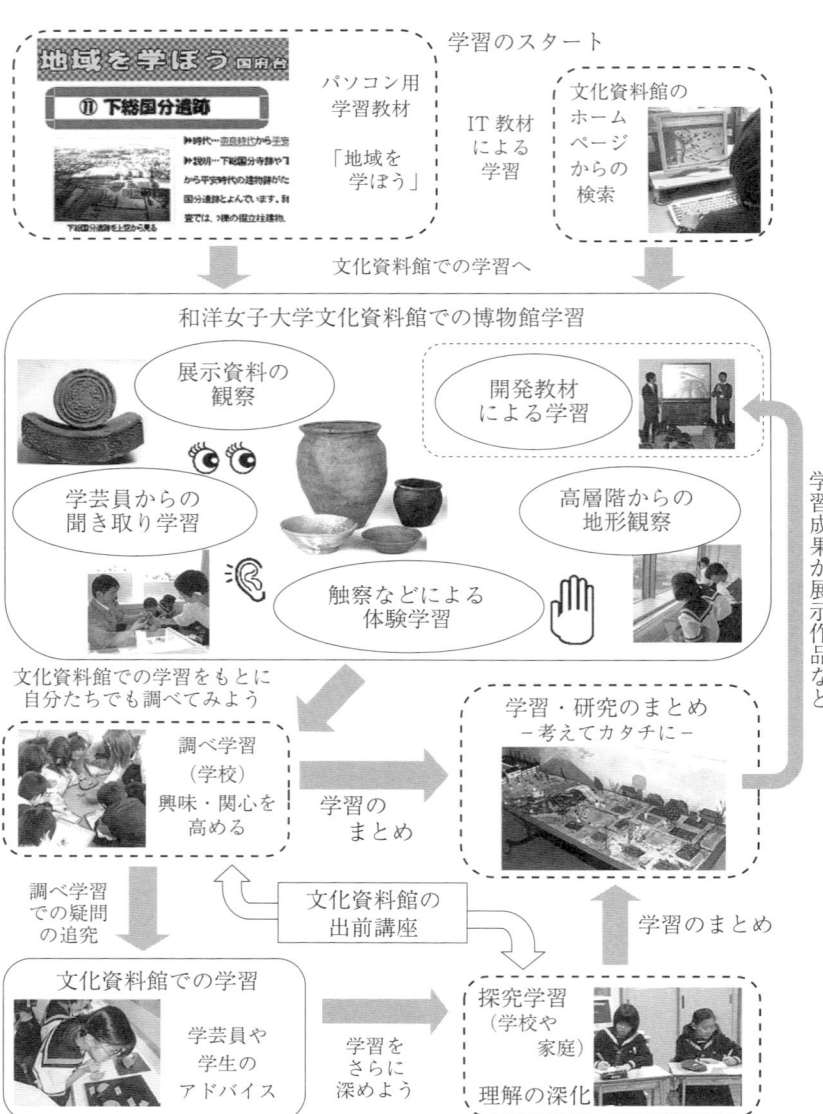

218　第8章　博学連携の実践的検討

図8-4　和洋女子大学文化資料館を活用した地域歴史学習のフローチャート
註：実線の囲みは文化資料館での学習，破線の囲みは学校や家庭での学習

ムページに掲載して，児童生徒がそれぞれ取り組める点にも考慮した。つぎに，博物館での実地学習となる。文化資料館では，展示資料の観察，学芸員や館スタッフとのコミュニケーションをもとにした聞き取り，出土資料などの触察，眺望景観を取り込んだ展示室での歴史的地形の観察，館で作成した教材による思考の6つの学習を提供する。文化資料館での実地学習後については，学校や家庭での調べ学習や探求学習でまとめられた成果物の提出が得られれば，それを館での展示やホームページ上で広く紹介することとした。これは博物館での学びをもとに継続した学習の促進を図るもので，この児童生徒が作成した研究作品の一部は博物館学習での教材化も意図している。また，学校での学習過程で新たな疑問や深化させた学習への要求が生じた場合は，再度の実地学習，あるいは学校への出前講座で学習支援に対応するプロセスを設けた。

　このように組み立てた博物館を利用した学習のフローチャートは，近隣の小・中学校に提示し，プログラム化した博学連携のあり方を検討する試みとして取り組んでいる。

2　出前講座の実践と検討

　博学連携の主要な活動として，アウトリーチの1つとなる出前講座は有用な学習支援である。ただし，先述のように，博物館と学校の両者がともにつくり上げていくものとしなければ，実のある博学連携には結びつかない。前項のアンケート調査と分析結果をもとにした出前講座の実践から，その効果的あり方を探ってみる。

(1)　出前講座の実践-1

　実施した出前講座は，和洋女子大学文化資料館での調査・研究成果と収蔵資料の活用，および博物館を利用した学習の推進を目的とした内容である。市川市立国府台小学校6年生の3クラス115人が対象で，学校側の指導教師は担任と副担任など5人，文化資料館側は学芸員2人が役割を分担した。講座時間は

45分で，2008（平成20）年6月5日に同校の小劇場（小規模な講堂）において3クラス合同でおこなった。

　講座の内容は，小学校側から身近な地域の歴史が学べるものにしてほしいとの要望が出され，資料館側では収集資料や蓄積している研究成果などを示し，また授業の全体カリキュラムも勘案するなど，数度の電話と電子メールによる協議を重ねて組み立てた。前項で示したように，従来の博学連携の活動では博物館側からの一方向的な内容に偏りがちで，両者が協議できる機会の少なさが相互の不理解を生み，児童生徒に十分な効果をもたらせていない場合が多い。この点を考慮し，時間の節約を意図して電話と電子メールではあるが，事前の協議をおこなって相互理解を図るように努めながら進めた。その結果，講座の内容は当該地域の古代史の下総国府に焦点を据えることとし，テーマは「"国府台"の成り立ちをさぐろう」に決まった。

　また，講座のねらいは2点を設定した。第一は，「国府台小学校の校名にもなっている"国府台"の地名由来から，下総国府が置かれた奈良・平安時代の国府台の様子について理解を深めるとともに，地域の歴史が現在の地名に息づいていることがわかる」，そして第二は，「地域の歴史を調べるための博物館の存在と，その活用方法を知ることができる」こととした。

　講座の展開は表8-2のとおりである。全体の流れは講話が約30分（導入，展開1・2，まとめ）で，体験学習を含むワークショップを約15分とした。参加の児童数が115人と多いため，一斉的な学習効果の浸透性を高める手段として，講話はパワーポイント教材を作成しておこなった。

　まず導入は，"国府台"の地名由来の二説を取り上げ，展開1はその検証となる国府台遺跡（下総国府跡）の発掘調査の実際と研究成果を，写真や図をもとに示した。調査の記録や成果は文化資料館の研究集積データである。学習する国府については，児童が使用している教科書の記述も引用して，教科学習と関連づけた。そして展開2では，古代の土地利用の状況が，児童たちの住む"国府台"や"国分"の地名に受け継がれていることを解説した。

　展開3はワークショップである。展開1・2での学習や地域の史跡に関する

表 8-2 講座の展開 (2008 年)

おもな学習内容・活動	指導上の留意点	配時
（導入） 国府台の地名由来に関する二説の検討 　「鴻之鳥に与えた台地」と「国府の置かれた台地」について考える。	国府台小学校の校章や校歌をとりあげ、国府台地名由来の二説を提示し、どちらを支持するか児童の意見を聞く。	5 分
（展開 1） 国府台遺跡の発掘と下総国府跡の発見 　1．和洋女子大学キャンパス内等の国府台遺跡の発掘調査で明らかになったことを知る。 　2．奈良・平安時代に国府台に設置された下総国府について、その仕組みや景観、役割に対する理解を深める。	和洋女子大学キャンパス内での発掘調査の様子を写真で観察し、発掘調査で判明した下総国府の様子を、復元イラストなどで学ぶ。 国府に関する事項については、教科書（『新しい社会　6 上』）の内容から発展させる。	10 分
（展開 2） 地名に息づく地域の歴史 　児童が住む「国府台」や「国分」の地名は、古代の土地利用の状況を示す歴史的な遺産・財産であることに気づく。	古代から続く地名の例を提示し、地名の歴史的重要性を伝えるとともに、身近な地域への愛着と誇りを芽生えさせる。	5 分
（展開 3） 国府台と国分の歴史・史跡の再発見 　1．国府台の歴史的事象や史跡について簡単なクイズをおこない、知識を確認するとともに、未知の事がらを発見する。 　2．発掘調査で出土した実物の土器を手にとって観察し、古代を体感する。	国府台小学校で 2002 年に刊行された『はばたけ国府台っ子』の内容を中心に、国府台・国分に関わる歴史クイズを出題し、解説を加えながら質問に答え、理解を深めさせる。 クイズや実物土器の触察には、教師にも参加してもらう。	15 分
（まとめ） 地域を学ぶ博物館の魅力 　地域の歴史を学ぶ場として、和洋女子大学文化資料館や近隣の博物館の利用の仕方と、歴史の学習方法の一端に触れる。	和洋女子大学文化資料館の紹介を中心におこない、地域の博物館の活用方法と学習スタイルの一例を示し、歴史学習のおもしろさを気づかせる。	10 分

知識を確認する6問の簡単なクイズと,国府台遺跡で出土した国府が機能していた時代の土器の観察をおこなった。地域の史跡についての知識は,同校のPTAが中心になって編集された地域学習の副教材『はばたけ国府台っ子』から題材を選択し,その活用を児童に促すよう配慮した。つぎに実施した土器の実物観察は,文化資料館が収蔵する土師器坏と土師器甕の触察である。これらのワークショップでは指導教師の協力を求め,チームティーチングの態勢であたるように努めた。

そして最後のまとめでは,地域を学習する場としての博物館を紹介し,利用方法や学習スタイルなどを,実例を示しながら具体的に説明した。

(2) 学習効果の分析－1

出前講座の実施にあたり,地域学習に対する児童の関心の変化や学習効果を分析するため,事前と事後にアンケート調査を実施した。その結果が図8-5である。

事前調査のA～Eの回答をみると,身近な地域に愛着をもっている児童は全体の8割強を占めるが(グラフA),その歴史に興味があるのは5割弱と少なくなる(グラフB)。これを事後の回答と比較すると,地域の歴史に興味がもてた児童は9割に増加しており(グラフH),出前講座が地域学習において一定の効果を上げたことがわかる。

また,博物館学習についての関心度は,事前調査によると約6割が意欲的に捉えており(グラフC),比較的高い割合と思われる。当該校は博物館学習に積極的な教育方針であり,その点が反映したものとみられる。そしてこの回答(グラフC)と,歴史学習での博物館利用の回答(グラフD)の内訳の割合がほぼ一致することから,歴史学習への関心と博物館への関心が相関の関係にあることが理解できる。一方,この点を事後の調査と比べると,博物館利用に意欲的な回答をした児童が約30％増えて8割近くに達しており(グラフI・J),講座が歴史学習における博物館利用を促すことにも効果があったと捉えられる。

ただし,出前講座を契機とした博物館学習への意欲は全体の8割強にみとめ

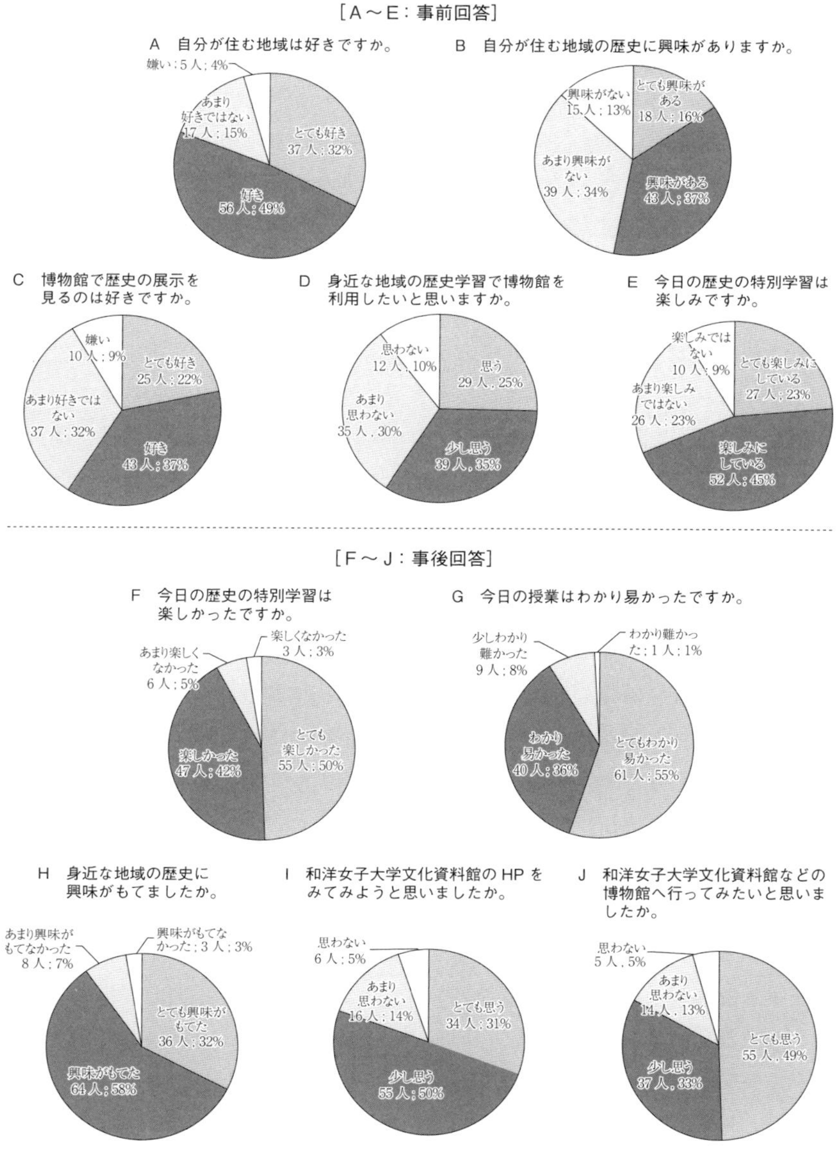

2 出前講座の実践と検討　223

[A～E：事前回答]

A　自分が住む地域は好きですか。
- 嫌い：5人；4%
- あまり好きではない：17人；15%
- とても好き：37人；32%
- 好き：56人；49%

B　自分が住む地域の歴史に興味がありますか。
- 興味がない：15人；13%
- とても興味がある：18人；16%
- あまり興味がない：39人；34%
- 興味がある：43人；37%

C　博物館で歴史の展示を見るのは好きですか。
- 嫌い：10人；9%
- あまり好きではない：37人；32%
- とても好き：25人；22%
- 好き：43人；37%

D　身近な地域の歴史学習で博物館を利用したいと思いますか。
- 思わない：12人；10%
- あまり思わない：35人；30%
- 思う：29人；25%
- 少し思う：39人；35%

E　今日の歴史の特別学習は楽しみですか。
- 楽しみではない：10人；9%
- あまり楽しみではない：26人；23%
- とても楽しみにしている：27人；23%
- 楽しみにしている：52人；45%

[F～J：事後回答]

F　今日の歴史の特別学習は楽しかったですか。
- 楽しくなかった：3人；3%
- あまり楽しくなかった：6人；5%
- とても楽しかった：55人；50%
- 楽しかった：47人；42%

G　今日の授業はわかり易かったですか。
- わかり難かった：1人；1%
- 少しわかり難かった：9人；8%
- とてもわかり易かった：61人；55%
- わかり易かった：40人；36%

H　身近な地域の歴史に興味がもてましたか。
- 興味がもてなかった：3人；3%
- あまり興味がもてなかった：8人；7%
- とても興味がもてた：36人；32%
- 興味がもてた：64人；58%

I　和洋女子大学文化資料館のHPをみてみようと思いましたか。
- 思わない：6人；5%
- あまり思わない：16人；14%
- とても思う：34人；31%
- 少し思う：55人；50%

J　和洋女子大学文化資料館などの博物館へ行ってみたいと思いましたか。
- 思わない：5人；5%
- あまり思わない：14人；13%
- とても思う：55人；49%
- 少し思う：37人；33%

図8-5　児童へのアンケート調査の回答（2008年）

られたが（グラフJ），実施後の約1カ月の間に，和洋女子大学文化資料館へ友人や家族などと来館した児童数は，正確な把握はできていないものの，5人程度でしかなかった。意欲的だった児童の1割にも満たない。意欲値を実際の利用に直結させることは難しいが，来館率の向上を図るためには，児童が利用しやすい時間帯の開館や，館内プログラムに講座受講の児童を対象としたワークショップを設けるなど，来館を促す特別なフォローが必要だったのではないかと反省される。

なお，講座では博物館のホームページにアクセスして，学習プログラムを活用する e ラーニングの方法も解説したが，グラフのIとJを見比べると，博物館学習に関心のある約8割の内訳が大きく異なっている。インターネット利用は各人の生活で急速に進んでいるが，児童にはそれほど積極的な活用に至ってはいないようである。

そして，講座に対する児童の評価は9割強が楽しかったと回答しており（グラフF），おおむね良好だったと思われる。事前には期待度の低い児童が4割強（グラフE）であった点と比較しても，この学習への満足度は高かったと理解してよいであろう。その要因は第一に，和洋女子大学文化資料館が保有する写真や映像の資料と情報を，パワーポイントを用いて視覚にアプローチしながら解説を進めたことがあげられる。今回のように対象人数が多い場合，児童の興味関心を持続してひきつけるには，ICT 機器の活用は効果が高いように観察された。学校での出前講座は，クラスごとに学習の内容や質の差が生じないよう，学年全体での実施が要望される。このため同時に多数の児童生徒が対象となる場合が多く，ICT 教材の作成と効果的使用は出前講座の基軸になると思われる。また，第二の要因は，収蔵する実物資料を持参し触察による実体験を組み入れたこと，第三は，教室での学習を発展させる一手段として博物館の活用方法を具体的に説明したこと，第四は，クイズ形式のQ&Aをおこない楽しく学ぶ娯楽的要素を取り入れたことが考えられる。さらに，これらの4点を事前に学芸員と教師で内容検討し，計画的な配分のうえで実施したことも，満足度を高めることに作用したと推察できる。

一方，講座に参加した指導の教師5人に対しても，事後に評価のアンケートをお願いした。結果が表8-3である。内容に関する質問の①では，期待していたイメージとは少し異なって受け止めた回答が2人あった。おそらく，この期待と相反する内容と感じた教師が，③では講座の継続をあまり望まず，④の和洋女子大学文化資料館での学習への消極的な姿勢につながるものと推測される。講座内容についての学校側との事前協議は，代表者である学年主任の教師に対して電話と電子メールでおこなったが，それが不十分だったことが主因と斟酌される。相互に時間の制約があり容易ではないが，内容検討は学年指導の全教師と直接顔を合わせて意見交換ができれば，相互に納得できる内容へより近づくにちがいない。

表8-3　教師へのアンケート調査の回答（2008年）

①講座内容は期待していたものと同じでしたか。	
同じであった	1
ある程度同じであった	2
少し違っていた	2
まったく違っていた	0

②今日の講座は学習効果があったと思いますか。	
効果があった	3
ある程度の効果があった	2
あまり効果がなかった	0
効果がなかった	0

③出前講座の受講を今後も続けたいと思いますか。	
是非続けたいと思う	3
続けたいと思う	1
あまり続けたいと思わない	1
続けたいと思わない	0

④和洋女子大学文化資料館へ児童を連れて行きたい，あるいは行かせたいと思いますか。	
強く思う	0
思う	4
あまり思わない	1
思わない	0

（人）

　いずれにしろ，②・③の回答に示されているように，この出前講座の学習効果については一定の評価が得られたと判断されよう。これは児童の満足度とも相関しており，要因の分析はすでに記したとおりである。
　ただし，④の回答をみると，文化資料館での博物館学習を強く進めようとする意見はみとめられなかった。制約された時数の範囲で，学習指導要領などに

定められた内容を扱わねばならない授業カリキュラムにおいて，学年単位でまとまった時間が必要となる校外学習の設定は，多々制約されるのが現状であろう。博物館実地学習の有効性が予測でき，望ましいと判断されても，実施に至るにはかなりの困難が伴うはずである。だからこそ，出前講座による博物館資料をもとにした学習は，博物館が目的とする教育的役割を発揮する場として，また博学連携の質を高める方法として，意義が大きい博物館の学習支援活動に位置づくものと考えられる。

(3) 出前講座の実践－2

上記の和洋女子大学文化資料館による市川市立国府台小学校への出前講座は，2008（平成20）年度以降，2010（平成22）年度までの3年間，継続して実施した。それぞれ，児童と担当教師に実施したアンケート調査をもとに，博物館教育としての効果や実践上の課題などを検討し，判明した問題点や望ましい方向性をふまえて，次年の講座では内容や方法を少しずつ変えながら取り組んだ。ここでは2010年に実施した講座内容とアンケート調査の結果を示し，前述の2008年との比較分析を中心に，博物館におけるアウトリーチについて検討する。

2010年度の国府台小学校への出前講座は4月21日に実施した。対象は前年度までと同じく6年生の3クラスで，児童は106人であった。同校の小劇場を会場に50分間で進行し，学校側の指導教師はクラス担任3人で，ほかに3人の教師の参加があった。文化資料館からは学芸員2人に加え，和洋女子大学の学芸員課程履修の学生3人が参加して，それぞれ役割を決めて分担した。

学生については，最初の2008年は参加していなかった。けれども，大学博物館は学生に対する幅広い教育機関でもあり，大学における教育活動体としての機能を可能な限り発揮すべきと考えられる点から，学芸員資格履修学生の実践学習の場として，翌年から学生の参加を求めることとした。それにより，地域貢献と学生教育の両者を兼ね備え，大学博物館の特質を生かしたアウトリーチが構築できるものと考えた。なお，学生の参加についてはあらかじめ小学校側の承諾を得ておいた。学生とは講座の目的やそこで扱う博物館資料に関する

学習会を事前に実施するとともに，講座進行のシナリオを作成して打ち合わせをおこない，各自の役割と分担をしっかりと把握してのぞめるように努めた。

テーマは初年度から引き続いて「"国府台"の成り立ちをさぐろう」であるが，講座のねらいは実践による反省点をふまえて修正し，3つを設定した。第一は「国府台小学校の校名となっている"国府台"の地名由来から，奈良・平安時代の下総国府と周辺地域の様子について，発掘調査の成果をもとに理解を深める」，第二は「下総国府跡から出土した土器をさわりながら観察し，古代の生活や地域の歴史を身近に感じることができる」，第三は「地域の歴史を調べるための博物館の存在と，その活用方法がわかる」である。ねらいの第二は博物館学習の特徴を生かした体験学習効果を高めるため，2年目から強調して加えたものである。

講座の実施にあたり，小学校へ出向き，事前打ち合わせをおこなった。30分程度の短時間ではあったが，6年生3クラスの各担任教師の参加をお願いし，立案した講座内容を説明して理解を図るとともに問題点などを相談のうえ，教師の要望と意見も取り入れプログラムを完成させた。また，別途学校長にも講座内容を説明し，意見を求める機会を設けた。初年度の実施の際に，講座内容に対する教師の事前理解が十分でなかったことの反省から，以後は事前に学校を訪問して，担当の全教師に直接説明し協議するようにした。そのなかで2010（平成22）年では，講座を社会科の歴史学習の導入に位置づける要望が教師から出された。

講座の展開は初年度の内容を土台とし，一部に修正を加えて表8-4のように組み立てた。構成は講話が約25分（導入，展開1・3，まとめ）で，体験学習（展開2）とワークショップ（展開4）を約25分とした。当初は体験学習とワークショップを約15分としていたが，実物体験に対する児童の関心がきわめて高く，また博物館学習へつなげることにも有効と観察されたため，時間を増やして比重を高めることとした。講話は，多人数への一斉的な学習効果の浸透性を高めるため，従前と同様にパワーポイント教材をもとにおこなったが，堅苦しさを極力排除することをねらって，2人の学芸員による会話スタイルで進めた。こ

表 8-4　講座の展開（2010 年）

おもな学習内容・活動	指導上の留意点	配時
（導入） 国府台の地名由来に関する二説の検討 　　伝承されている「鴻之鳥に与えた台地」と「国府の置かれた台地」の二説について考える。	国府台小学校の校章や校歌をとりあげ、国府台地名由来の二説を提示し、どちらを支持するか児童の意見を聞く。	5 分
（展開 1） 国府台遺跡の発掘と下総国府跡の発見 　　和洋女子大学キャンパス内でおこなわれた国府台遺跡の発掘調査の様子と、その調査で明らかになったことを知る。	和洋女子大学キャンパス内での発掘調査の様子を写真で観察し、そこで明らかになった下総国府の様子を学ぶ。国府については教科書（『新しい社会　6 上』）の内容から発展させる。	10 分
（展開 2）触察体験 国府の時代の体感 　　出土した奈良・平安時代の土器の扱い方を体得して、そのうえで実物の土器をさわって観察し、古代の歴史を体験する。	土器の触察は大学生が中心となり、それを教師がサポートし、重さ・用途・匂い・感触・模様を触察の観点として、児童に話題を投げかけ、感想や意見、疑問を引き出す。	15 分
（展開 3） 地名に息づく地域の歴史 　　児童が住む「国府台」や「国分」の地名は、古代の土地利用の状況を示す歴史的な遺産・財産であることに気づく。	古代から続く地名のもう一つの例として児童に身近な「国分」提示し、地名の歴史的重要性を伝えるとともに、身近な地域への愛着と誇りを芽生えさせる。	5 分
（展開 4）ワークショップ 国府台と国分の歴史・史跡の再発見 　　国府台の歴史的事象や史跡について簡単なクイズをおこない、知識を確認するとともに、未知の事がらを発見する。	展開 1 ～ 3 での学習内容の確認と定着、発展学習への動機づけを目的に、国府台・国分にかかわる歴史クイズを出題し、解説を加えながら質問に答え、理解を深めさせる。	10 分
（まとめ） 地域を学ぶ博物館の魅力 　　地域の歴史を学ぶ場として、和洋女子大学文化資料館や他の博物館などの利用の仕方と、歴史を学習する方法の一端に触れる。	和洋女子大学文化資料館の紹介を中心に、博物館の活用方法とそこでの学習スタイルの一例を示し、地域学習や博物館学習のおもしろさを気づかせる。	5 分

の方法は教師からのアドバイスによるものである。

　導入と展開1は"国府台"の地名由来の二説の提示と検証で，パワーポイントでは文化資料館の研究成果資料である国府台遺跡（下総国府跡）の写真と図をもとに示した。また，6年生の歴史学習の導入とする学校側の要望に応えるため，社会科の教科書に記されている古代史の内容をパワーポイントの要所に取り込んで，教科学習とも関連づくように考慮した。

　展開2の土器（奈良・平安時代の土師器と須恵器）の触察体験では，大学生が児童のなかに入り込み，教師のサポートを得ながら，チームティーチングによっておこなった。触察にあたっては，資料の破損や劣化を防ぐ扱い方とさわり方の説明からはじめ，そのうえで，①重さ，②用途（日常使用している食器などとの比較），③におい，④感触（手ざわり），⑤表面の模様，などの話題を観察点として大学生が児童に投げかけ，直接的なコミュニケーションをとおし，各児童が考えて相互に意見を述べ合える場面を創出することに留意した。

　展開3は，古代の土地利用の状況が，地名に受け継がれていることの確認である。そして展開4のワークショップは，学習内容の確認・定着と，今後の発展学習に向けた動機づけを目的としたクイズで，これも大学生が中心となって教師が協力し，児童とのコミュニケーションを意識して進めた。

　最後のまとめは，地域学習の場としての博物館について，利用方法や学習スタイルに関する解説である。

(4) 学習効果の分析－2

　2010（平成22）年実施の講座について，児童に対する事前と事後のアンケート調査の結果は図8-6となった。内訳は，事前調査の回答がA～E，事後調査の回答はF～Jである。

　事前調査では，身近な地域に愛着をもつ児童は全体の92％も占めるが（グラフA），その一方で地域の歴史に興味があるのは65％と少なくなる（グラフB）。これを事後調査と比較すると，地域の歴史に興味をもった児童が92％に上昇しており（グラフH），地域に愛着をもつ児童の数値と一致する（グラフA）。地

230　第8章　博学連携の実践的検討

[A～E：事前回答]

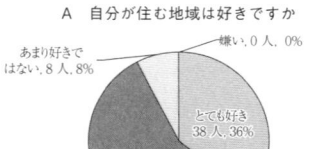

A　自分が住む地域は好きですか
- とても好き：38人, 36%
- 好き：60人, 56%
- あまり好きではない：8人, 8%
- 嫌い：0人, 0%

B　自分が住む地域の歴史に興味がありますか
- とても興味がある：15人, 14%
- 興味がある：54人, 51%
- あまり興味がない：30人, 29%
- 興味がない：6人, 6%
- 未回答：1人, 1%

C　博物館で歴史の展示を見るのは好きですか
- とても好き：40人, 38%
- 好き：41人, 38%
- あまり好きではない：22人, 21%
- 嫌い：3人, 3%

D　身近な地域の歴史学習で博物館を利用したいと思いますか
- 思う：51人, 48%
- 少し思う：40人, 38%
- あまり思わない：11人, 10%
- 思わない：4人, 4%

E　今日の歴史の特別学習は楽しみですか
- とても楽しみにしている：38人, 36%
- 楽しみにしている：59人, 55%
- あまり楽しみではない：6人, 6%
- 楽しみではない：3人, 3%

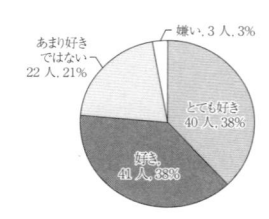

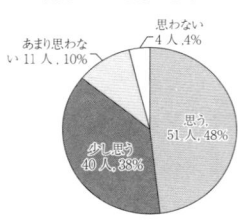

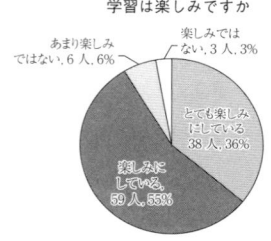

[F～J：事後回答]

F　今日の歴史の特別学習は楽しかったですか
- とても楽しかった：59人, 55%
- 楽しかった：43人, 41%
- あまり楽しくなかった：3人, 3%
- 楽しくなかった：1人, 1%

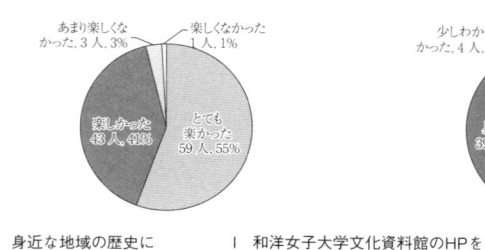

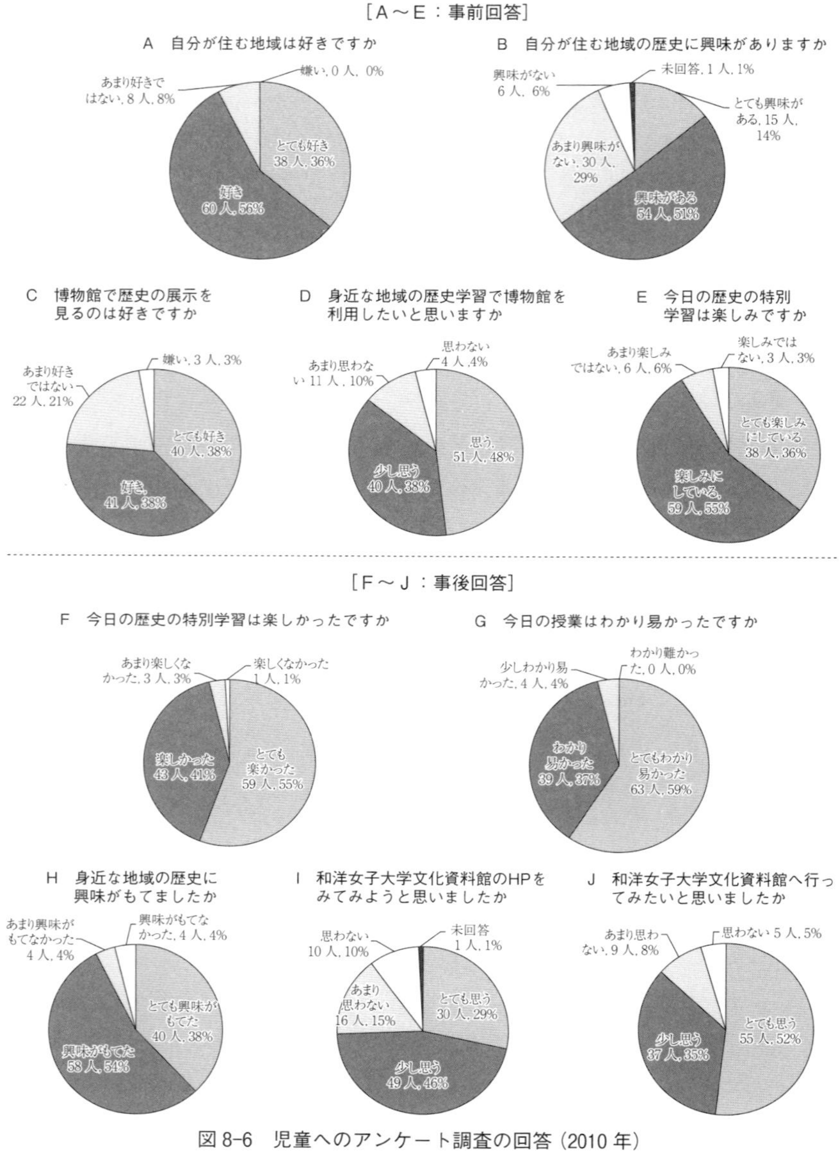

G　今日の授業はわかり易かったですか
- とてもわかり易かった：63人, 59%
- わかり易かった：39人, 37%
- 少しわかり易かった：4人, 4%
- わかり難かった：0人, 0%

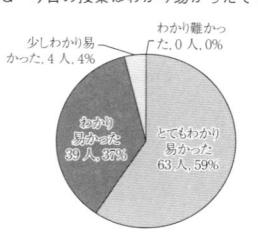

H　身近な地域の歴史に興味がもてましたか
- とても興味がもてた：40人, 38%
- 興味がもてた：58人, 54%
- あまり興味がもてなかった：4人, 4%
- 興味がもてなかった：4人, 4%

I　和洋女子大学文化資料館のHPをみてみようと思いましたか
- とても思う：30人, 29%
- 少し思う：49人, 46%
- あまり思わない：16人, 15%
- 思わない：10人, 10%
- 未回答：1人, 1%

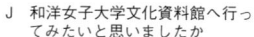

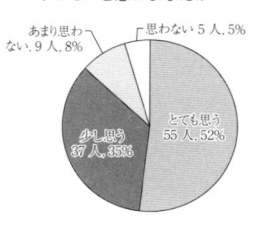

J　和洋女子大学文化資料館へ行ってみたいと思いましたか
- とても思う：55人, 52%
- 少し思う：37人, 35%
- あまり思わない：9人, 8%
- 思わない：5人, 5%

図8-6　児童へのアンケート調査の回答（2010年）

域に愛着をもつ児童のほとんどが，出前講座によってその歴史に興味を抱くようになったと捉えてよいように思われる。出前講座が地域学習への関心を高める点で効果のあったことが，これまでの実践と同様にみとめられる。

　また，事前調査では，博物館での歴史学習についての関心度は 76％ と意欲的であり（グラフ C），歴史学習で博物館を利用したいとの回答の割合も 86％ と高い（グラフ D）。博物館において歴史学習に取り組むことの意識とスタイルが，講座を受けた児童にかなり浸透しているものと考えられる。さらに事後調査の結果をみると，ホームページでの学習に意欲を示した児童が 75％（グラフ I），博物館利用については 87％（グラフ J）と，いずれも関心度が高い。ホームページのアクセス数は把握できないが，講座実施後の 1 カ月間に和洋女子大学文化資料館へ来館した児童は 5 人程度と全体の約 5％ でしかなく，残念ながら受講直後の意欲が実際の行動へ容易に結びついていないようである。この来館者数は過年度の講座後の状況とほとんど変わらない。今回の出前講座の 3 カ月後に，児童生徒を対象にした「夏休み子ども体験博物館」を文化資料館で開催したが，当該児童の参加はみられなかった。講座後 1 カ月間の来館率の約 5％ をどのように評価するかは判断の難しいところであるが，この数値を上げるためには，博物館利用定着の再度の動機づけとして，児童を対象とした館内でのワークショップや講座などをできるだけ近接する時期に開催し，来館を促す工夫が必要と考えられる。

　講座のまとめでは，文化資料館のホームページにアクセスして学習プログラムを活用する e ラーニングの方法を解説した。グラフ I はその効果としてホームページへの関心を測ったものである。これをグラフ J の実際に博物館を利用する意欲と比較すると，強い関心を示す「とても思う」の割合がホームページについては 29％ であるのに対し，博物館へ行くことが 52％ で，数値にかなりの差がみられる。2 年前の調査でも同様の傾向であり，博物館学習の動機づけやツールとしてのインターネット利用は，各家庭での子どもに対する IT 環境に差があるためか，小学 6 年生の段階での関心は低いものと理解される。

　出前講座への関心については，事前調査の結果をみると，地域の歴史に対し

て興味の低い児童の割合が35％を占めており（グラフB），必ずしも低い数値とはいえない。その反面，今回の歴史学習を91％の児童が楽しみだと回答しており（グラフE），地域の歴史に対して関心が低い児童であっても，講座への期待度が高いことがわかる。出前講座が通常の授業スタイルとは異なっていることも，大きな要因と推察される。授業への児童の関心を高めて動機づけとなる点でも，博物館による出前講座は効果的といえるであろう。

講座に対する評価をみると，グラフF・Gから判断されるように，肯定的な回答がいずれも96％ときわめて高い割合となり，一定の効果があったと理解できる。2008（平成20）年の事後回答でも約92％と高いが，今回はさらに上回る評価であった。そして，「楽しくなかった」や「わかり難かった」という強い否定の回答は，前回がそれぞれ3％と1％であったのに対し，今回は1％と0％でほぼ皆無といってよい。高評価のおもな要因は前回の分析結果と重複するが，全体の講話の進め方について，文化資料館が保有する写真や映像の資料と情報をパワーポイントにまとめ，視覚へのアプローチを工夫したことや，収蔵する実物資料を持参して，触察による実体験を組み入れた点があげられる。また，教室での学習を発展させる一手段として，博物館の活用方法を具体的に説明したこと，さらに，娯楽的要素を考慮した楽しみながら学ぶクイズ形式のワークショップもポイントであったことが，一部の児童に実施した聞き取り調査から把握できた。

そして，肯定的な回答が今回さらに増えた要因としては，土器の触察による実物体験において大学生が参加し，学芸員と学生の合計5人で指導にあたった点が大きかったと思われる。これにより各児童が土器を触察できる時間が増え，また実物資料をさわるというだけにとどまらず，児童の意見や疑問にも一人ひとりへの対応が可能となり，直接的なコミュニケーションの機会を大幅に増やすことができた（写真8-1）。そこでは，指導に参加した大学生という存在を，親しみやすく感じてくれたことも良い面に影響したようである。さらに，教師も触察の輪の中に積極的に入って，前回以上にコミュニケーションをサポートしてくれた点も見逃せない。この背景として，以前の講座では事前打ち合わせ

を教員の代表者だけに電話と電子メールでおこなったのに対し、今回は小学校に出向き、6年生3クラスの全担任と直接会って内容の確認と検討をおこなった。そのため相互理解が進んで教師も展開の全体を把握し、積極的にかかわりやすい環境が整ったものと思われる。

こうして触察資料の土器を中心に児童たちの活発な意見が飛び交い、いくつもの会話の輪が広がっていた。

写真 8-1　触察体験の様子

ワークショップのクイズでも、大学生が出題し教師が答える場面を設定するなどして、学芸員側と教師の一体感を出す雰囲気づくりに努めたことで、相互に和やかなコミュニケーションも生まれていたようである。このような多様なコミュニケーションの充実が、満足度をより高めることに作用したと捉えられる。

さらに、講座に参加した教師6人に対しても、事後に評価のアンケートを書いてもらった。表8-5がその結果で、全般的に好意的な評価であった。①の講座内容の捉え方については、未回答が1人あったものの、他の5人は期待していたイメージとほぼ同じく受け止めてくれたようである。2008年の場合、5人のうち2人に「少し違っていた」との回答があったが、今回は教師の納得度が上がっている。先述のように、今回の講座では事前にすべての担任と顔を合わせ、内容の確認や検討などの協議をおこなった。そのため、教師の期待に近いプログラムになったものと推察される。協議に参加を得た教師はクラス担任の3人であったが、おそらくこれらのクラス担任から他の参加教師にも、内容の情報が事前に伝えられたものと思われる。未回答者に関しては情報の伝達範疇外にあったのかもしれない。

また、2008年の回答では、④の講座の継続や⑤の文化資料館での学習に対して、否定的な評価もあった。期待と相違する内容と感じた教師が講座の継続

表8-5　教師へのアンケート調査の回答（2010年）

①講座内容は期待していたものと同じでしたか。	
同じであった	1
ある程度同じであった	4
少し違っていた	0
全く違っていた	0
未回答	1

②今日の講座は学習効果があったと思いますか。	
効果があった	6
ある程度の効果があった	0
あまり効果がなかった	0
効果がなかった	0

③講座の実施方法はどうでしたか。	
評価できる	5
ある程度評価できる	0
あまり評価できない	0
評価できない	0
未回答	1

④出前講座の受講を今後も続けたいと思いますか。	
是非続けたいと思う	5
続けたいと思う	1
あまり続けたいと思わない	0
続けたいと思わない	0

⑤和洋女子大学文化資料館へ児童を連れて行きたい，あるいは行かせたいと思いますか。	
強く思う	3
思う	2
あまり思わない	0
思わない	0
未回答	1

（人）

をあまり望まず，文化資料館での学習への消極的な姿勢につながったものと分析したが，今回は④・⑤に否定的な回答は示されていない。事前打ち合わせによる相互理解の重要性が認識できる。②の学習効果については，前回の場合「効果があった」が3人，「ある程度の効果があった」が2人であったのに対し，今回は全員が「効果があった」であった。この高い評価も，全体の学習カリキュラムにおける歴史学習の導入としての位置づけが明確になっていた点と，クラス担任が講座の内容を事前に把握し，教師も主体的に講座にかかわることができたことにより，納得のいく講座になったからであろうと考えられる。③の講座の実施方法に関する質問は今回から加えた項目で，未回答があったものの高評価となっている。教師への事後の聞き取り調査によれば，これも教師との意思疎通に留意したことに加えて，

3人の大学生が参加して，触察体験やワークショップで児童との直接的コミュニケーションの機会を多く設けるようにした点が，高評価の要因であった。

そして，⑤の文化資料館での博物館学習に対する期待をみると，2008年では「強く思う」の回答はみられず，「思う」が4人，「あまり思わない」が1人であった。これと比較すると期待は上がっており，①〜③に表れているような満足度の高いアウトリーチの実施が，博物館学習を強く進めようとする教師の意識につながることが読みとれるようである。国府台小学校では今回の出前講座実施の年度内に，地域学習の一環として4年生の団体見学があった。初めてのことであり，出前講座がきっかけとなって学校内で検討され，実施に至ったようである。ただし，先記のように講座後の1カ月間で来館した受講児童の人数を考えると，博物館での学習をより身近に感じることにつながる，いっそうの工夫の必要性がみとめられる。

(5) 出前講座による学習効果の比較分析

2008(平成20)年と2010(平成22)年の出前講座を比較して強く認識できることは，2つのコミュニケーションの重要性である。第一は学芸員と学校教員とのコミュニケーションで，第二は学習者である児童と博物館側の講座担当スタッフとの直接的コミュニケーションがあげられる。

前者の学芸員と学校教師のコミュニケーションについては，2010年の講座では2008年の分析からの反省をふまえ，すべての担任がそろった事前打ち合わせの機会を設け，意見交換をおこなったことで，博物館と学校の両者にとって納得のできる講座が実現した。学校へのアウトリーチについては両者の協議がほとんどなく，学校側がその内容を学芸員に任せっきりであるとか，学芸員が一方的に学習活動を進めているなど，それぞれに自己中心的で，両者が対等な形でプログラムが進められていないという批判的な指摘が，相互に少なくない。第7章第2項でも示したが，このような双方の見解の齟齬が，アウトリーチでの学習の充実を阻害している場合が多いように看取される。

この国府台小学校への出前講座では，当初は電話と電子メールでの意思疎通

であった。けれども，事後評価で得られた反省から，学芸員が小学校を訪問して，講座に参加する全クラス担任と顔を合わせて協議するスタイルに変えたのである。相互に忙しいなかで，すべての関係者が集まる時間を設定するのは容易ではなく，当初は学校側に戸惑いの様子もみられた。けれども，相互協議の機会を設けたことにより，必ずしも十分であったとはいえないが，学習プログラムを学芸員と教師で組み立てることが可能となった。相互理解と協力の体制を作るための時間と場を設けることが大切なのであり，その対応をしないで相手を批判することはなんらの問題解決になるはずもない。

　また，出前講座に対する児童の事前の期待度をみると，2008年は「とても楽しみにしている」が23％，「楽しみにしている」が45％，両回答合わせて68％であるのに対し，2010年では「とても楽しみにしている」が36％，「楽しみにしている」が55％で合計91％となり，その割合がかなり増大している。要因は，講座の具体的内容を把握した教師が，児童に対し期待を高めるような予備学習をおこなったことが大きく影響しているようである。このような点からも，博物館側と学校側とのコミュニケーションの深化は博学連携での基軸になることが痛感される。

　第二の，児童と講座を進めるスタッフとの直接的コミュニケーションについては，講座では当初より一方向的な展開とならないように，会話によるコミュニケーションの場を設定した。この方法が作用して，2008年では終了後に講座を「とても楽しかった・楽しかった」と答えた児童が91％，「とてもわかり易かった・わかり易かった」が92％と高い割合を示している。事前調査で測った期待度の「とても楽しみにしている，楽しみにしている」が68％であったこととの比較からも，児童の満足度を高める効果が確認された。さらにこの発展を意図して，翌年からは学芸員課程履修の3～4名の大学生の参加を得て，触察体験やワークショップを中心に，児童との直接的なコミュニケーションの場面と時間を多く確保することに努めた。それとともに，教師も展開に巻き込んでチームティーチングの態勢をつくることにより，講座を展開するなかで個々の児童とコミュニケーションをとることが一層可能となり，児童の受講姿勢に

従来以上の活発さが出てきたように観察された。2010年の調査では,「とても楽しかった・楽しかった」と「とてもわかり易かった・わかり易かった」の回答がともに96％で,児童の満足度がさらに高くなっており,「わかり難かった」との答えがみられなくなった点も注目されよう。

児童とのコミュニケーションの充実は,上記のように,チームティーチングでおこなったことが大きな要因であった。このプログラムでは博物館について学ぶ大学生をサポートメンバーに加え実施したが,一般の博物館では館のボランティア組織や友の会などと協力し,そのメンバーが学芸員を補佐するようにしてチームを組むことが可能と思われる。ただし,サポートメンバーとの事前の打ち合わせと学習は重要である。この実践の初年次は時間的制約もあったため,学芸員が講座進行のシナリオを作成して学生に提示し,触察資料である土器について時期や用途などの概略を説明しただけであった。そのために参加した一部の学生から,出前講座に取り組む心構えや資料に関する知識が不十分で,児童と内容のあるコミュニケーションができなかったとの反省が述べられていた。翌年からはプログラムの企画段階から学生が意見を出せるようにし,短時間ではあるが事前意識を深めるような研修や意見交換の場を設定することを考慮した。そうしたところ,学生が自ら資料についてかなり深く調べ,児童への対応の仕方や進行方法などもそれぞれ相談するなどして,講座にのぞむようになった。この結果,児童への対応に緊張のなかにも自信が生まれ,積極的に話しかけてコミュニケーションが深まり,児童の満足度や学習成果を高めることにつながったものと思われる。

ところで,地域の歴史学習に関する児童への事前アンケートにおいて,肯定的な回答の割合を2008年と2010年で比較すると次のようになる。

　　A：自分が住む地域は好きか　…　回答：「とても好き」「好き」
　　　2008年度＝81％　→　2010年度＝92％
　　B：地域の歴史に興味があるか　…　回答：「とても興味がある」「興味がある」
　　　2008年度＝53％　→　2010年度＝65％

C：博物館で歴史展示を見るのは好きか … 回答：「とても好き」「好き」
　　2008年度＝59％　→　2010年度＝76％
D：地域の歴史学習で博物館を利用したいと思うか … 回答：「思う」「少し思う」
　　2008年度＝60％　→　2010年度＝86％

　このように，いずれの設問に対しても，肯定的な回答の割合が顕著に増えている。国府台小学校で取り組まれている地域学習の成果が，この数値に表れているものと推察される。その教育効果として，AとBにみられるように，地域への愛着や地域の歴史への関心が，以前の児童たちよりも高まっているのであろう。さらに，CとDでみる博物館での歴史学習への意欲も向上しており，とくに博物館利用に対しては26％も増加している。地域学習の取り組みの一環として，同校の博物館学習に対する積極的な姿勢が大きく影響していると考えられ，博物館による出前講座も，このカリキュラムの一部に位置づいて期待されていることがわかる。

　すなわち，博学連携は博物館と学校との一過性のかかわりで成立するのではなく，目的をもった教育カリキュラムのなかで組織的に取り組まれてこそ実効性のあるものとして構築されることが，あらためて理解できる。

（6）アウトリーチと大学博物館

　博学連携のあり方を探るため，上述のように，大学博物館である和洋女子大学文化資料館での出前講座の実践から検討をおこなってきたが，最後にアウトリーチ活動と大学博物館の機能について明らかにしておきたい。

　大学博物館は広義の学校附属博物館に位置づくものと考えられるが，学校附属博物館は一般的に学校における教育活動体として機能検討される場合が多いのに対し，大学博物館は各学科分野の専門的研究機能を重視した施設，あるいは機関との認識が強い。わが国の大学博物館は，大学制度創設期の明治10年代からすでに散見され，大正・昭和期にはわずかながらも増えつつあった。しかし，これを高等教育上の必須施設とする認識が希薄で，制度的あるいは法的

にも明確な位置づけが付与されなかったこともあり，公開を中心とした公衆への教育や，学習支援の諸活動を積極的におこなう大学博物館はほとんどみとめられなかった。そのため，一般の公・私立の博物館とは大きく異なり，研究関係資料などの学術コレクションを収蔵し，研究者や学生だけに対するきわめて限定的な研究・教育の施設として，永く捉えられてきたのである。

　しかしながら平成に至る1990年代には，大学博物館を学内だけではなく社会貢献に資するべく，状況の転換を図るための方策などが提言されるようになった。大学博物館の望ましいあり方や将来の方向性の議論は，大学内においては社会と大学を結びつける機関として，大学外に向けてはいわゆる"地域博物館"と同様に位置づけて活動を展開させるべき，とする考え方にほぼ集約される[8]。そして1996（平成8）年には，学術審議会学術資料部会から「ユニバーシティ・ミュージアムの設置について」と題する報告が提出された[9]。この報告は，大学が収蔵する学術標本を整理，保存，公開・展示し，その情報を提供するとともに組織的に独自の研究教育を推進し，同時に社会にも門戸を開き，人びとの多様な学習ニーズに対応する大学博物館の設置の必要性を提言するものであった。これが1つの契機ともなって，充足と捉えるにはほど遠い数値ではあるが，現在はおよそ15％の大学に博物館や類似の施設が設置をみている。

　また，生涯学習の施策のもとで大学の地域開放が推進され，学術的財産や研究成果の一端を市民に還元する場として，大学博物館に役割が求められるようになった。一方，近年は大学・短大への進学率が高まって2013年では高等学校卒業者の約53％を占め，さらに少子化の進行によって大学はユニバーサル・アクセスの段階に至っており，質的な変化が起きている。このため多くの大学では，研究に偏重せず，教育にも大きく力を注ぐ必要性が認識されつつある。そして，学士力養成のための教育の内容については，専門教育にも増して教養教育を重要とする指摘が多くなっている。

　こうした状況に合わせて，大学博物館の機能と活動も，実物による研究のための主要な施設であることにとどまらず，研究・教育の過程で収集あるいは制作されたコレクションをもとに学生への幅広い教育機関とするとともに，地域

社会における学習拠点といった新たな位置づけを確立すべきと考えられる。そのためには，研究中心で閉ざされた特殊な施設とする大学博物館への従来認識の払拭に向けた実践的な取り組みを進め，活動を体系化していくことが課題である。その取り組みの1つに，大学内にとどまらず地域社会における学習拠点としての機能を構築するうえで，アウトリーチは要件の一翼をなすものといえよう。公立博物館では比較的定着をみている活動であるが，研究重視型の従来の大学博物館では，これまで積極的に取り組まれることがなかった。

　ただし，博物館は設置母体の性格により，目的や運営方針における重点が異なるのは必然である。大学博物館の場合，設置者の大学は研究を基盤とした高等教育機関であり，博物館活動において多様な研究や，それに関連する活動に重きを置く姿勢は見失うべきではなかろう。だからといって，その点が大学博物館を他の公・私立の博物館と異なる特殊な存在とするわけではない。西野嘉章が定義しているように，「大学博物館は学問の体系に則って収集された学術標本コレクションを恒久的に保存・管理する保管施設であると同時に，学内の教育研究を支援する基盤施設であり，かつまた先端的な知と情報を創出・発信する戦略施設」[10]という位置づけを大学内で獲得することが，まずもって重要である。それと同時に，博物館という名を称し，博物館としての社会的位置づけを確立しようとするならば，大学博物館といえども地域社会に向けた情報発信の場として，多様な活動に取り組まなければならない。

　また，それぞれの大学博物館では収蔵する資料や標本によって，活動の方法や内容に独自性があらわれよう。本章において実践検討の内容を記した和洋女子大学文化資料館は，人文・自然科学の分野を幅広く網羅的に収集する総合研究的な大学博物館ではない。考古，民俗，手工芸，服飾の限られた資料・作品をおもなコレクションとしており，このうち数量的にも中核と位置づけられる考古資料は，大学キャンパスや学園校地内遺跡の出土資料が大半である。つまり，考古資料のコレクションは地域的特性を強く包蔵するものであり，その活用は地域に展開する活動が求められる。博学連携の視点に立ったアウトリーチの実践は，このようなコレクションで成り立っている大学博物館では取り組む

べき活動なのである。

　ところで，大学博物館固有の特質を考えた場合，学校附属博物館として学生に対する教育も最大限の考慮をすべきと思われる。学校附属博物館の教育的意義は，実物教育に資するだけではなく，棚橋源太郎が早くから示しているように，運営活動において学校で学ぶ児童生徒や学生が参加することにも求められるべきである[11]。大学博物館の場合，その活動にかかわる学生への教育は，主として学芸員養成の実践的学習の場を提供することに機能させることが考えられよう。

　上記の和洋女子大学文化資料館における出前講座では，学芸員課程の履修学生の参加を実践し，学芸員養成の実務学習の場として学生に機会を提供した。参加学生に事後の自己評価を実施したところ，「出前講座の経験は，博物館資料に関する情報整理や学習者とのコミュニケーションのとり方などを学ぶことができ，資料をわかりやすく説明するだけでなく，資料について相手に考えてもらう技術も少し身についたように思う」や，「博物館がだれのための存在であるべきか考えさせられた。大切な資料を未来に継承する保管はもちろんだが，ただ博物館で展示されるだけでは資料の魅力が伝わりにくいのではないか。博物館資料を学校に持参して実際にさわってもらい，さまざまな人びとと意見を言い合えることにも，博物館資料の大きな役割があるのではないかと思った」，また，「多くの人と資料をとおして意見を交わせる出前講座は，地域の人びとに博物館の資料がどうすれば興味をもってもらい，よりわかりやすく学習してもらえるのかを学芸員が考えることのできる貴重な機会だと知った」などの意見があった。

　全体的に児童との触れ合いに感銘を受けるとともに，博物館におけるアウトリーチ活動の意義や課題にも考えを至らすようになるなど，顕著な学習成長がみとめられた。また，実施した講座の内容と実践の経過をパワーポイントにまとめ，博物館実習の授業時に参加学生がプレゼンテーションをおこなって，経験と学びを他の学生へも波及させることを意図したところ，強い関心が示されていた。カリキュラムに組み込んで計画的に実施できれば，学芸員養成におけ

る教育的効果は高いものとなろう。

　さらに，学士養成において教養教育を重視すべき今日の大学では，学芸員資格のための実務学習に限定せず，教育学や社会学などの見地における実地教育の一環として各種の博物館活動に学生を導くことにより，大学博物館は彼らの幅広い教育の場にもなり得るはずである。本章で検討した出前講座においても，博物館学だけでなく教育や福祉関係の分野を学ぶ学生にも参加の場を設け，講座プログラムの企画・検討から実施までをともにおこなって，実践的な学習の機会にしていくことができれば，地域貢献と学生教育の両者を兼ね備え，大学博物館の特質を生かしたアウトリーチが実現するのではないだろうか。

　本章では，博物館学習に適った教材開発と，学芸員と学校教員の相互理解の視点に立った連携関係の構築向けて，アンケート調査をもとに児童生徒を対象とした博物館学習の教材と，カリキュラムのあり方について検討した。

　児童生徒の学習実態からは，博物館利用を組み入れた授業は一定程度の定着をみとめることはできるが，彼らの主体的な博物館体験は必ずしも高い割合ではなく，その利用の契機を創出する点でも学校との連携は有効となることが捉えられた。ここでは地域の歴史を学習するプログラム構築の実践を示したが，博学連携での活動内容が博物館での学習の効果や楽しさを会得できるものであるならば，児童生徒に対して身近な歴史に対する関心を高めるとともに，彼らを幅広い博物館活動に取り込む機会を生み出して，将来にわたる博物館利用者の獲得へと展望できる。そのことは，児童生徒に生涯学習への道筋をつけることにもなるのである。

　一方，小・中学校の教師においては地域学習が比較的重視されている。けれども，各教師が同じように扱える定型的な教材やプログラムが少なく，継続的で定着したカリキュラムを組むことが困難な状況にあり，身近な地域の歴史を学ぶ実践的な教材に対して強い期待のあることがわかった。そのために，主要な教材となる博物館資料を学芸員が提示して，カリキュラムとの融合を教師が工夫し，学芸員と教師のそれぞれの特性を発揮して協議を進めながら，授業計

画に組み込みやすく利用に無理のない教材の完成が求められる。さらにその教材にもとづいた学習プログラムを両者で組み立てることが，実効性の高い博学連携の推進となるのである。

そして，上記の検討結果をもとに，博学連携での効果的な学習支援と捉えられる出前講座を実践し，評価のアンケートと聞き取り調査などの分析から，望ましい博学連携のあり方と方向性の提示を試みた。時数や条件に制約の多い学校カリキュラムのなかで，博物館における校外学習の設定は困難な場合が多い。したがって，出前講座による博物館資料をもとにした学習は，博物館が教育的役割を発揮する場として，また博学連携の質を高める方法として意義が大きいのである。この出前講座の実践においては，準備から実施に至る学芸員と教師とのコミュニケーションと，講座中での学習者の児童生徒と進行者の博物館スタッフとの直接的コミュニケーションの重要性を指摘した。また，児童生徒の博物館利用や出前講座などのアウトリーチは，博物館が担う学習支援として大きな価値をもつが，教育機能を高める博学連携は博物館と学校との一過性のかかわりで成り立たせることは難しい。目的をもった教育カリキュラムのなかで組織的に取り組まれてこそ，実効性のある関係を構築できるのである。

さらに，アウトリーチ活動と大学博物館についての検討から，大学博物館の機能や活動も地域社会における学習拠点という位置づけを確立すべきであり，主要件として地域の学校に向けたアウトリーチの必要性と，学生を取り込んだ活動を展開する有意性を指摘した。大学博物館でのこのような学習支援活動の実践は，学芸員養成という観点だけでなく，多角的な見地に立った実地教育の一環として，幅広い教養教育の機会となることが期待できるのである。

註
1)『博物館における学習支援に関する国際比較調査中間報告書　平成12年度』財団法人日本博物館協会　2001　pp.34-40
2) 長島雄一・鈴木功「近づいていく博物館と学校―「出前授業（アウトリーチ・プログラム）の実践を中心に―」『福島県立博物館紀要』第14号　1999　pp.1-28 など

3) 『博物館における学習支援に関する国際比較調査最終報告書　平成12年度』財団法人日本博物館協会　2001　pp. 45-48
4) 筑波大学附属聾学校中学部「第Ⅲ章5　プロジェクト学習"土器を学ぼう"」『魅力ある聴覚障害児教育を目指して』聾教育研究会　2003　pp. 96-101, 藻利國恵・武井順一「博物館との連携による総合的な学習の実践―筑波大学附属聾学校のプロジェクト学習"土器を学ぼう"を中心として―」『MUSEUM ちば』第36号　千葉県博物館協会　2005　pp. 12-15
5) 駒見和夫・伊藤僚幸・藻利國恵「博物館考古資料の教材化に向けた実践的研究―博学連携における試行―」『日本ミュージアム・マネージメント学会会報』No. 42　2006　pp. 34-35
6) 阿部泰久「選択社会科・総合的な学習の時間に生かす地域の遺跡」『考古学研究』第52巻第3号　考古学研究会　2005　pp. 5-9
7) 井上由佳「歴史系博物館における子どもの学びの評価：事前・事後調査を中心に」『博物館学雑誌』第31巻第2号　全日本博物館学会　2006　pp. 75-99
8) 熊野正也「大学博物館のあるべき姿への一試論」『Museum Study』3　明治大学学芸員養成課程　1992　pp. 7-24, 渡辺良次郎・駒見和夫「大学博物館の役割と整備―和洋女子大学文化資料館の実践から―」『東京家政学院生活文化博物館年報』3・4合併号　1996　pp. 51-56, 中村浩「大学博物館について―大谷女子大学における資料館の存在と将来計画―」『研究紀要』第4号　全国大学博物館学講座協議会　1996　pp. 1-9, 吉村日出東「大学博物館の設置とその意義」『大学研究』第19号　筑波大学大学研究センター　1999　pp. 201-214, 髙橋有美「大学博物館に関する序論的検討―大学との関連性を中心に―」『生涯学習・社会教育学研究』第26号　東京大学大学院教育学研究科生涯教育計画講座社会教育学研究室　2001　pp. 51-58, 守重信郎「大学博物館における教育普及活動の研究―展示と展示解説―」『日本大学大学院総合社会情報研究科紀要』No. 5　2004　pp. 209-220　など
9) 学術審議会学術情報資料分科会学術資料部会「ユニバーシティ・ミュージアムの設置について（報告）―学術標本の収集，保存・活用体制の在り方について―」1996
10) 西野嘉章『大学博物館―理念と実践と将来と』東京大学出版会　1996　pp. i-ii
11) 棚橋源太郎『博物館学綱要』理想社　1950　pp. 224-226

第9章　博物館教育とイデオロギー

　博物館が教育の役割を果たそうとするとき，政治的・社会的な観念や思想傾向とまったく無関係でありうることは難しいであろう。博物館教育のイデオロギー的なあり方は，社会的存在である博物館と公衆との関係に大きく影響する。この点を考えるために，植民地という帝国主義時代の特異な状況下において設立された博物館をもとに，検討をおこないたい。他国の領土や民衆を自国社会に併合していこうとする状況下で開設された博物館は，歴史的・社会的立場を反映した思想や意識に関する問題点が，顕著に表れているからである。

　わが国では明治維新後，既述のように欧米で進展した近代博物館の制度が導入され，近代国家形成に取り組む日本の社会実情に応じて各地で博物館開設が進められていく。しかしながら明治以降の博物館発達史のなかで，帝国主義にもとづく国家戦略で獲得した植民地での実態については，これまで積極的な検討がおこなわれてきたとはいいがたい。

　戦前の大日本帝国下では，いわゆる一般的な植民地として，台湾（1895年統治），南樺太（1905年統治），関東州（1905年統治），朝鮮（1910年統治），南洋群島（1922年統治）があった。植民地下の博物館は台湾からスタートするが，本章では，領土獲得戦争とみなされる日露戦争の戦利として獲得・設置し，顕著な帝国主義体制のもとで植民地支配した，大陸の関東州に視点を置く。そして，まずは関東州とこの管轄下における博物館園の変遷を明らかにし，統治を進めた日本側の視点から実態を検討する。そのうえで，当該社会において博物館が果たし

た役割と，教育の歴史的な意義についてアプローチを試みたい。

1 植民地統治の関東州における博物館の開設

　はじめに関東州について概観しておく。関東州は中国東北の遼東半島南端部に位置し，旅順，大連，金州などの都市と，周辺の島嶼を中心とした地域であった。総面積は 3500 平方キロメートルに満たない広さである。

　近代史研究で明らかなように，当該地は日清戦争後の 1895（明治 28）年 4 月の下関条約で日本の領有となったが，三国干渉により翌年に清国に有償返還し，1897 年にロシアが干渉の成果として租借することとなった。その後，日露戦争後の 1905（明治 38）年 9 月，ポーツマス条約によってロシアの租借権を引き継ぎ，直轄植民地として日本の中国東北支配の拠点となったのである。この時，シベリア鉄道支線の東清鉄道（南満洲鉄道）とその附属地も譲渡された。附属地は鉄道沿線と停車場など鉄道施設周辺の土地を指し，駅などの施設がある都市では周辺市街地も鉄道経営上の必要地として組み込まれていた。ロシアの租借権は 1898 年から 25 年の期限であったが，日本は 1915（大正 4）年の対華二十一か条要求で 99 年の延長をみとめさせ，1932 年の満洲国[1]の建国後はその領土の一部とみなされ，満洲国からの租借地の扱いとなった。

　統治機関は，1906（明治 39）年に設置された関東都督府であった。これが 1919（大正 8）年に廃されて，関東軍と行政権限をもつ関東庁に分離。やがて関東軍の権限と支配力が強化され，1934（昭和 9）年には駐満大使兼務の関東軍司令官が長官となる関東局が設けられ，指揮下の関東州庁が行政を担当した。

　1945（昭和 20）年 8 月，日本の敗戦により当該地はソ連の占領下となるが，1950 年の中ソ友好同盟相互援助条約によって，中華人民共和国に返還されるに至った。

（1）　商品陳列館からのスタート

　関東州とその管轄地における博物館的施設の嚆矢は，南満洲鉄道附属地の鉄

嶺に設けられた鉄嶺商品陳列館[2]である。ポーツマス条約締結翌年の1906 (明治39) 年に，占領地行政機関の鉄嶺軍政署により創設された。同年に軍政署が撤廃されると関東都督府陸軍部，次いで1909 (明治42) 年に同民政部の所管に移り，官営の形態をとっていたが実質は民間経営で，1913 (大正2) 年には都督府も出資して株式会社に変更されている。活動は，満蒙地域と日本の商品見本の陳列とともに貿易・金融・倉庫業などもおこない，「商品陳列館の名称の下に一箇の営利的商店たるの観あり」とみられ，「専ら日蒙間の商品取引媒介機関」とされるものであった。株式会社となってからは鄭家屯と洮南に支店が設けられるが，1922 (大正11) 年11月に支払い停止が生じて経営が頓挫し，1925 (大正14) 年11月に解散に至っている。

ところで，商品陳列館と同様の施設に物産陳列所がある。日本国内では1880 (明治13) 年に横浜で神奈川県物産陳列所が創設され，以後各地での設置が進んでいく。物産陳列所では当該地域の自然物や優れた生産物品を集めて陳列し，一般の観覧に供するとともに販売も実施し，さらに図書資料の収集もおこない，地域の農業・工業・商業など産業の改良発達を目的としていた[3]。日清・日露戦争とその戦後経営を契機に進展と確立をみた資本主義のもと，産業の発展を背景に物産陳列所は急増し，物産館や商品陳列館として整備充実が進められている。

この傾向は植民地においても顕著で，台湾では新竹州商品陳列所や高雄州物産陳列所などがあり，朝鮮でも朝鮮総督府商工奨励館をはじめ，全羅北道商品陳列館や全羅南道商品陳列所など，同様の施設が各地に設けられた[4]。産業育成の一手段として植民地経営上重視されていたことが捉えられ，日露戦争で獲得した関東州でも設置早々に，軍政署が主導となって鉄嶺商品陳列館が開設されたのである。ただし，この陳列館の活動はきわめて商業的性格が強く，その点は当時"内地"と呼ばれた日本国内の施設とは活動内容が異なっており，植民地における商品陳列館の特徴と考えられる。

鉄嶺商品陳列館の開設に続き，1915 (大正4) 年11月に旅順で関東都督府物産陳列所が，1916 (大正5) 年1月に長春商品陳列所，同年7月には錦州商品陳

列館が相次いで開設されている。長春と錦州は南満洲鉄道附属地で，関東州の管理下となる。旅順の関東都督府による物産陳列所は，ほどなく関東都督府満蒙物産館から関東都督府博物館へと変遷するが，それについては後述する。

　長春商品陳列所は南満洲鉄道株式会社（以下，満鉄と略す）の設置運営で，始めは長春駅の一隅に陳列室として設けられ，1920（大正9）年10月に満鉄が建築した御大典記念館の二階に移して拡充された。

　周知のように満鉄は，ポーツマス条約でロシアから譲渡された東清鉄道の南半分とその附属利権をもとに，日本政府の主導で1906（明治39）年11月に設立された半官半民の会社で，鉄道を中心に広範囲な事業を展開する国策会社と呼ばれるものであった。満洲国建国以前は，鉄道附属地の行政権や鉄道守備隊の駐留権なども保持して政治的・軍事的性格が強く，満洲の植民地的支配という国策推進の役割も果たしていたとされる[5]。

　長春商品陳列所の取り扱い業務については，商品と参考品の陳列とともに，経済調査，貿易実務補助，商品・参考品の出張陳列，貿易と商業に関する講話会・講演会・研究会の開催，所報の刊行，商品の試験分析に関する仲介と交渉があげられており，経済活動の補助機関の性格が強い[6]。陳列品は出品されたものを中心に，貿易品部と優良品部，参考品部の三区分となっている。貿易品部は貿易の発達助長に関するもので，優良品部は優れた商品の紹介，参考品部は商業の開発助長にかかわるものとされている。貿易品部と優良品部の陳列品は商品であることが条件となっており，陳列の主目的は売買取引にあったことがわかる。年間360日程度の開館で，開設直後の1916（大正5）年度の観覧者は8432人で，7年後の1923（大正12）年度には5万3102人に増えている。

　錦州商品陳列館は，関東都督府の補助により，満豪貿易公司会社を経営する石光真清が開設した[7]。日本の商品見本を陳列し，満蒙輸出入品の委託売買をおこなっており，商品売買仲介で年額5000〜6000円の利益があったとされ，1925（大正14）年には株式会社に移行し満鉄の補助も受けている。つまり，実態は営利を目的とした商業組織であったことがわかる。

　長春商品陳列所と錦州商品陳列館については，1927（昭和2）年までの活動を

(2) 戦利品陳列所の開館

鉄嶺商品陳列館開設の翌年，1907（明治40）年4月に，旅順市の東鶏冠山南麓の趙家溝に旅順戦利品陳列所が開館している。東鶏冠山は日露戦争旅順攻囲戦の戦場の一角で，大砲，砲台，望台，堡塁などの戦跡と，戦闘関係資料を陳列した施設が公開され，「旅順要塞戦に関する戦役記念品を蒐集して一般観覧に供し，苦戦の跡を追憶するとともに戦史研究の参考に資する」[8]ことを目的としていた。

この陳列所について，夏目漱石が，1909（明治42）年10月末から年末にかけて朝日新聞に執筆した「満韓ところどころ」の一節に，様子がつぎのように記されている。

> 「馬車が新市街を通り越して又此塔の真下に出た時に，これが白玉山で，あの上の高い塔が戦勝紀念碑だと説明して呉た。能く見ると高い燈台の様な恰好である。二百何尺とかと云ふ話であつた。此山の麓を通り越して，旧市街を抜けると，又山路に掛る。其登り口を少し右へ這入つた所に，戦利品陳列所がある。佐藤は第一番にそれを見せる積で両人を引張つて来た。
>
> 陳列所は固より山の上の一軒家で，其山には樹と名の付く程の青いものが一本も茂つてゐないのだから，甚だ淋しい。当時の戦争に従事したと云ふ中尉のA君がたゞ独り番をしてゐる。此尉官は陳列所に幾十種となく並べてある戦利品に就て，一々叮嚀に説明の労を取つて呉れるのみならず，両人を鶏冠山の上迄連れて行つて，草も木もない高い所から，遥の麓を指さしながら，自分の従軍当時の実歴譚を悉く語つて聞かせて呉れた人である。
>
> …（中略）…
>
> A君の親切に説明して呉れた戦利品の一々を叙述したら，此陳列所丈の記載でも，二十枚や三十枚の紙数では足るまいと思ふが，残念な事に大抵忘れて仕舞つた。然したつた一つ覚えてゐるものがある。夫は女の穿い

た靴の片足である。地が繻子で，色は薄鼠であつた。其他の手投弾や，鉄条網や，魚形水雷や，偽造の大砲は，たゞ単なる言葉になつて，今は頭の底に判然残つてゐないが，此一足の靴丈は色と云ひ，形と云ひ，何時なん時でも意志の起り次第鮮に思ひ浮べる事が出来る。

　戦争後ある露西亜の士官が此陳列所一覧の為わざわざ旅順迄来た事がある。其時彼は此靴を一目見て非常に驚いたさうだ。さうしてＡ君に，これは自分の妻の穿いてゐたものであると云つて聞かしたさうだ，此小さな白い華奢な靴の所有者は，戦争の際に死んで仕舞つたのか，又はいまだに生存してゐるものか，その点はつい聞き洩らした」[9]

漱石の紀行文は1909（明治42）年秋の陳列所の様子で，旅順攻囲戦に関連した多種類の物品が置かれていたことがわかり，管理のため駐在する戦闘経験者が，陳列資料の説明や戦跡の案内をおこなっていた様子もうかがえる。設置は関東都督府によるもので，戦果によって獲得した当該地のシンボリックな存在として，関東州創設と軌を一にするように，準備を進め開設されたものと推察される。

このような対外戦争の戦利品陳列所は"内地"ですでにみられ，1895（明治28）年の日清戦争終結後ほどなく，皇居内に戦役記念御府の振天府が建てられている。陸海軍の功績と軍人の勲功伝承を目的に明治天皇の聖旨で設けられたもので，戦没者の名簿を納め，軍人の肖像や戦利品・記念品を陳列した参考館があった[10]。同様の施設は北清事変後に懐遠府が，旅順の陳列所と同じころには日露戦争に関する建安府が一郭をつくって設置され，限定的に公開されていた。こうしたナショナリズムへの傾倒的動向を背景にして，戦争で獲得した占領地においても，軍部の功績を讃えて富国強兵策に則った国威発揚を主たる意図に，旅順戦利品陳列所が開設されたと捉えられる。すなわち，日本人や植民地住民に向けて，国家意識や愛国精神を高揚させるという教示教育的な意図，言い換えれば国民教化に結びつく性格が強かったと推察されるのである。

陳列所は1926（大正15）年に，後述する関東庁博物館の附属に編入されて，旅順戦利品陳列記念館と改称する（写真9-1）。この時点での収蔵資料は，経理，

1　植民地統治の関東州における博物館の開設　251

工兵，砲兵，衛兵，騎兵，衛生，軍楽，獣医，輜重，模型の各部に分けられ，総数2516点で，年間観覧者数は3万1504人と記録されている[11]。屋外に置かれた銃砲や戦跡の一画は，旅順要塞戦記念品陳列場とも呼ばれていたようである。

なお，敗戦での関東州崩壊とともに旅順戦利品陳列記念館は廃されるが，この地がソ連統治を経て中華人民共和国への返還以降も軍事遺構や兵器などは残

写真9-1　旅順戦利品陳列記念館　上：李元奇編『大連舊影』人民美術出版社　1999　p.59．下：旅順絵葉書

され，1997年5月に新たに旅順日露戦争陳列館として開館に至っている。

（3）　物産館から博物館へ

関東州において本格的な博物館が開館して活動を開始するのは，関東州設置から13年を経た1918（大正7）年である。中核都市である旅順と大連の社会資本の拡充や，満蒙地域の開発と並行して整備が進められていく。

その経緯を追うと，まず1917（大正6）年4月1日，旅順市松村町に関東都督府満蒙物産館が開館する[12]。ここは先述の1915（大正4）年11月26日に関東都督府が開設した物産陳列所を拡充したもので，物産陳列所は千歳町の露清銀行跡の建物（千歳クラブ）内にあって，書籍や考古資料が集められていた。この資料を，翌年11月にロシア占領時代商館であった松村町の建物に移し，関東都督府満蒙物産館の名称を設けて開館の準備を進めていたようである。

その一方で，かつてロシア軍の将校集会所として起工後未完成であった大迫町の建物を都督府が接収し，1916（大正5）年から博物館に充てるために建築を再開していた。これが1918（大正7）年11月に落成し，関東都督府博物館の本

館として23日より一般公開が始まった。この間，1918（大正7）年4月1日には「満蒙物産館陳列規則」が廃止され，あわせて関東都督府満蒙物産館から関東都督府博物館への改組がおこなわれた。関東州において博物館の名称が付された施設・機関のスタートとなる。そして本館の開館により，松村町の旧関東都督府満蒙物産館は関東都督府博物館考古分館と改められた。

　上記のようにこの館は物産館でスタートしたが，ほどなく博物館に名称が変更されている。つまり，産業育成を目的とする施設から，主として社会教育のための施設・機関へと，わずか2年足らずで機能を変換させているのである。この時期"内地"では，社会教育と同義の通俗教育が"思想善導"と"社会教化"をめざすものとして，施策化が進められていた。博物館の名を付して改組することにより，文化財の保全の役割を果たすとともに，関東州当局が植民地統治における社会教育振興の必要性をみとめていたことも推察されよう。これに先立って，1908（明治41）年10月24日に台湾総督府博物館が設置され，1915（大正4）年12月1日には京城に朝鮮総督府博物館が開館しており，植民地での博物館創設の政府方針と道筋がつけられていたのである。

　完成した関東都督府博物館の本館は，ルネッサンス様式の三階建て偽石造建築で，総床面積は約5085平方メートルを測り，当時の日本では比較的大規模な博物館とみられる。考古分館内には図書閲覧場も設けられていた。大迫町の本館と松村町の考古分館からなる関東都督府博物館は，開館翌年の4月1日の官制変更で，関東都督府から民政部が分かれて関東庁が創設されるとその所管となり，名称が関東庁博物館に変更された。

　関東庁博物館時代の1924（大正13）年には，本館南側隣接地の後楽園と呼ばれた公園を附属植物園に編成している。公園はロシア時代の造成で噴水を備えた西洋式庭園であった。これとともに本館東側隣接地に附属動物園も開設されている（写真9-2）。さらに，前記のように1926（大正15）年に旅順戦利品陳列所を記念館として組み入れ，翌年には分館内の図書閲覧場を本館に移し，千歳クラブの建物に保管されていた大谷文庫（浄土真宗本願寺派法主を務めた大谷光瑞寄贈の図書）を加えて博物館附属図書館とした。これにより本館と考古分館，図

書館,戦利品陳列記念館,植物園,動物園からなる総合的な博物館として,組織や機能が整えられたのである。その後,1928 (昭和 3) 年には考古分館の資料を本館に移して統合し,分館であった建物には本館内の附属図書館を移し,これが翌年に博物館から分離独立して関東庁図書館となった。やがて,関東庁博物館は 1935 (昭和 10) 年 12 月に旅順博物館 (写真 9-3) と改組されている。

なお,旅順博物館は敗戦直後ソ連軍の管理下に置かれて収蔵資料の安全が保たれ,1945 年 8 月 22 日に東方文化博物館となる。その後,1951 年 1 月にソ連から中華人民共和国に返還され,翌年 12 月に旅順歴史文化博物館に,1954 年 4 月には再び旅順博物館と改称した。1972 年に起こった文化大革命で一時期閉館したが,後に再開して現在に至っている。

写真 9-2　関東庁博物館附属植物園 (上) と動物園 (下)　旅順絵葉書

写真 9-3　旅順博物館　旅順絵葉書

(4)　関東庁博物館 (旅順博物館) の活動

　所管を改めて,1919 (大正 8) 年に関東都督府博物館から変更となった関東庁博物館について,その開設の趣旨をみると,

「東洋特に支那を中心として傍近諸国の文物を蒐集し,之を公衆に開放して,自家文明の淵源と,其発展の径路とを触目理解せしめ,以て格物致知

の義に徹し，温故知新の実を挙げ，更に以て世界の文運に貢献せしめん」[13]

とあり，中国に関する資料をもとに，当時の日本国内の一般的な博物館と同様の目的が掲げられていた。同時に，

「満蒙の開発上に必要なる資料を供給せしむ」[14]

ともされており，物産館が果たすべき役割も残されていたようである。

1925（大正14）年の博物館現況によると，本館は水産部，鉱物部，風俗部，参考部に分かれ，おもに自然史・民族系の資料を収蔵していたようで，総数は4万6280点を数える[15]。また，朝鮮や台湾，南洋諸島など日本の統治下にあった他地域の産物や土俗品も陳列しており[16]，国家が進めた植民地支配の象徴的役割を担っていた様子が看取できる。考古分館では先史遺物，陶磁器，漆器，金属製古器，土偶，瓦磚，織物，神仏像，碑文古文書画の考古・歴史資料が主たる収蔵品で，1925（大正14）年時点での総数は4830点である。

観覧者数については，附属の動物園と植物園を含めた本館，考古分館，戦利品陳列記念館を合わせると，1925（大正14）年が12万3396人，1934（昭和9）年は12万8000人以上で，統計記録からはほぼ10年間一定であったと読みとれる[17]。旅順市と近傍村落の人口は1925（大正14）年で約12万人，1935（昭和10）年では約14万人とあるので[18]，観覧者の数は旅順地域の人口数値に匹敵し，その比率からするとかなり活発な状況ということになろう。

附属の動物園と植物園は，旅順周辺における数少ない娯楽の場ともなっていたが，1923（大正12）年から1945（昭和20）年まで関東庁博物館・旅順博物館の嘱託を勤めた森修の回想によれば，

「この地に在住の人以外に知る人も少なく，見学者は年間1日平均して10名ほどのものであった」[19]

とあり，本館を中心とした博物館展示の観覧者はきわめて少なかったようである。けれども，1925（大正14）年の統計では考古分館の観覧者数は3万7016人となっており，統計数値に水増しが推測され，全体の利用者実態は記録よりかなり低かったのではないかとも考えられる。しかし，仮にこの数値に誇張があ

1 植民地統治の関東州における博物館の開設 255

ったとしても，1925（大正14）年の旅順地域における日本人人口は全体の1割程度の約1万2000人[20]でしかないため，中国人の利用が多かったのであろうと推測される。日本の主導のもと，1940年に新京特別市で開館した満洲国立中央博物館の大経路展示場でも，開館翌月の統計では当初の入館者は日本人と中国人の比率が約2：8とあり[21]，関東庁博物館においても近似の傾向が斟酌できるものと思われる。

　動・植物園部門を除く博物館での活動については，研究を中心におこなわれていたようである。1926（大正15）年には，大陸での考古学的調査研究を目的とした東亜考古学会が，京都帝国大学と東京帝国大学の教官を中心として設立された。その主導で実施された関東州の貔子窩遺跡や，牧羊城，羊頭窪貝塚，上馬石貝塚，四平山積石塚，漢代の塼室墓などの発掘調査に関東庁博物館は参加や支援をおこなっており，またこれらの予備調査なども実施している。その一方で，館独自の学術調査や社会教育的活動については低調であったとみられる。先の森修は，

　　「旅順博物館は，昭和20年敗戦に至るまでわずか20年余りの短い期間であった。昭和7年島田貞彦氏を迎えて，いよいよ彼を主軸として発掘調査，講演，展覧会など館外に向っても活動を行ない，館の向上にも力を注ぐつもりであったが，僅かに旅順博物館の事業としては，亮甲店の発掘調査を一度行なったのみで，講演，展覧会のごときは遂に行なうことがなく終焉の日を迎えてしまった」[22]

と記しており，東亜考古学会のもとでの調査研究を主とした活動状況をうかがうことができる。森の回想には若干の誤解もあり，実際には博物館主催の発掘調査や講演，展覧会の実施が指摘されている[23]。それにしても，市民に対する活動は常設の資料陳列に終始し，学術的な調査研究や資料の収集・保管の役割は果たしていたものの，一般的な社会教育にはあまり機能していなかったと捉えられる。

　また，関東庁博物館を代表する収蔵品には，中央アジア地域の踏査を1902（明治35）年から1914（大正3）年まで3次にわたって実施された，大谷探検隊の西

域収集品があった。大陸の歴史的遺産は、帝国主義思想のもと、欧米諸国や日本の探検隊や研究者、コレクターなどによって、自国に持ち去られたものが数多くあった。大谷の西域収集品もその1つであり、探検隊を組織した大谷光瑞の神戸の別邸二楽荘に運ばれて、整理・保管されていた。

　ところが、1914(大正3)年に負債整理と浄土真宗本願寺派教団の疑獄事件のため、光瑞は門主を辞して二楽荘を手放し、西域収集品の一部を自身とともに旅順に移したとされている[24]。ただし、関東庁博物館に収められた大谷の西域収集品は、日本への移送を待つために旅順に保管されていたものも多かった。疑獄事件が起こり搬送することが困難となったため、旅順に残されることとなったようである。

　この大谷の西域収集品は、まず関東都督府が管理する千歳クラブの建物内で記録・保管していたようで、森修によれば1917(大正6)年4月1日の日付で受け入れ書類が作成されていたという[25]。つまり、関東都督府満蒙物産館の開館とともに寄託となったわけである。その資料数は考古品283件とみられる[26]。さらに、それまで保管の場となっていた千歳クラブは、博物館の前身となる関東都督府の物産陳列所が1915(大正4)年11月に開設された場所であり、大谷収集品は博物館の発端となる物産陳列所以来の中心的な収蔵品だったことがわかる。物産陳列所が、物産館を経てほどなく博物館へと機能を転換したのは、この資料群の存在が一因であったことも推測できよう。

　なお、神戸の二楽荘にあった西域収集品の一部は、二楽荘を買い取った財閥の久原房之助の所有を経て、朝鮮総督であった寺内正毅に贈られ、京城に新設された朝鮮総督府博物館にも収蔵されるに至っている[27]。

2　産業系博物館の展開と植民地下の博物館の役割

　関東都督府博物館が開館して8年が経過した1926(大正15)年10月1日、同年の3月から開設準備が進められた満蒙物資参考館[28]が大連市児玉町に開館し(写真9-4)、無料で一般公開を始めた。満鉄の設置運営によるもので、大連

は関東州最大の都市で産業の中心をなしており、満鉄の本社も置かれていた。

(1) 産業系博物館の開設

満蒙物資参考館の設立までの経緯を追うと、1923（大正12）年11月に、満鉄哈爾濱事務所調査課の

写真9-4 満蒙物資参考館　大連絵葉書

三田了一が「大陸博物館建設私案」[29]を会社に提出している。この私案は、満蒙経営のために大陸の開拓を徹底すべきであり、開拓を使命とする満鉄がその指針を示すべく、満蒙の紹介と産業的開拓を指導啓発する機関として、大陸の天然資源を組織的に調査研究し、成果を陳列する一大博物館の建設を進めるべきと主張するものであった。そして、満鉄が従前に実施してきた地質調査所、農業試験所、中央試験所などの調査機関での調査研究をまとめて、博物館の観覧に充てることを提言している。提案者の三田は満蒙の開発企画の推進者であり、この時に外蒙古の開発に関する報告[30]も提出していた。「大陸博物館建設私案」の視点も同様で、日本の工業の発達において原料供給地としての大陸開拓の必要性が強調され、その役割を担う1つに博物館を位置づけたのである。

この三田の私案が取り上げられ、翌1924（大正13）年3月に満鉄から政府に対し、「対支文化事業中会社に於て満蒙に施設することを希望する同事業」として、「奉天其の他満蒙枢要地に満蒙博物館設置の件」が要望されることとなった[31]。その結果、1926（大正15）年に大連における満蒙物資参考館の設立に至ったのである。

開設が実現した満蒙物資参考館の資料は、満鉄興業部の地質調査所（1910年4月設置）が収集した満洲と内蒙古地域の地質・鉱物標本と、そこでの調査にもとづく関連資料類が基盤になった。この館では主として満洲の資源の紹介をおこない、鉱産をはじめ農林水産の原材料と加工品の実物、模型、参考資料を収集陳列して研究成果を示し、その利用開発と産業の振興発達への寄与を目的に

掲げていた。すなわち，三田の私案に沿うように，南満洲鉄道を基軸にして満洲の殖産興業における知識普及が意図されており，日本による満洲開発の中核を担った満鉄の経営と一体化したものといえる。

ここの施設は移転した大連ヤマトホテルの建物が充てられ，二層の展示フロアーに改装した西洋建築であった[32]。石炭や鉄鉱・各種の鉱石・宝石標本などの鉱産陳列室，化石や岩石標本などの地質学標本陳列室，各種石材の石材陳列室，各種農産物や加工品標本・模型などの農産陳列室，主要樹種や加工品標本などの林産陳列室，羊豚に関する改良標本や皮革・毛製品・獣骨加工の標本などの畜産陳列室，製塩・近海魚介類・淡水魚の標本などの水産陳列室，薬草や薬の標本の漢薬陳列など，合わせて22に区分けされた陳列室で構成されている。課せられた博物館の役割としては，1915（大正4）年に関東都督府により物産陳列所として開設され，わずか2年足らずで社会教育の博物館へと名称を変え，機能転換した満蒙物産館の再登場と捉えることもできよう。

この満蒙物資参考館は1928（昭和3）年11月に満蒙資源館に，1932（昭和7）年12月には満洲資源館へと名称変更しており，役割において産業資源に関する振興への傾倒を強めている。さらに，1934（昭和9）年度には建物を増設して新興の産業資料を陳列するとともに，風俗資料も加えて満蒙地域の生活実態の把握に取り組むなど，展示における視野の広がりがみとめられる。他の活動では，参考資料の収集と提供，講演会や映画会の開催，類似施設および学校博物館に対する援助など，啓蒙活動と学校支援も実施していたようであるが[33]，残存記録が少なく詳細はよくわからない。

また，満蒙物資参考館開館の1年後，1927（昭和2）年10月に工業博物館が大連の山城町で開設されている（写真9-5）。満蒙物資参考館から100メートル程度の距離で，旧の大

写真9-5　工業博物館　李元奇編『大連舊影』
　　　　　人民美術出版社　1999　p.87

連医院の建物を用いたものであった。社団法人の満洲技術協会が管理運営し，工業館，満蒙館，交通館，交通館分館の構成で各種工業品を収集陳列して一般公開し，工業的知識の普及向上と興業の提示を目的とした産業系の博物館である[34]。設置母体の満洲技術協会は，「満蒙文化の開発はその基礎を優秀なる総合技術に出発すべし」との主張で1926（大正15）年9月に創立された組織で，工業博物館は工業新興を推進する関東州の技術者や産業界の期待を担うものであった。

なお，工業博物館は敗戦とともに機能を失ったようである。満洲資源館については，敗戦直後の1945年9月25日付で満鉄の全財産がソ連に引き渡され，東北資源館と改称されソ連が管理するところとなった。その後，1950年の中ソ友好同盟相互援助条約で中華人民共和国に移管され，1959年9月には大連自然博物館となって現在に至っている。

(2) 産業系博物館の背景

満蒙資源館と工業博物館の両者について，当地で発行された満洲日報の記事から館の内容と社会的関心の一端を知ることができる。「満蒙開発と産業博物館」と題する1930（昭和5）年7月25日の記事で，労働力や原料生産・資源が豊富な満蒙において工業の発達こそが開発の唯一の方法であるとして，産業知識普及の機関でその振興にも貢献し得る産業博物館の必要性をうったえ，関東州の状況を次のように指摘している。

　　「これに貢献せんが為め昭和二年満洲技術協会では関東庁並に満鉄其他の補助を得て財団法人工業博物館を設立し，また満鉄は大正十五年単独に満蒙資源館を創設して今日に至ったのであるが，前者は産業施設，後者は天然資源の陳列を主として各々其特徴を有しているが，年月の短きと，規模の狭少なるが為め未だ充分に其機能を発揮し得ない憾みがある。

　　抑も天然資源と産業施設とは車の両輪の如く離るべからざる密接なる関係にある，従ってこれ等を代表する満蒙資源館と工業博物館とは兄弟分をなすもので，これを異る二つの主宰者に依りて管理されることは事業遂行

上幾多の欠陥が生じ其平素の使命に叛く結果となるのである，此の意味に於て両者合併して産業博物館として其機能を充分に発揮すべきである。

　尚ほ産業博物館が国家産業発展上多大の貢献を齎すものなることを知るならば我等はこれが完成の為め喜んで多くの経費と，献身的努力を払うことを惜んではならない，又為政者たるものも今少し同情と理解を持って隠れたる而して兎角下積みとならんとする之等設備の為め力を注がんことを希望してやまない」。

満洲日報は 1907（明治 40）年に「満洲日日新聞」として大連で創刊され，満鉄の機関紙的な存在であった。つまり，満鉄が進める満洲経営での産業の基盤育成として，この記事は設置母体の異なる満蒙資源館と工業博物館の相互連携と機能充実を求め，関東州当局の対応と世論の喚起を促しているのである。産業博物館への機能拡充に関しては，満蒙資源館が主体となり満蒙産業博物館の完成を企図していたが[35]，実現には至らなかった。

　満蒙資源館の利用状況については，開館翌年の 1927（昭和 2）年度の観覧者数が 1 万 7491 人，1930（昭和 5）年度は 3 万 1911 人，1935（昭和 10）年度では 6 万 8048 人と数を伸ばしている[36]。この間，1932（昭和 7）年を境にして観覧者の大幅な増加がみられる。同年に日本の主導で満洲国が建国されており，当該地の原料資源に対する関心の高まりが背景にあったと考えられる。工業博物館の観覧者については，1934（昭和 9）年の数値しかみあたらないが 5 万 9000 人余とされ[37]，両館とも利用状況は同様だったようである。当時約 51 万人を数えた大連市の人口からすると[38]，両館に対する関心度は比較的高かったものとみられる。

　ところで，満蒙物資参考館が満蒙資源館となって 4 年後，1932（昭和 7）年 11 月 21 日に東京日比谷の市政會館内で，同一名称の満蒙資源館が開館している。「廣く満蒙の資源を知らしめ，産業開発，投資移民等をなす者に的確な資料を提供する」[39]ことを目的とした施設である。この年の 3 月 1 日には満洲国が建国され，満蒙地域に対する社会的関心が著しく高まっていた。翌年の第 5 回全国博物館大会では，文部大臣の諮問事項「時局ニ鑑ミ博物館トシテ特ニ留意

スベキ施設如何」が示され，これに対し全国博物館大会は，

　　「主トシテ満蒙問題ヲ中心トスル現時ノ日本対列強ノ問題ナリト解シ」
と捉え，

　　「目下ノ非常時局ヲ国民ニ正当ニ理解セシメ以テ民心ヲ作興シ時局ニ善処
　　シムルコトヲ必要ナリト認ム」
と答申した。そして，具体的対応において，

　　「満蒙ノ産物ノ標本類等ヲ可及的多ク取寄セ之ヲ各地博物館ニ配布スルコ
　　ト」，

　　「政府ニ於テ蒐集セラレタル戦利品又ハ満蒙ノ資源ニ関スル参考資料等ハ
　　出来得ル限リ無料ニテ第一ニ博物館ニ寄贈セラレタキコト」，

　　「満蒙ノ学術的調査及ビ資料蒐集ヲ計画セラレタキコト」
などを提起している[40]。このように日本の博物館界においても，満蒙の資源を主要なテーマに押し上げる風潮がつくられていた。

　東京の満蒙資源館は，満蒙地域の農林水産や鉱工業の資料が展示の主体で，様相は大連の満蒙資源館と近似し，そのミニチュア版の様相をもっている。収蔵品は，満鉄をはじめとした満蒙関係の会社や官庁から送られた資料であり，大連と東京の両館の関係深さを察することができる。東京の満蒙資源館は，台湾・朝鮮・北海道・樺太・南洋方面の資料も収集して，一大拓殖博物館にする将来構想を立て，糧友会と被服協会の肝煎りで計画から創立に至るまで急テンポな進捗であった[41]。糧友会と被服協会はともに陸軍省の外郭団体で，軍人および国民の食糧や被服の改善にそれぞれ取り組む組織である。

　すなわち，陸軍省の方針のもとで，具体的には食糧や被服原料を中心とした資源の供給元としての満蒙地域の理解浸透が，東京の満蒙資源館の役割だったといえる。狭隘な展覧場の拡充について，「とにかく陸軍大臣が大乗気で，不日大蔵大臣をも同行して今後の発展を期そうと力瘤を入れている」[42]とあり，陸軍省の影響と期待の強さがうかがわれる。東京と大連の両館の緊密性からするならば，大連の満蒙物資参考館の開設や運営においても，陸軍省や関東軍の意図が作用した可能性は高いであろう。

なお，東京の満蒙資源館が開館した1932（昭和7）年の12月に，大連の満蒙資源館は満洲資源館へと組織の名を改めている。名称重複を避けるための措置とみられる。

(3) 満洲国立中央博物館の母体

満蒙物資参考館と同じく満鉄が開設したものに，関東州管轄下の奉天の満鉄附属地に設置された，教育研究所附設の教育参考館があった。正確な設立年月はわからないが，教育研究所の教授であった遠藤隆次によれば，1936（昭和11）年の末には満鉄地方部からの予算支出で教育研究所内に設けられ，公開されていたようである[43]。

満鉄が運営した教育研究所は1915（大正4）年に改組設置された機関で，学校教職員養成や講習とともに教育に関する調査研究を遂行し，教育参考館では満洲産の動植物や化石・鉱物の標本，理工学機械を主とする自然科学資料を収集していた[44]。「スペースの関係上，陳列標本こそは貧弱であったが，研究活動は，比較的活発におこなわれていた」[45] との遠藤の回想から，おもに自然科学系の調査研究担当者による収集資料の一部を配した，小展示室といった状況がイメージされる。

この教育参考館は開設の翌年，満鉄附属地行政権の満洲国移管と組織改革によって12月1日に教育研究所が廃止となり，収集資料は満洲国に移譲されることとなった。当初は，教育参考館を満蒙科学参考館に拡充して科学系の博物館とする計画もあったが[46]，1938（昭和13）年5月1日に満洲国へ無償譲渡され，満洲国立中央博物館に引き継がれたのである。

満洲国立中央博物館については，建国後の1934年1月に国立博物館籌備事務所が奉天市に設置され，翌年6月1日に古美術などの人文科学資料を集めた満洲国立博物館として開館し，後に国立中央博物館官制が発布されて，これが分館の奉天歴史博物館となった[47]。そして，1940年7月15日に教育参考館の資料を土台にして，国立中央博物館の大経路展示場が新京特別市に開館し，自然科学資料を主とする新京の本館と，人文科学資料を中心にした奉天分館の態

勢がつくられるに至っている[48]。なお，教育参考館の資料を引き継いだ新京の本館は日本の敗戦と同時に破壊と掠奪を受け[49]，満洲国の崩壊とともに廃館となった。

(4) 関東州における博物館の役割

関東州，およびその管轄下に開設された博物館園の変遷を捉えてきたが，ほかにも水族館が大連にあった。海浜行楽地の星ケ浦に設けられた私設の星ケ浦水族館で（写真9-6），貴金属店や果樹園とともに経営されていた[50]。開館の年月はわからないが，絵葉書の許可年から1929（昭和4）年には運営が確認でき，その後は敗戦近くまで存続していたようである。

星ケ浦水族館も含めて，40年の関東州存続期間における博物館園全体の推移を整理すると，表9-1となる。

博物館園の設置は，早くも関東州成立翌年の1906（明治39）年9月から始まっている。満鉄附属地である鉄嶺の商品陳列館は，軍政署の主導で民間資本による開設であった。後には関東都督府も出資して株式会社となり，国策会社である満鉄のミニチュア版といった様相を呈している。商品陳列館という名ではあるが目的は売買取引で，営利追求の経済活動の遂行を特徴としていた。後年開設の長春商品陳列所や錦州商品陳列館も目的は同じで，長春は満鉄が直営し，錦州は都督府が補助する民間運営であった。錦州商品陳列館を創設した石光真清は軍の嘱託で諜報活動を担った人物であり，この点からも統治当局との関係の強さと，政治的役割の側面を有したことが推察される。すなわち，商品陳列館は新設の植民地における経済活動の活性化を意図し，他の博物館施設に先んじて，統治政府の主導で満鉄方式を採って設けられたのである。

商品陳列館や商品陳列所はやが

写真9-6　星ケ浦水族館　大連絵葉書

表9-1 関東州および管轄下における博物館園の変遷

年								
1905(M38)	―関東州成立―							
1906(M39)		鉄嶺商品陳列館						
1907(M40)								旅順戦利品陳列所
1908(M41)								
1909(M42)								
1910(M43)								
1911(M44)								
1912(T1)								
1913(T2)								
1914(T3)								
1915(T4)				関東都督府物産陳列所				
1916(T5)		錦州商品陳列館	長春商品陳列館	関東都督府満蒙物産館				
1917(T6)				(開館)				
1918(T7)				考古分館・関東都督府博物館(本館)				
1919(T8)				○ ・関東庁博物館(本館)				
1920(T9)								
1921(T10)								
1922(T11)								
1923(T12)								
1924(T13)				○ ・ ○ ・植物園・動物園				
1925(T14)		(解散)						
1926(S1)			満蒙物資参考館	○ ・ ○ ・ ○ ・戦利品陳列記念館				
1927(S2)		工業博物館						
1928(S3)			満蒙資源館	(本館に統合) 関東庁博物館・○・○・○				
1929(S4)								
1930(S5)								
1931(S6)								
1932(S7)			満洲資源館					
1933(S8)								
1934(S9)								
1935(S10)				旅順博物館・○・○・○				
1936(S11)				教育参考館				
1937(S12)				(廃止)				
1938(S13)		星ヶ浦水族館		┊				
1939(S14)				資料				
1940(S15)				満洲国立中央博物館大経路展示場				
1941(S16)								
1942(S17)								
1943(S18)								
1944(S19)								
1945(S20)	―関東州瓦解―							

註:附属館園体制の関東庁博物館に関する変遷は ▨ で区別した

て関東州博物館群の一角を占めていくが，1935（昭和10）年を過ぎるころから実態が不明となる。戦時下経済に進むなかで，組織や機能が急速に変容していったのであろう。

また，関東州成立の翌々年には旅順戦利品陳列所の公開が始まっている。当時の日本の政府からみれば，8万人超の戦死者を犠牲に獲得した直轄地の象徴的記念物として，関東州成立後間もない時期に開設を進めたものとみられる。この周辺では翌年にロシア人墓地を改葬した慰霊碑が，翌1908（明治41）年には日本兵慰霊のための表忠塔が白玉山に建立されており，また漱石の「満韓ところどころ」に記された陳列所の番人A君の対応からも，慰霊碑や表忠塔と同様の精神的意味合いを捉えることができる。

その後，7年の間をおいて，関東都督府による博物館の本格的整備が旅順で始まる。当初は産業育成を主目的とする物産陳列所として準備され，物産館で開館したが，ほどなく文化財を保全し社会教育に重きを置く博物館に転換するのであった。関東州存続期間において唯一の"博物館"である。しかし，この博物館では，州当局や大谷探検隊によって収集された文化財の保全と，東亜考古学会のもとでの調査研究が主要な活動としておこなわれ，市民を対象とした社会教育という面では顕著な活動がみとめられない。この点は，同じ満洲の地に，日本の主導で1938年に設置された満洲国の国立中央博物館が，大衆学習機関への強化と合理化を進めたことと対称的である。

満洲国立中央博物館では「博物館エキステンション」と位置づけて，小・中学校への学習支援や，一般の智的啓発と情操滋養に向けた「博物館の夕」の開催，専門的な知的探求のための科学同好会の結成，自然に関する親しみと認識の向上を目的とした科学ハイキングの実施，人心を刺激し啓発する展覧会の開催，一般の科学的啓蒙に資する刊行物の発行，諸学会と博物館との関係の緊密化などの活動が推し進められた[51]。

両者はともに日本の植民地，あるいはそれと同様の状況下で設置された博物館ではあるが，占領地経営と新国家建設という統治思考や社会背景の差が，活動のちがいの一因となっていたように推察される。関東州に開設された博物館

は，存在自体が日本による文化的支配のシンボルであり，植民地における民衆啓蒙の教示的役割を果たしていたように捉えられるのである。

やがて，旅順の関東庁博物館に附属の植物園と動物園が設置され，市民の娯楽の場とした活動も広げていく。この時期には関東州の人口が90万人を超えて成立年の3倍近くに増加しており，厚生施設の整備が必要とされたのであろう。大連の星ヶ浦水族館もこのころの開館と推測される。関東庁博物館では戦利品陳列所も記念館として附属編成し，関東州の中核博物館の態勢が整えられていく。

これとほぼ並行するように，産業系博物館の満蒙物資参考館と工業博物館が，それぞれ満鉄と満洲技術協会の手で産業都市の大連に開設される。いずれも日本の資源供給地としての満洲地域の知識啓蒙と，当地の殖産興業を意図するものであった。日本の植民地政策において，大正時代の後半には"内地"の食糧不足を解消する供給基地を植民地に求め，昭和に入ると植民地工業化政策に重点が置かれるようになる。満洲においては，原料資源や投資・輸出市場の独占的支配の確立を図る「日満経済ブロック」が主張されたように，その視点は日本の"内地"に立脚したものである。関東州の産業系博物館はこのような背景をもち，植民地産業政策の一端を担うものであった。

また，満蒙物資参考館の開設につながる三田了一の「大陸博物館建設私案」には，

> 「今や関東の災害の復興に関連して世人の注意の満蒙に傾注せられたる時に当り，満蒙並大陸を徹底して紹介する大陸博物館の建設せられんことは現在並将来を通じて切望のこと」[52]

とも述べており，"内地"で生じた社会的諸問題の解決も，関東州の産業系博物館に託された一面だったのである。そして，満州事変を経て1932年に満洲国が建国されると，政府の対満積極政策にも促され，資源供給地としての満洲への関心が一段と高まり，東京の満蒙資源館の開館とともに大連の満洲資源館の活動が活発化をみせる。

そして1930年代後半には，満鉄の教育参考館が奉天の満鉄附属地に開設さ

れた。翌年の満鉄附属地行政の満洲国移管などによって廃止となるが，その収集品は3年後に開館する満洲国立中央博物館の自然科学資料の母体となった。

ところで，満洲国立中央博物館を定めた官制をみると，

「國立中央博物館ハ民生部大臣ノ管理ニ屬シ自然科學及人文科學ニ關スル資料ヲ蒐集・保存及展覽シ政府各機關ノ政務ノ參考及一般ノ學術研究並ニ社會教育ニ資スルヲ目的トス」（第1条）[53]

とあり，蒐集，保存，展覧の機能を集約した目的の筆頭に，政府各機関の政務の参考という事がらが掲げられている。当該期の"内地"の博物館にはみとめられない内容である。この目的はきわめて統制的であり，また傀儡国家の満洲国に対する日本の政府の意図が強く感じられ，植民地の博物館に求めた役割が看取される。関東州の博物館に関しては具体的資料を見出せないが，産業系博物館の設立経緯や目的などを勘案すると，同様の役割を求められていたことが推測できよう。

その後，1937（昭和12）年7月の盧溝橋事件を契機に日中戦争に突入すると，関東州は大陸兵站基地としての軍事的役割が大きくなり，博物館の動向に発展的な動きはみられなくなる。そして，1945（昭和20）年8月の敗戦とともに関東州は瓦解し，各博物館も相次いで機能を失うのであった。

敗戦後は，日本の統治下で開設された博物館はすべて廃止される。しかし，工業博物館と星ヶ浦水族館については不明であるものの，他の館園の収集品は多くがソ連の管理を経て，中華人民共和国のもとで組織を改めた博物館園に継承され，今日に至っている。また，満洲資源館や旅順博物館などの博物館建築物は，歴史的文物として，現在の市や国のもとで保護と保存の措

写真9-7　保存されている旧満洲資源館建物

置がとられている（写真9-7）。

　ただし，引き継がれた博物館資料の歴史的あるいは文化財的位置づけは大きく異なる。例えば，旅順の戦利品陳列記念館において日露戦争の軍部の顕彰と国威発揚を意図した軍事遺構や兵器は，継承された旅順日露戦争陳列館では中国の愛国教育の資料と位置づけられ，館は旅順口区国防教育基地として活動をおこなっている。当然ともいえるが，歴史的・文化財的な博物館資料は国家やその文化のイデオロギーを包含しており，帝国主義や独裁制下においてはその傾向が顕著となるのである。現時点の社会を映し出す博物館資料の本質と，存在意義の一端を読みとることができる。

　本章では，博物館教育に内在する政治的・社会的な観念や思想にかかわる問題を探るため，日露戦争の戦利として成立した関東州における博物館園の変遷について，植民地統治を進めた日本の政策視点で実態を捉えることを試みた。そこからは，政務の参考という位置づけや，統治政府の意図に沿っておこなわれた産業育成のための知識啓蒙と，一般民衆の情操的教育の機能面が博物館活動の根幹にみとめられるようである。ここに開設されたいずれの博物館も，設置企画から始まって，資料収集，陳列展示，調査研究，普及活動など，マネージメントのほとんどが日本人の手によるものであったため，まずはその視点での把握が，存在した博物館の歴史的理解につながるものと考えている。

　しかし，植民地博物館という歴史的主題の検討においては，博物館が人を相手にする社会教育の施設でもあったため，その本質を植民地主義の視角から，かつ支配や侵略を受けた側からの視点をふまえた把握こそ重要とする指摘がある[54]。正鵠を得た認識と思われ共感できる。

　関東州の博物館においては，日本人の人口数と観覧者数の統計値を比較すると，中国人の利用が決して少なくなかったと推定できる。植民地統治した日本の価値基準によって開館し陳列展示された博物館資料を，その土地に生まれ育った中国人はどのように見て捉えていたのであろうか。関東都督府博物館などで陳列展示された文物は日本人の価値観で位置づけた大陸文化財であり[55]，

満蒙資源館や商品陳列館などの陳列品もまた同様で，中国人との意識の乖離は小さくなかったにちがいない。

また，関東州成立のシンボリックな施設として開設された旅順戦利品陳列所は，日本人には自尊心や鎮魂の想いなどをもたらすものであったが，中国人にとっては，自らの土地が侵略されることとなった憎悪の記念碑的施設ではなかったかと推測するのは難しくない。現存する日露戦争の記念碑は，中国人においては遼東半島が他国に奪われる契機となった，日清戦争の記憶に重ねられている。日本軍による旅順口の攻撃では，中国国土が戦場となって甚大な被害を受け，多数の市民が犠牲となった。現在の旅順や大連の歴史系博物館では，当該地の屈辱と掠奪の植民地の歴史の始まりとして中日甲午戦争（日清戦争）が認識され，旅順口の戦闘では4日間で2万人近くの旅順の市民が犠牲になったとしている。その延長上に日露戦争があり，中国国土を奪い合う強盗の争いなどと位置づけているのである。

このような支配された側の認識や心情について，支配と被支配のそれぞれの視点から，植民地博物館が当該社会に成した事象や心情的影響などを把握できれば，その役割と機能を問う博物館の本質的課題に迫ることも可能となろう。また，博物館教育と，政治的・社会的な観念や思想とをまったく切り離すことは困難といえる。しかし，植民地下の博物館のように，そのイデオロギーを一方的な見地で運営や活動に取り込むことは，博物館をあらゆる人びとが共存し共有する知的・文化的資源として，歴史的な評価を得られないものへと貶めてしまうのである。

註
1) 満洲国について，中華人民共和国では独立国家としての要件が欠如するとみなし，偽満洲国と呼んでいる。本稿はこうした認識をふまえたうえで，当該期の日本の政策視点で実態を捉えることを目的とするため，当時の歴史的用語として満洲国と表記した。
2) 鉄嶺商品陳列館については，南満洲鉄道株式会社編『南満洲鉄道株式会社第二次十年史（下）』原書房　1974（復刻原本1928年刊）　pp.915-916を参照・引用した。

3) 椎名仙卓『日本博物館発達史』雄山閣　1988　pp. 211-218
4) 伊藤寿朗・森田恒之『博物館概論』学苑社　1978　p. 119
5) 加藤聖文『満鉄全史―「国策会社」の全貌』講談社　2006，財団法人満鉄会編『満鉄四十年史』吉川弘文館　2007
6) 南満洲鉄道株式会社編『南満洲鉄道株式会社第二次十年史（下）』原書房　1974（復刻原本1928年刊）pp. 906-911
7) 註6) 文献　p. 916
8) 関東庁編『関東庁施政二十年史（下）』原書房　1974（復刻原本1926年刊）　p. 902
9) 『漱石全集』第12巻　岩波書店　1994　pp. 280-282
10) 井原頼明『増補皇室事典』冨山房　1942　pp. 119-120
11) 註8) 文献　p. 902
12) 関東都督府満蒙物産館から旅順博物館とその終焉に至るまでの変遷は、『博物館陳列品図譜』関東庁博物館　1925，関東庁編『関東庁施政二十年史（下）』原書房　1974（復刻原本1926年刊）　p. 902，関東局編『関東局施政三十年史（上）』原書房　1974（復刻原本1936年刊）　pp. 209-210，森修「旅順博物館の思い出」『古代文化』第38巻第11号　古代学協会　1986　pp. 21-27，旅順博物館編「館史沿革及庋藏大事記」『旅順博物館』文物出版社　2004　pp. 238-239，『旅順博物館90年』旅順博物館　2007　pp. 11-18を参照した。
13) 『博物館陳列品図譜』関東庁博物館　1925
14) 註8) 文献　p. 902
15) 註8) 文献　p. 902
16) 森修「旅順博物館の思い出」『古代文化』第38巻第11号　古代学協会　1986　p. 21
17) 註8) 文献　p. 902，および，関東局編『関東局施政三十年史（上）』原書房　1974（復刻原本1936年刊）　p. 210
18) 註8) 文献　p. 930，および，関東局編「附表　地方別現住戸口」『関東局施政三十年史（上）』原書房　1974（復刻原本1936年刊）　p. 7
19) 註16) 文献　p. 21
20) 註8) 文献　p. 930
21) 藤山一雄『新博物館態勢』満日文化協會　1940　pp. 236-237
22) 註16) 文献　p. 27
23) 犬塚康博「南満洲―旅順博物館」『新博物館態勢―満洲国の博物館が戦後日本に伝えていること』名古屋市博物館　1995　p. 62
24) 宇野茂樹『仏教東漸の旅』思文閣出版　1999　pp. 121
25) 註16) 文献　p. 22
26) 現在の旅順博物館でまとめられた編年記事中に、1917年3月考古品283件収納の記載がある（『旅順博物館90年』旅順博物館　2007　p. 116）。
27) 註24) 文献　p. 121

2　産業系博物館の展開と植民地下の博物館の役割　271

28) 満蒙物資参考館から満洲資源館への変遷や目的，展示状況などについては，『要覧』改訂六版　南満洲鉄道株式会社満洲資源館　1934，南満洲鉄道株式会社編『南満洲鉄道株式会社三十年略史』原書房　1975（復刻原本1937年刊）　pp. 605-607 による。
29) 伊藤武雄ほか編『満鉄（一）』現代史資料（31）　みすず書房　1966　pp. 678-680
30)「満鉄と外蒙古」，註29）文献　pp. 634-642
31) 註29）文献　p. 102
32) この建物はロシア統治時代に市庁舎として建築されたもので，日本統治になってからは満鉄の本社屋に1年間使われた後，大連ヤマトホテルとなっていた。
33) 南満洲鉄道株式会社編『南満洲鉄道株式会社三十年略史』原書房　1975（復刻原本1937年刊）　p. 607
34) 関東局編『関東局施政三十年史（上）』原書房　1974（復刻原本1936年刊）　p. 211
35)『要覧』改訂六版　南満洲鉄道株式会社満洲資源館　1934　p. 2
36) 註33）文献　pp. 606-607
37) 註34）文献　p. 211
38) 関東局編「附表　地方別現住戸口」『関東局施政三十年史（上）』原書房　1974（復刻原本1936年刊）　p. 7
39)「GRAPHIC　満蒙資源館」『博物館研究』第7巻第5号　1934　pp. 8-9
40)「第五回全國博物館大會」『博物館研究』第6巻第5・6号　1933　pp. 11-12
41)「東京に満蒙資源館創設」『博物館研究』第5巻第12号　1932　pp. 5-6
42) 註41）文献　p. 6
43) 遠藤隆次『原人発掘―古生物学者の満州25年』春秋社　1965　p. 38
44) 遠藤隆次「満洲國國立中央博物館の機構」『博物館研究』第12巻第2号　1939　p. 3
45) 註43）文献　p. 38
46)「博物館ニュース　◇満洲に科學博物館」『博物館研究』第11巻第2号　1938　p. 7
47) 註21）文献　pp. 221-242
48) 註44）文献　pp. 3-4
49) 註43）文献　p. 135
50) 井澤宣子『麗しき大連』文芸社　2003　p. 149
51) 註21）文献　pp. 228-231
52) 註29）文献　p. 680
53) 國立中央博物館官制：勅令第327號，康徳5年（1938）12月24日公布（『國国立中央博物館時報』第1號　1939　p. 10
54) 君塚仁彦「植民地博物館史研究を問う―"満洲国"に関する研究動向を中心に」『批判植民地教育史認識』社会評論社　2000　pp. 196-214
55) 日本の植民地下の朝鮮文化財を論じた全東園は，朝鮮物産共進会を通して朝鮮文化財として選別された価値基準は，日本帝国の一部として，そして朝鮮総督府の"朝鮮を代表す

るもの"として位置づけられたと指摘している（全東園「朝鮮物産共進会と「朝鮮文化財」の誕生」『言語・地域文化研究』第15号　東京外国語大学大学院　2009　pp.135-147）。

結　章　博物館における教育の展望

　本書では，現代博物館の直接的な出発点となる近代博物館の成立に立ち返り，公衆とのかかわりに価値を見出した博物館の動向の検討から，公教育の一端を担う役割が博物館の根幹であることを最初に指摘した。この認識を出発点にしなければ，今日の博物館のあり方や今後の方向性の議論が妥当なものには成り得ないであろう。博物館教育原理の基盤といえる。

　公教育を担う機関であるからこそ，博物館は生涯学習社会において重要な位置づけをもつのであり，すべての人びとに対してあまねく機能を果たさなければならないのである。したがって，ユニバーサルサービスの観点にもとづいた実践は必須の課題であり，それは施設設備面にとどまるものではなく，展示やワークショップ，アウトリーチ，そのほか各種の学習支援など，博物館の本質である教育の実践的な活動においてこそ取り組みが求められる。また，博物館を運営するスタッフの意識の明確化は，内容の質が整った活動の前提となり，博物館が果たす教育に関しての各論を遂行する基本条件なのである。

　このような観点を本書の骨子として，博物館における教育の原理と活動について考察してきた。最後に，これまで述べてきた事がらの要点を整理して，博物館が実施すべき教育の役割と取り組みの展望を示し，まとめとしたい。

1　公教育機関である認識

　博物館が果たすべき社会的な役割は，時代によって，さらには地域や国によってある程度異なるのは必然のことではあろう。博物館という機関は社会の産物であり，人びとの期待する事がらや国家政策の意図などが影響し，機能面の内容とあり方が具体化する部分も少なくないからである。博物館の歴史的な発達過程のちがいによっても，その役割や捉え方について地域や国によって異なりがみとめられる。しかし，博物館が社会に存在する意義の根幹となる部分は，時代や社会の要請によって変えられるべきものではない。

　現在の博物館は人びとと向かい合い，多くの人たちに資する役割の遂行という姿勢で活動がおこなわれている。このような公衆とのかかわりを活動の基軸に置く博物館は，啓蒙思想を育んで市民革命を経た18世紀後半の近代ヨーロッパで誕生した。その博物館が担った役割は公衆の人権の確立と保障のために知識を解放することで，公教育の位置づけを根幹とするものであった。言い換えれば，人権を保障するための公教育に対する機能が確立したことにより，近代博物館は成立したのである。したがって，博物館はあらゆる人びとへの教育の役割を果たすべき機関であり，この点こそが社会的産物としての博物館の存在意義なのだといえる。

　近代以降に欧米で開設が進んだ博物館の多くは，いかに公衆への利益寄与を果たすかという姿勢で発展が図られ，生み出された各種の展示スタイルとプログラムや活動などは，いずれも広義的には教育における役割の向上を見据えるものであった。今日，博物館を研究，教育，楽しみを目的とし，公衆に開かれた常設機関と定義しているICOMの規約にも，近代博物館誕生以来の公衆に対して公正な利益となる教育の役割，すなわち公教育の概念を基盤とする理念が明確に根づいていることを看取できる。国際的な博物館認識なのである。

　わが国の場合，博物館は幕末から明治初期に欧米から導入された社会資産であり，人権確立のため知識解放の手段として自ら創出したものでないことから，また政府の対応や社会事情なども要因となり，公教育を役割とする理念を次第

1 公教育機関である認識　275

に喪失していった。戦後の民主国家になって制定された社会教育法では，博物館を社会教育機関と位置づけるに至ったが，わが国での博物館創設以来70年以上を経てようやく実現した博物館法では，博物館の定義に示されているのは果たすべき具体的な機能以外は見出しがたい。定義には各機能を集約する博物館の役割が明示されておらず，博物館法全体を通じて公教育を基盤とする認識を捉えることは難しいのである。この状況は今日にも続いている。

　博物館法を根底とするわが国の博物館観は，資料の収集，保管，展示，必要な諸事業，調査研究のそれぞれを目的とする機関と捉えるのがおおよその形勢とみられる。そして，これらの目的が博物館の機能と認識されているのである。博物館が担う教育的な役割については，展示と必要な諸事業に包括されるものとなっており，一機能の下におかれた補助機能の扱いでしかない。近年では教育活動の重要性が注目され重点的な対応が進んでいるが，多くの場合，教育機能の拡大や充実という視点で実施されているのである。そのため，教育機能の強化が収集・保管や調査研究機能と対立的に考えられ，相反や不均衡をもたらして，博物館の役割の低下に貶めるとの意見もみとめられる。

　しかし，見失ってはならない博物館の根幹は公衆に対する教育の役割であり，これが博物館にとって社会に存在することの意義なのである。したがって，公教育という社会的役割のもとで博物館の各機能を位置づけるべきと考える。つまり，博物館の役割は，公衆の楽しみと公衆にも開かれた研究を一連のものとする，公教育を目的にした活動の実践なのである。そして，この目的を果たすための機能として，資料の収集・保存管理，調査研究，展示，学習支援を配置すると捉えるべきで，博物館における教育は，活動の総体として，博物館が遂行すべき社会に向けた役割とみるのが適切といえる。このような認識で博物館活動がおこなわれれば，教育活動の取り組みが諸機能との相反や不均衡という上記の状況は，起こり得ないように思われる。

　博物館の機能面に関する追究はわが国では盛んに進められているが，博物館の社会的な役割についての議論は積極的におこなわれることが少なかった。布谷知夫もこの点を指摘しており，現代社会の課題に対応できる博物館の特性を

博物館自体が意識する重要性を述べ，博物館の側から社会的な役割を主張するための3つの視点を示している[1]。第一は，博物館という存在が社会の維持に欠かせない公共財という立場をもつべきと述べ，第二は，博物館が社会に貢献できるのは基本資源を有して地域から信頼されているからで，そのためには基本資源の資料や調査に加え，成果発信としての展示や教育学習機能の充実が大切だとする。そして第三は，博物館の側からその活動が社会の安定や進歩に役に立つ存在であるという主張をおこない，役割を知ってもらうことから地域住民の支持を広げていこうと指摘している。すなわち，社会的な役割について議論し，その姿勢を日常的な事業を進めるための根拠として共有することこそ，博物館が社会に受け入れられる前提となるとの示唆は，博物館の存在意義を問うものにほかならない。

博物館が保持する各機能の充実に向けた議論や思考は重要ではあるが，社会に存在する博物館の意義について認識を整え，理念と使命を見据えた機能の発揮こそ，博物館の存在を価値あるものに位置づけ，公衆社会での定着と発展を保障する出発点となろう。その際，博物館の社会的役割の根幹は，あらゆる人びとに学びを提供する公教育機関であるという点であり，この認識から博物館活動の総体が教育なのだという意識を明確にして，各機能を意図したシステムやプログラムの構築が成されるべきなのである。博物館教育原理の基盤がそこに求められる。

そして，あらゆる人びとへの教育の役割を基盤とするからこそ，博物館は教条主義的な社会思想や政治思想への誘導や扇動をもたらす活動の忌避が責務である。博物館発達史や旧植民地博物館の推移を振り返ると，歴史系や科学系の博物館を中心にその危険性が指摘できる。国家主義が台頭する社会において，とりわけ歴史系博物館は思想先導の手段への位置づけに陥りやすい。博物館がイデオロギー色を強め偏向した活動に傾斜すると，その危険性から教育の役割を否定して，収蔵施設としかみなさない社会的な捉え方を生み出すこととなる。とりわけ，資料や作品に観念的・情緒的な主張を求めようとする展示は，博物館の尽くすべき務めを誤らせてしまうであろう。展示によるメッセージは，

資料や作品を事実として捉えた提示に委ねて発信すること，言い換えれば実証主義的な対応を基本姿勢にすべきと考えられる。

また，国家意識の発揚を図るナショナリズムの育成の視点を博物館に求めようとすることは，過ちと悲惨な状況を検証する事象や多様なマイノリティの問題など，社会に対する学びの一部を恣意的に捨象するような動向を生み出す。例えば，差別を中心とする人権問題をテーマに掲げる大阪人権博物館に対し，子どもが夢を抱けないとの理由などで活動や存在を否定しようとする主張は，社会の多面性や重層性を等閑視した国家主義や全体主義にもとづく思考とみなされる[2]。

博物館に突きつけられたこの問題は，あらゆる人の権利の保障を基盤に，多様で複雑な社会で生きていくための学習を提供するという使命を脅かすものといえる。だからこそ，博物館のスタッフやそれをとりまく人たちが博物館の社会的役割をしっかり議論し，運営の理念を明らかにして広く社会に提示する行動が不可欠なのである。

2 生涯学習に位置づくユニバーサル・ミュージアム

生涯学習の本質は，提唱者のポール・ラングランの主張を見据えると，現代社会において危機的状況に置かれた人間存在に対する挑戦的課題であり，その課題を克服する手段として提起された教育の問題である。すなわち，教育によって各人の生存権を保障して支援しようということであり，このシステムに博物館が主要な役割の分担を求められるのは，公教育機関に位置づくものであるところから必然のすう勢といえる。

そして，生きていくことを保障するための方策と捉えられる生涯学習では，すべての人への学習機会の提供は必須の条件であり，利用の障壁となる要素の除去は基本的な責務なのである。そのうえで多様な教育プログラムの開発や提供をおこない，利用者の学習要素を引き出して主体的な学習ができるように展開し，社会や暮らしに自ら立ち向かい切り拓くことのできる生活者を育成する

取り組みが求められる。

　このような生涯学習機関の位置づけをもつ博物館が確立しなければならないのは，あらゆる人の立場のもとで公平な情報と奉仕の提供を具体化して実施するユニバーサルサービスである。ユニバーサルサービスを掲げて対応を整えた博物館，すなわちユニバーサル・ミュージアムへの取り組みは，わが国では1990年代後半から神奈川県立生命の星・地球博物館などを発信源として始まった。けれども，その趣旨が広く理解され，共通認識をもって具体的な活動が一般的に定着するには至っていないように捉えられる。ユニバーサル・ミュージアムというフレーズで運営方針を掲げる館は現在でも多くない。

　先導的であった神奈川県立生命の星・地球博物館では，ひろく標榜されていた「開かれた博物館」を具現化するために従来不十分であった事項を重点的に取り上げ，視覚に障害のある人たちへの対応を主眼とした展示デザインやプログラム，システムなどの構築をめざすものとしてユニバーサル・ミュージアムの方針が掲げられていた[3]。上位の目的においては心の開放と心の共有を構築しようとするものであったが，ユニバーサルの内容が障害をもつ人への限定的な対応と理解される傾向となり，残念ながら切迫感に欠ける取り組みと捉えられ，広く浸透してこなかったのではないかと推察される。

　ノーマライゼーションの思考に立脚し，障害をもつ人たちの人権を保障して博物館体験への道を開くことが大切なのは当然といえる。けれども，ユニバーサル・ミュージアムの本質はあらゆる人への公平な情報と奉仕の提供であり，その実現は，人びとが生きていくために必要な生涯学習の役割を担う公教育機関の博物館だからこそ，めざすことが必須なのである。

　ユニバーサル・ミュージアムに関しては，実現に向けた主要なポイントとして5点を指摘できる。まず第一は，ユニバーサルサービスに対する意識の確立で，このことが実践される対応の出発点となる。すなわち，生涯学習社会において公教育の役割を担う博物館は，まずもってすべての人を迎え入れることに努めなければ存在価値が生じないのであり，人びとに来館してもらうことによってはじめて，各館の目的達成に向けて着手できるわけである。それぞれの博

2 生涯学習に位置づくユニバーサル・ミュージアム

物館がどんなにすばらしい作品や資料を展示していても，あるいはいかに優れた企画を実践していようとも，当然ながら来館者があってこそ教育の役割が果たせることとなる。したがって，博物館を物理的に利用できない人や，利用しようとしない人たちにも，つねに視点を置く意識が求められるのである。そのためには博物館におけるユニバーサルサービスの理念を明確にして，関係するスタッフの意識を高めることが必要となる。

　現状においてユニバーサルサービスが整っている博物館は，例外なく，理念をもった意識の高い学芸員などのスタッフが存在し，その精力的なリードで対応や活動がおこなわれている。ところが，こうした問題意識の高いスタッフが博物館の職を離れると，当該館のユニバーサルサービスが急速に形骸化してしまう例が少なくない。その理念や意識が，博物館を運営するスタッフの間でひろく共有されていない場合が多いためと看取される。ユニバーサルサービスを個人の問題意識から発展させて，スタッフの共通理解にもとづいた博物館の運営システムに位置づけることが，推進されなければならないのである。

　館長や学芸員，事務職員，展示解説員，ボランティアガイドなど，すべての博物館スタッフが共感の心をもって，あらゆる人びとを積極的に迎え入れようとする姿勢は，だれもが支障なく学び楽しめることの基本的な条件であり，博物館教育成立の屋台骨といえる。そしてこのような理念や意識の浸透には，欧米にみられるアクセシィビル・コーディネーターのように，中心となって全体を取りまとめる担当者の配置についても検討すべきと考えられる。

　第二は施設のバリアフリー化で，すべての人を迎え入れるというユニバーサルな姿勢を実現するために，物理的障壁を排除する処置として欠かせない。バリアフリーな施設を完成させる設計指針やマニュアルは数多く示されているが，実際的な便が適った施設はそれらに則ったハードの整備だけでは実現しない。障害をもつ人たちや高齢者の特性などを正しく理解して共感する姿勢を育み，彼らに対応するシステムづくりなどのソフトの充実がともなってこそハードが生きてくるのであり，ハードとソフトの対応がバランスよく整うことでバリアフリーの整った施設が実現する。博物館の場合，利用者がそこで活動し体験す

る全体をみとおして,展示室やミュージアムショップなども含め,統一的におこなうことが肝要となる。また,来観者空間だけに目が向きがちであるが,スタッフが主体的に活動する空間での対応も図られねばならない。学芸員や職員だけでなく,学習者にも位置づくボランティア活動への参加者の幅を広げることになるからである。

　第三は心理的・生理的な負担を除去した環境整備で,博物館が公衆への教育効果を高めるためには,楽しさを感じながら,支障なく学習に向かえる環境の創出が重要な要素となる。博物館体験で抱かれる心理的な負担の掌握において,来館者を対象とした調査や研究は意義が大きい。公教育機関に位置づけられる博物館は人びとへの学習の提供を役割とするが,小・中・高等学校などの教育機関と決定的に異なるところは,教育の対象者が来てくれるということが前提ではない点である。博物館へ来てもらうところからスタートするのであり,そのためには,足を運ぶことを躊躇させるような雰囲気や条件の解消は蔑ろにできない。具体的対応については,空間構造と空間設備の整備,空間条件の緩和,博物館システムの適正化などが検討項目となろう。博物館システムの一部を構成するミュージアムショップやミュージアムレストランのあり方などについては,楽しさや快適さを生み出す大きな要素であり,博物館体験という包括的な視点からの運営の工夫がポイントと捉えられる。

　第四は,あらゆる人を受容するためのシステムの構築である。博物館が教育の役割を確実に遂行して学習ニーズに貢献することは,人びとの迎え入れを具体化したシステムが機能することで保障される。地域社会を構成しているのは,子ども,高齢者,外国人,何かしら障害のある人,妊娠女性など多様な人たちであり,それぞれにふさわしい条件や環境の準備が求められる。システムづくりは博物館全体での検討と実践を主体としながら,関連機関や市民との連携協力が有益となろう。博物館も担う生涯学習という課題は社会全体で取り組む問題であり,枠組みを地域社会に広げて対応にあたることも,有用性や必要性が高いと考えられる。

　そして第五は,楽しみながら学べることを見据えた展示方法とプログラムの

見直しである。博物館において人びとの期待度がもっとも高く，博物館教育の中核となるのは展示活動にほかならない。すべての人への学習を保障し，学びの質をできるだけ向上させるには，従来の視覚型の展示の概念やあり方を見直していくことが必要と考えられる。本書ではそれを知覚型展示への転換として提示した。博物館は教育機関であり，学習の提供を根幹とするのであるから，何よりも人びとの学びの効果を高めることを追究すべきであろう。博物館が収蔵する資料や作品の価値は人びとへの有益性に求められる点にあり，それは学習への貢献にみとめられるのである。保存の機能は，学習価値の高い資料や作品を後世の人たちにも提供することに意義をもつのであり，学習への活用のうえに成り立つ機能と理解すべきであろう。つまり，資料や作品の展示による活用と保存は対峙する事がらではなく，活用を軸にして保存を位置づけるあり方が，博物館の社会的役割に適しているのだといえる。

　したがって，資料や作品を理解して学習を進めるためには，目で見ることに限定せずに，多様な方法でのアプローチを取り入れる対応が必要なのである。五感を駆使した観察や鑑賞を可能とする知覚型展示の実現は，資料や作品の理解を深めて学習効果を向上させるとともに，すべての人びとが博物館学習に参加できるユニバーサルな博物館の創出を強く推進するものとなる。さらに，五感の発揮は展示に楽しさの要素を生み出し，観察者に能動的な場面が増えて，資料や作品との間の意識コミュニケーションも強まる。娯楽的に学べる展示環境の存在は博物館活用の動機を強めることにも作用し，博物館に来てもらうための基本的な条件となるはずである。

　また，各種のワークショップやアウトリーチなどのプログラムは，多様なアプローチ方法で展開される学習支援活動であり，楽しみながら学べる教育システムの構築は，これらのプログラムと知覚型展示を一体化させ，博物館体験として包括した実践が有効と考えられる。そして，楽しさを生み出す大きな要件はコミュニケーションの成立といえ，ワークショップやアウトリーチは展示観察の場面では求めがたい直接的コミュニケーションが生じる活動であるため，相互を補って統括的な博物館体験を組織化できたならば，博物館学習は一段と

多様性をもつであろう。

　こうして実現に至るユニバーサル・ミュージアムは，博物館のあり方や運営の一選択肢とみなされるものではない。公教育の役割，つまりすべての人が利益を受ける教育に機能する社会的存在の博物館が，使命を成し遂げるためには取り組まなければならない必須の課題であり，理念と活動において整えるべき博物館スタイルなのである。そして，すべての人への公平な奉仕に努める姿勢，すなわち学習者の多様性を認識して応えようとする博物館では，検討や工夫の過程で新たな価値観と方法を生む出すことが期待できる。そのような実践が，博物館の果たすべき教育の役割と機能を，将来に向けてさらに高めていくはずである。

註
1) 布谷知夫「博物館の社会的役割を意識的に考えよう」『博物館研究』第48巻第1号　日本博物館協会　2012　pp.5-8
2) 大阪人権博物館の存続問題に内在するナショナリズム意識の問題は，黒川みどり「大阪人権博物館と橋下市政」『歴史評論』No.754　校倉書房　2013　pp.73-83，において的確な分析と指摘が示されている。
3) 濱田隆士「博物館五感論」『ユニバーサル・ミュージアムをめざして―視覚障碍者と博物館―』神奈川県立生命の星・地球博物館　1999　pp.7-14，田口公則・鈴木智明・奥野花代子・濱田隆士「ユニバーサル・ミュージアムをめざして」『ユニバーサル・ミュージアムをめざして―視覚障碍者と博物館―』神奈川県立生命の星・地球博物館　1999　pp.205-208

あとがき

　本書は，博物館における教育の役割に関心をもちはじめた1990年代後半以来，約20年の間に執筆した旧稿がもとになっている。各章と既発表の原著論考との一応の関係は，つぎのとおりである。

　　第1章：「博物館における教育の意義」『国府台』第11号　和洋女子大学文化資料館紀要　2001，を改訂。
　　第4章：「視覚型展示から知覚型展示へ」『国府台』第9号　1999，を改訂。
　　第6章：「学芸員課程履修に対する学生の意識調査とその分析」『国府台』第14号　2010，「第2部第6章　博物館教育担当者」『博物館学Ⅱ』学文社　2012，を改変。
　　第7章：「博学連携に至る史的経緯と思考の道筋」『全博協研究紀要』第11号　2009，を改訂。
　　第8章：「博物館資料の地域学習教材化に向けた基礎研究」『日本ミュージアム・マネージメント学会紀要』第11号　2007，「大学博物館におけるアウトリーチ」『国府台』第13号　2009，「和洋女子大学文化資料館におけるアウトリーチの実践と検討」『国府台』第15号　2011，を改変。
　　第9章：「関東州の博物館変遷をめぐって」『国府台』第16号　2012，を改訂。

　なお，第1～5章は，『だれもが学べる博物館へ――公教育の博物館学』（学文社2008）でまとめた内容を土台としているが，これを含め第9章まで，新たな動向や研究成果を加えて旧稿の多くの部分を修正し，全体をとおして一貫した叙述にするためにかなりの内容を補填した。また，改訂の過程で旧稿から新たにした認識や見解もあり，それらをふまえて結章をまとめた。

　小著では『博物館教育の原理と活動』という大きなタイトルを掲げたが，当然ながらその内容は奥深く，迫りきるには検討や考察の不十分な部分も多い。けれども，公教育機関としての博物館の位置づけと，教育を中軸に据えたその

あとがき

あり方と博物館研究の方向性について，1つの視座を提示できたのではないかと考えている。これらを礎にして，すべての人の学びのために機能し活動する博物館の具体化に向け，さらなる課題に取り組んでいきたいと思う。

　本書の刊行は，和洋女子大学平成26年度研究成果刊行補助費の交付を受けたものである。上梓にあたりこれまでの勉学と研究を振り返ると，和洋女子大学名誉教授の寺村光晴先生からは，学生時代以来，学問に向かう姿勢や研究方法など，自分にとって今日までの芯となる大切な部分を教えていただいた。また，國學院大學教授の青木豊先生には本研究をまとめるうえで多々ご教導を賜り，和洋女子大学文化資料館での実践研究では，資料館スタッフや学生をはじめとして，たくさんの人たちからのあたたかいご理解とご協力があって進めることができた。さらに，学文社の二村和樹氏には編集から刊行まで懇切丁寧なアドバイスをいただき，ひとかたならぬお世話になった。

　このような多くの方々のご指導やご厚情のおかげで，小著を完成させることができたと思っている。最後になってしまったが，衷心よりお礼を申し上げる次第である。

　そして私事ながら，いつも支えて応援してくれている両親と妻子にも，感謝の気持ちを記させていただきたい。

　　2014年3月

　　　　　　　　　　　　　　　　　　　　　　　　　　　駒見　和夫

索　引

A COMMON WEALTH　151
Accessibility for People with Disabilities　78, 82, 87
Committee on Audience Research and Evaluation　122
Disability Equality Scheme　83
Everyone's Welcome　83
EXCELLENCE AND EQUITY　38, 150
Horniman Museum Disability Policy　83
ICOM　32, 38, 54, 139, 274
　　――規約　34, 37
　　――憲章　36
　　――職業倫理規程　85
Touch Exhibition　59
Visitor Studies Association　122

あ行

愛知教育博物館　180
アウトサイダー・アート　59
青沼小学校記念館　183
アクセシィブル・コーディネーター　279
アクセシビリティ・コーディネーター　80, 84, 86, 161
赤穂尋常高等小学校御即位記念郷土室　183
新しい時代の博物館制度の在り方について　166
アッシュモレアン博物館　2
アメリカ自然史博物館　11
アメリカ博物館協会　32, 38, 122, 150
アル・サン・ピエール美術館　61
アール・ブリュット　59
アンスチチェ　6
イギリス博物館協会　38
生きることを学ぶ博物館　53
一大拓殖博物館　261
茨城県自然博物館　70
色温度　141
磐田市香りの博物館　112
インタープリター　156
ウオールケース　139
エコミュージアム　43, 44
江戸東京博物館　111

大分マリーンパレス水族館　90
大阪市立自然史博物館　90, 109
大阪人権博物館　95, 277
大阪府立近つ飛鳥博物館　109
大谷光端　256
大谷探検隊　255, 265
大谷文庫　252
音声ガイドジャケット　70, 110

か行

懐遠府　250
開発教授　179
科学技術教育の振興方策について　190
学芸員養成の充実対策について　166
学術講義　180
学校教育と博物館との連絡について　188
学校博物館　184, 188, 189, 196
　　――を奨励する建議　186
神奈川県物産陳列所　247
神奈川県立生命の星・地球博物館　70, 95, 278
神奈川県立歴史博物館　61
カナダ博物館協会　84
　　――規則　38
上山郷土簡易博物館　183
観察法　123
関東庁博物館　250, 252, 253, 255, 266
関東都督府博物館　248, 251, 268
　　――考古分館　252
関東都督府物産陳列所　247
関東都督府満蒙館　248, 251, 256
岐阜県博物館　90
ギャラリーTOM　59, 92, 93, 112
急激な社会構造の変化に処する社会教育のあり方について　45, 192
教育基本法　37, 49
教育参考館　262, 266
教育博物館　19, 22, 178, 179, 197
教育普及担当学芸員　155
教育プログラム　149
郷土化教育　25, 26, 28
郷土科教育　182
郷土教育連盟　186

郷土博物館や学校附設郷土資料室の設置と公開
  を促進する答申　186
京都仏教児童博物館　186
共和国立博物館　9, 27
錦州商品陳列館　247, 248, 263
近代市民社会　3
宮内省図書寮附属博物館　21
組み合わせ展示　10
啓蒙思想　3, 5, 31, 35, 274
建安府　250
遣米使日記　13
光化学変化　139
公教育委員会　5
公教育の全般的組織に関する報告および法案
  4
工業博物館　258, 260, 266
高等師範学校付属東京教育博物館　19
公立博物館の設置及び運営上の望ましい基準
  123
国際障害者年　58, 90
　──行動計画　64
国際博物館憲章　32
国防教育基地　268
国民教化　250
国立科学博物館　20
国立工芸院　9
国立歴史民俗博物館　216
古寺社保護法　21
ゴットフリード・ワグネル　20
コットン・コレクション　2
子ども博物館　157
これからの博物館の在り方に関する検討協力者
  会議　151, 165

さ行

西航記　13
埼玉県立近代美術館　61
埼玉県立自然の博物館　91
サウス・ケンジントン博物館　11
サテライト・ミュージアム　134
佐野常民　20
参加型展示　98, 119
参考品陳列館　183
ジェイムス・スミソン　11
ジオラマ展示　10, 137
視覚型展示　89, 98, 118

色彩環境　142
色彩計画　142
磁気誘導ループ　76
静岡県立美術館　111
資生堂企業資料館　144
思想善導　26, 28, 183, 186, 252
親しむ博物館づくり事業　92, 98
実物教授　179
指定管理者制度　132
児童博物館　185, 188, 196
市民革命　27, 31, 35, 274
社会教育施設振興の方策はいかにすべきか
  190
社会教育施設の整備　190
社會教育ニ關スル件答申　186
社会教育法　26, 36, 275
社会教化　26, 28, 183, 252
ジャルダン・デ・プランテ　9
集古館　18, 31
生涯学習の基盤整備について　46
生涯学習の振興のための施策の推進体制等の整
  備に関する法律　46
生涯教育について　40, 42, 45, 193
障害者基本法　63, 65, 92
障害者の権利条約　65
障害者の権利宣言　64
障害者プラン　99
正倉院　12
照度基準　140
照明環境　141
触察資料　111
触察展示　58, 90, 92, 116, 119
触察ピクト　110
触察模型　110
植民地博物館　268, 276
ジョージ・グード　11
触覚的弁別　92
ジョルジュ・アンリ・リヴィエール　33
人権宣言　4, 27
新竹州商品陳列所　247
振天府　250
神仏判然令　18
スミソニアン協会　11, 78, 82
成人教育推進国際委員会　34, 44
成人教育の発展に関する勧告　50
生存権　55, 277

索　引　287

生態展示　10
西洋事情　27
　　──外編　14
　　──初編　13
生理的随伴現象　140
世田谷美術館　61
センターケース　139
仙台市天文台　95
全羅南道商品陳列所　247
全羅北道商品陳列館　247
総合展示　10

た行

大英博物館　2, 27, 83
大英博物館法　2, 10
大学南校物産会　17, 23
体験展示　98, 119
大陸博物館建設私案　257, 266
大陸文化財　268
大連自然博物館　259
「対話と連携」の博物館　40, 151
台湾総督府博物館　252
高雄州物産陳列所　247
卓跛と均等　38, 150
田中不二麿　18
田中芳男　17, 18, 21
棚橋源太郎　96, 180, 182, 241
ダビット・モルレー　19
誰にもやさしい博物館づくりの事業　84
地域における生涯学習機会の充実方策について　46
チームティーチング　206, 222, 229, 236
知覚型展示　89, 100, 108, 114, 117-119, 198, 281
中央統合の理論　181
長春商品陳列所　247, 248, 263
朝鮮総督府商工奨励館　247
朝鮮総督府博物館　252, 256
直観教授　179, 181
通俗教育　25, 184
通俗博物館　25, 183
ティーチャーズセンター　195
ティーンズ・インタープリター　157
帝国博物館　21, 27
手島精一　19
鉄嶺商品陳列所　247
テーブルケース　138

点字案内パンフレット　93
展示解説員　155, 158, 162, 164, 175, 279
展示照明　139
　　──の推奨照度　139
展示単元　191
ドイツ博物館連盟　32
東亜考古学会　255, 265
東京科学博物館　20
東京教育博物館　19, 25, 180
東京高等師範学校付属東京教育博物館　19
東京国立博物館　21
東京大博物館建設の報告書　20
東京帝室博物館　21
東京博物館　19
動線計画　136
東方文化博物館　253
東北資源館　259
トーキングサイン・ガイドシステム　70
友の会活動　67

な行

内国勧業博覧会　21, 23
中山晋平記念館　112
名古屋市博物館　90, 111
夏目漱石　249
新潟県立歴史博物館　96
二元的展示　10
ニコラ・ド・コンドルセ　4
ニーズ型福祉　68
日本教育史略　19
日本博物館協会　25, 37, 40, 84, 85, 130, 151, 177, 188, 204, 205
ねむの木子ども美術館　59
ノーマライゼーション　58, 62, 278

は行

ハイマートクンデ　182
博物館学習の手引き　153
博学連携論　193
博物館学習教材　217
博物館関係者の行動規範　85
博物館教育専門職　151
博物館教育プログラム　161
博物館教員　157
博物館国際事務局　32
博物館体験　280, 281

博物館の原則　37, 85
博物館の整備・運営の在り方について　42, 194
博物館の望ましい姿　41, 151
博物館評価　154
博物館法　26, 36, 40, 122, 132, 150, 151, 189, 275
博物館ボランティア　68, 153, 160, 164
博物館をあらゆる人に開放する最も有効な方法に関する勧告　33
八景島シーパラダイス　117
ハートビル法　92, 99
浜松市楽器博物館　112
バリアフリーな博物館　76
ハーレー家文書　2
ハンズ・オン展示　43, 44, 98, 119
ハンス・スローン　2
ハンドリング・セッション　115
ビクトリア＆アルバート美術館　83
ピナコテーク　2
百科全書　5
復元展示　137
福沢諭吉　13, 21
物産会　12
ふらっと美の間　60
フランス革命　4
フランス博物館協会　32
フランス文化財博物館　9
プログラム評価　121, 122, 124, 146
ペスタロッチー主義　179
ヘルバルト主義　181
奉天歴史博物館　262
星ヶ浦水族館　263, 266
ボストン美術館　11
ボーダレス・アートミュージアム NO-MA　60
ホーニマン博物館　83
ボランティアガイド　155, 158, 160, 164, 175, 279
ポール・ラングラン　34, 43, 44, 47, 55, 63, 277

ま行

マイヤーズレポート　38
マーカムレポート　38
町田市立国際版画美術館　61
町田久成　18, 21, 24
満韓ところどころ　249, 265
満州国立中央博物館　255, 262, 265, 267
満洲国立博物館　262
満洲資源館　258, 266, 267
満蒙科学参考館　262
満蒙産業博物館　260
満蒙資源館　258, 260-262, 266, 269
満蒙物資参考館　256, 258, 261, 266
三鷹の森ジブリ美術館　95
箕面公園昆虫館　113, 134
宮崎県立西都原考古博物館　70, 94, 110
ミュージアム・エデュケーター　150, 156, 162
ミュージアム・ティーチャー　156
ムゼイオン　2
メトロポリタン美術館　11
もうひとつの美術館　59
文部省博覧会　17, 23

や行

野外展示　10
山梨県立科学館　94
ユニバーサル・ミュージアム　278, 282
ユニバーサルサービスの理念　71, 77, 279
ユニバーシティ・ミュージアムの設置について　239
余裕教室活用指針　195

ら行

来館者研究　121, 122, 124, 146, 161
リセー　6
リハビリテーション　58
旅順戦利品陳列記念館　250
旅順戦利品陳列所　249, 265, 269
旅順日露戦争陳列館　251, 268
旅順博物館　253, 267
旅順要塞戦記念陳列場　251
旅順歴史文化博物館　253
臨時全国宝物取調局　21
劣化現象　135
ロンドン万国博覧会　11

わ行

和歌山県立自然博物館　91, 111, 116
和洋女子大学文化資料館　61, 100, 203, 217, 219, 226, 241

［著者紹介］

駒見　和夫（こまみ　かずお）

1959年，富山県に生まれる。東洋大学大学院文学研究科修士課程修了。
現在，和洋女子大学教授。専門分野は博物館学と日本考古学。

博物館学に関する論著
「博物館資料の地域学習教材化に向けた基礎研究」『日本ミュージアム・マネージメント学会研究紀要』11　2007
「出前講座による博物館リテラシーの育成支援」『博物館学雑誌』39-1　2013
『博物館概論』（共著）学文社　2005
『だれもが学べる博物館へ—公教育の博物館学』学文社　2008
『博物館学Ⅱ』（共著）学文社　2012　など

博物館教育の原理と活動
——すべての人の学びのために——

2014年4月30日　第1版第1刷発行

著　者　駒見　和夫

発行者　田中　千津子　　〒153-0064　東京都目黒区下目黒3-6-1
　　　　　　　　　　　　電　話　03（3715）1501（代）
　　　　　　　　　　　　FAX　　03（3715）2012
発行所　株式会社　学文社　　http://www.gakubunsha.com

Ⓒ Kazuo KOMAMI 2014　　　　　　　　印刷所　新灯印刷

乱丁・落丁の場合は本社でお取替えします。
定価は売上カード，カバーに表示。

ISBN978-4-7620-2431-3